4年

実力アップ

漢字練習ノート

特別《とくべつ》ふろく

教科書 きる！

東京書籍版
完全準拠

年　組　名前

「漢字練習ノート」はとりはずして使用できます。

もくじ

漢字練習ノート……東京書籍版 国語4年

この本の使い方

- 教科書に出てくる漢字を、単《たん》元ごとに練習しましょう。
- 4年生で学習する漢字202字を、全て出題しています。
- 全ての漢字を、正しく書けるようになれば、合格《かく》です。

こわれた千の楽器

第1回　/22問

☆ □に漢字を書きましょう。（　）には、漢字とひらがなを書きましょう。（☆は、新しい漢字のべつの読み方です。）

1. 使えなくなった□□《がっき》。
2. □□《そうこ》にしまう。
3. つばめが□《す》を作る。
4. 目を（　）《さます》。
5. （　）《はたらき》つかれて休む。
6. □□《しつれい》な発言。
7. 月の光に（　）《つつまれる》。
8. （　）《たとえば》、ねこがすきだ。
9. それは□□《めいあん》だ。
10. 練習を（　）《つづける》。
11. 気持ちが□□《へんか》する。
12. 聞き手に（　）《つたわる》。
13. ☆ □《くら》を建《た》てる。
14. ☆ □□《かんかく》がするどい。
15. ☆ 漢字を（　）《おぼえる》。
16. ☆ 労《ろう》□《どう》にはげむ。
17. ☆ 信《しん》用を（　）《うしなう》。
18. ☆ ビルを□《ほう》囲《い》する。
19. ☆ □《れい》を挙《あ》げて説《せつ》明する。
20. ☆ 三日連《れん》□《ぞく》で晴れる。
21. ☆ 形が（　）《かわる》。
22. ☆ エジソンの□□《でんき》。

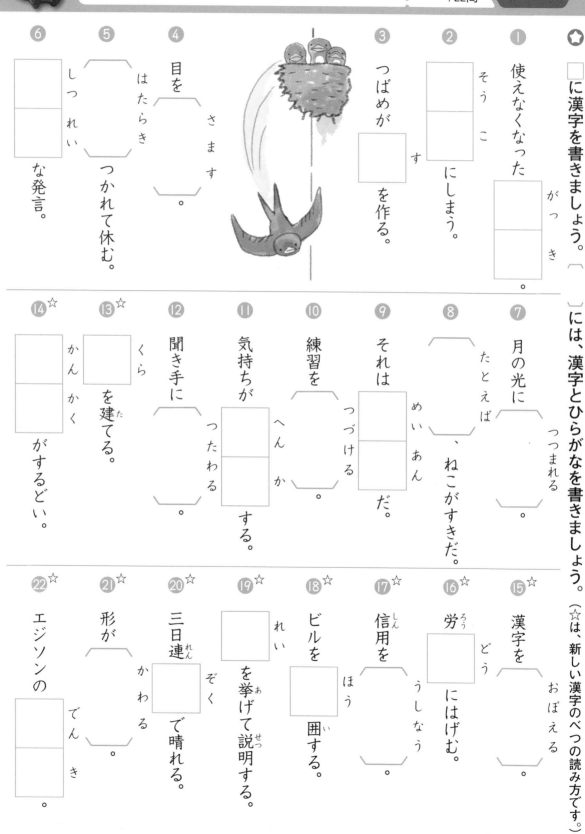

教科書　㊤27ページ

●勉強した日　月　日

漢字を使おう１

/20問

第2回

☆ □に漢字を書きましょう。〔　〕には、漢字とひらがなを書きましょう。（☆は、新しい漢字のべつの読み方です。）

1 図書館で本を〔　　〕《かりる》。

2 〔　　〕《ただちに》出発する。

3 助けを〔　　〕《もとめる》。

4 □□《きろく》をこう新する。

5 □□《じりつ》を目指す。

6 〔　　〕《みずから》皿をあらう。

7 □□《どりょく》が実る。

8 □□《しぜん》を守る。

9 歌を□□《ろくおん》する。

10 □□《とうぜん》の結果《けっか》。

11☆ □□《しゃっきん》を返す。

12☆ 要《よう》□《きゅう》にこたえる。

13☆ 〔　　〕《つとめて》やさしくする。

14☆ □□《てんねん》ガス。

15 好《す》きな□□《ししゅう》を読む。

16 丸い□□《ちきゅう》。

17 □□《しゅご》を明らかにする。

18 家で□□《べんきょう》する。

19 算数の□□□《もんだいしゅう》。

20 図書□《がかり》の仕事。

図書館へ行こう 話を聞いて質《しつ》問しよう

第3回

/18問

☆ □に漢字をかきましょう。〔　〕には、漢字とひらがなをかきましょう。（☆は、新しい漢字のべつの読みかたです。）

図書館へ行こう

1 日本十進《にほんじっしん》□□□《ぶんるいほう》。

2 学校にない資《し》□《りょう》。

3 地球上の□□《じんるい》。

4 本をさがす□□《ほうほう》。

5 □□《りょうり》をふるまう。

6☆ 〔　〕《たぐい》まれな才能《のう》。

話を聞いて質《しつ》問しよう

7 □《べつ》の話を聞く。

8 ツアーに□□《さんか》する。

9 野草の□《め》を守る。

10 図書館の□□《ししょ》。

11 善《ぜん》悪を□□《くべつ》する。

12 記事を□□《さんこう》にする。

13 食品を□□《かこう》する。

14 話し合いの□□《しかい》。

15☆ 駅前で兄と〔　〕《わかれる》。

16☆ 神社でお〔　〕《まいり》をする。

17☆ 紅《こう》茶にさとうを〔　〕《くわえる》。

18☆ あさがおが□□《はつが》する。

漢字辞典の使い方

/22問

第4回

☆ □に漢字を書きましょう。〔　〕には、漢字とひらがなを書きましょう。（☆は、新しい漢字の別の読み方です。）

1 国語□□《じてん》を引く。

2 漢字の〔　　〕《なり》立ち。

3 使い方を□□《せつめい》する。

4 五月の□□《れんきゅう》。

5 正しい□□《ひつじゅん》で書く。

6 □□《おんくん》さく引を使う。

7 三□□《しゅるい》のさく引。

8 □□《べんり》さをくらべる。

9 病気を〔　　〕《なおす》。

10 国を〔　　〕《おさめる》。

11 □□《めいじ》時代の文化。

12 □□《ぜんち》二週間のけが。

13 不思議《ふしぎ》な□□《でんせつ》。

14 □□《じゅんばん》を守る。

15 □□《くんれん》を受ける。

16 電車を□□《りよう》する。

17☆ 十八才で□□《せいじん》する。

18☆ 車が〔　　〕《つらなる》。

19☆ 弟を公園へ〔　　〕《つれて》行く。

20☆ ひまわりの□《たね》。

21☆ □《びん》せんとふうとう。

22☆ 〔　　〕《たより》がとどく。

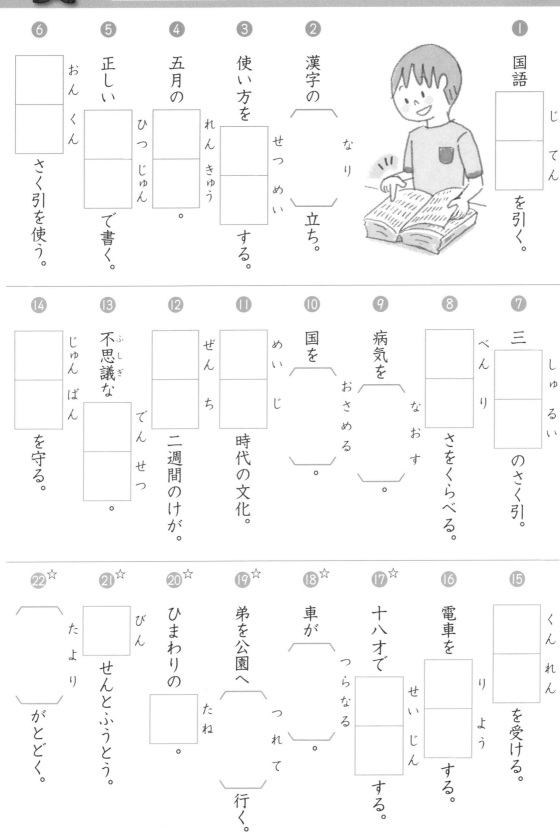

ヤドカリとイソギンチャク

/20問

第5回

☆ □に漢字を書きましょう。〔　〕には、漢字とひらがなを書きましょう。（☆は、新しい漢字の別の読み方です。）

1. 鳥を□□《かんさつ》する。
2. □□《じっけん》をする。
3. □□□《だいこうぶつ》のえさ。
4. はりが〔　〕《とび》出す。
5. 両者の□□《かんけい》。
6. ヤドカリを研究する□《はく》士《し》。
7. 移《い》動した□□《けっか》。
8. 来店の□□《きかい》がある。
9. 京都を□□《かんこう》する。
10. パン作りを□□《たいけん》する。
11. □□《こうい》をもつ。
12. □□□《はくぶつかん》に行く。
13. □□《けっきょく》中止になった。
14. ☆ うすい味つけを〔　〕《このむ》。
15. ☆ 〔　〕《すき》な服を着る。
16. ☆ □□□《ひこうき》に乗る。
17. ☆ 全体に〔　〕《かかわる》問題。
18. ☆ □□《せきしょ》のあと。
19. ☆ くつひもを〔　〕《むすぶ》。
20. ☆ 役目を〔　〕《はたす》。

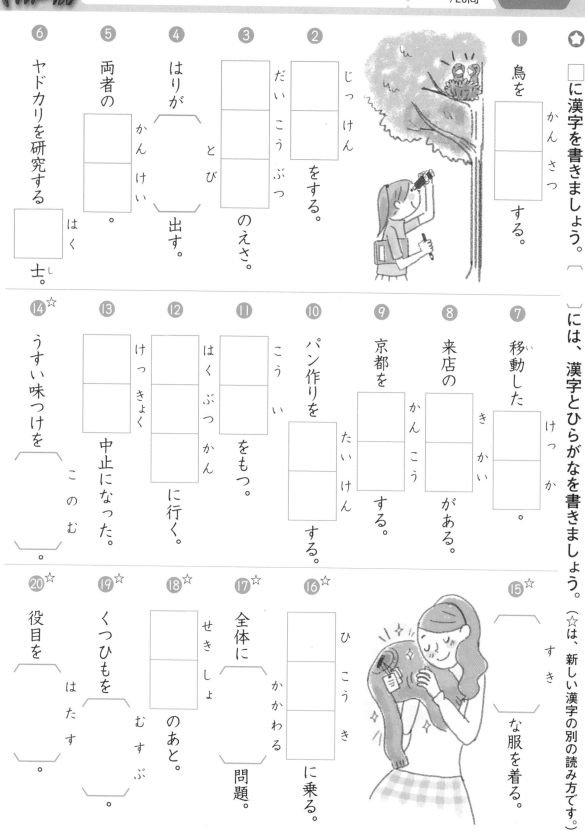

漢字を使おう２
わたしのクラスの「生き物図かん」

/20問

第６回

☆ □に漢字を、〔　〕には、漢字とひらがなをかきましょう。（☆は、新しい漢字の別の読み方です。）

漢字を使おう２

❶ 食べる□《りょう》が多い。

❷ □□《ねっとう》を注ぐ。

❸ 作文を□□《せいしょ》する。

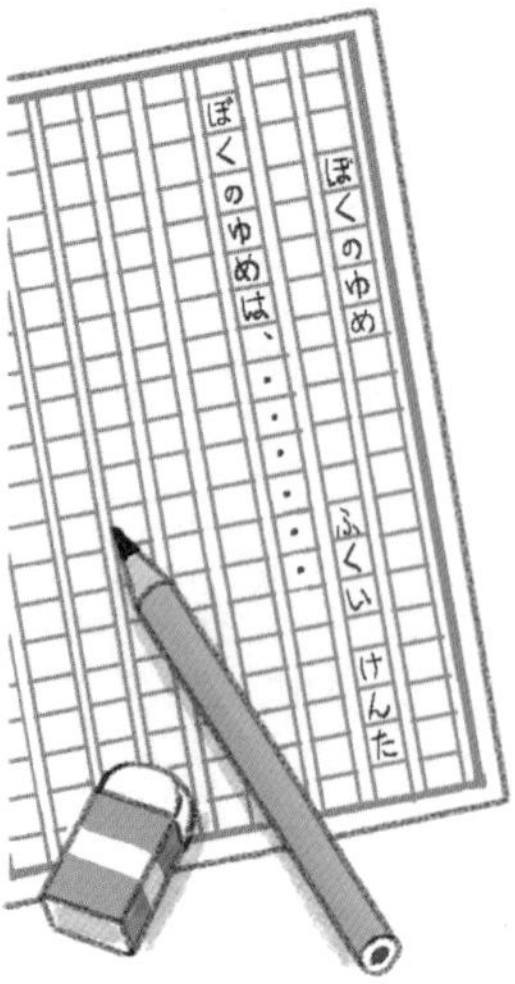

❹ 身が〔　〕《きよまる》気がする。

❺ 岩から□□《しみず》がわく。

❻ □□《ぎょせん》が港に集まる。

❼ □□《たいりょう》を祝《いわ》う。

❽ □□《みょうちょう》六時に出発する。

❾ 米につく□□《がいちゅう》。

❿☆ 体重を〔　〕《はかる》。

⓫☆ 〔　〕《あつい》お茶を飲む。

⓬ マンションに〔　〕《すむ》。

⓭ □□《かぞく》で出かける。

⓮ □《ゆ》ぶねにつかる。

⓯ 昔の□□《しゃしん》。

⓰ わたしの□□《へや》。

⓱ 犬と〔　〕《あそぶ》。

⓲ 本だなを□□《せいり》する。

わたしのクラスの「生き物図かん」

⓳ □□《ざいりょう》を集める。

⓴ 作文が□□《かんせい》する。

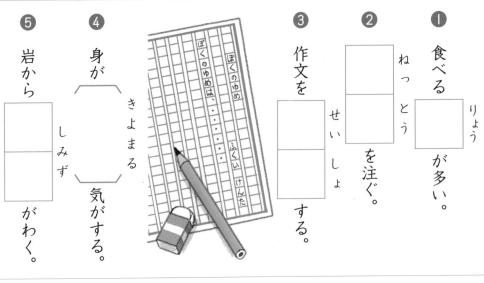

走れ

/20問

第7回

☆ □に漢字を書きましょう。〔　〕には、漢字とひらがなを書きましょう。（☆は、新しい漢字の別の読み方です。）

① お店を〔　　〕《てつだう》。

② 短きょり□《そう》に出る。

③ 弟と□□《やくそく》する。

④ 保《ほ》護《ご》者□《せき》を見る。

⑤ □□《にい》を引きはなす。

⑥ 母が〔　　〕《わらう》。

⑦ □《とく》製《せい》のお弁《べん》当。

⑧ あつ〔　　〕《やき》たまごの味。

⑨ 午後の□《きょう》技《ぎ》が始まる。

⑩ 〔　　〕《はじめて》行く場所。

⑪ □《はた》を飛びこえる。

⑫ 〔　　〕《もっとも》大きい。

⑬ 歯医者を□□《よやく》する。

⑭ 徒《と》□□《きょうそう》で勝つ。

⑮☆ ひもを□《たば》ねる。

⑯☆ 百の□《くらい》の数字。

⑰☆ □□《けいば》を見る。

⑱☆ □□《さいしょ》のページ。

⑲☆ □□《はつゆき》がふる。

⑳☆ □□《きしゅ》をつとめる。

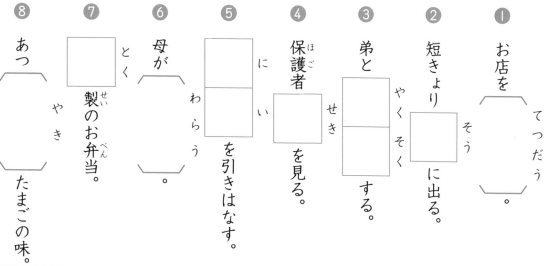

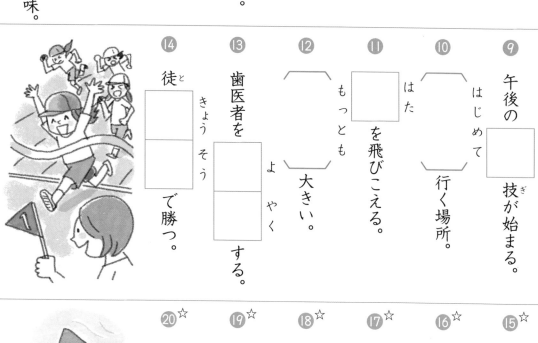

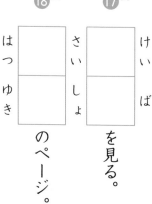

漢字を使おう3

/18問

第8回

☆ □に漢字を書きましょう。〔 〕には、漢字とひらがなを書きましょう。

① 令《れい》和□□《がんねん》。

② □□《けんこう》的《てき》な生活。

③ 字が□□《じょうたつ》する。

④ ぼくは□□《じなん》だ。

⑤ □□《せきどう》に近い国。

⑥ 六月〔 〕《なかば》のある日。

⑦ 手紙を□□《はいたつ》する。

⑧ 早〔 〕《おき》をする。

⑨ 〔 〕《ころぶ》ところだった。

⑩ □□□《たいいくかん》に集まる。

⑪ □《いき》つぎが苦手だ。

⑫ 水面に石を〔 〕《なげる》。

⑬ プールで〔 〕《およぐ》。

⑭ ホームランを〔 〕《うつ》。

⑮ ダンスを□□《れんしゅう》する。

⑯ 真けんに□□《しょうぶ》する。

⑰ □□《しんたい》けんさの日。

⑱ 卒《そつ》業生を□□《だいひょう》する。

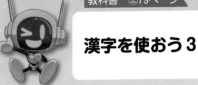

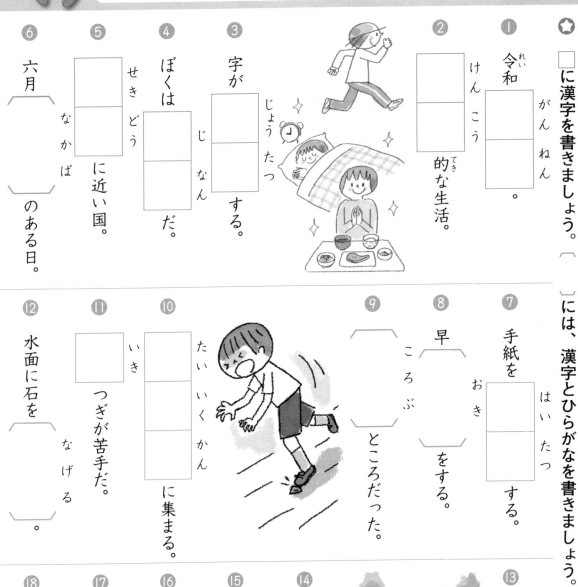

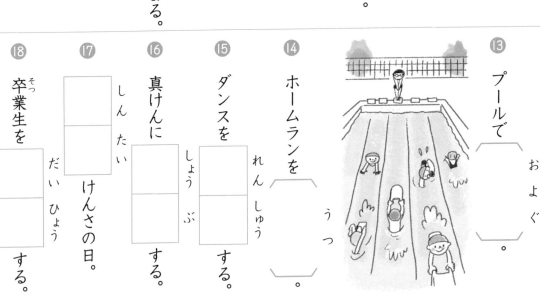

言葉相談室　人物の気持ちと行動を表す言葉
山場のある物語を書こう
漢字を使おう４　(1)

第９回　/17問

□に漢字を書きましょう。〔　〕には、漢字とひらがなを書きましょう。（☆は、新しい漢字の別の読み方です。）

言葉相談室　人物の気持ちと行動を表す言葉

❶ □□《かいが》のコンクール。

❷ □□《せいこう》してよろこぶ。

❸ □□《しっぱい》して落ちこむ。

❹ □□《しつぼう》した様子の人。

❺☆ 試《し》合に〔　　〕《やぶれる》。

山場のある物語を書こう

❻☆ 幸せを〔　　〕《のぞむ》。

❼ 仲《なか》のよい□□《ともだち》。

漢字を使おう４　(1)

❽ 主人公に□□《きょうかん》する。

❾ □□《えいご》を勉強する。

❿ おとぎ話の□□《けつまつ》。

⓫ 家族を□《あい》する。

⓬ 五□《ぶ》ざきのさくら。

⓭ □□□《あくてんこう》になる。

⓮ □□《かざぐるま》が回る。

⓯ 三角形に〔　　〕《おる》。

⓰ □□《しきし》に俳句《はいく》を書く。

⓱☆ 次の角を□□《させつ》する。

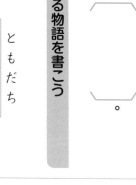

漢字を使おう４ (2)
ローマ字の書き方
広告《こく》を読みくらべよう

/19問

第10回

☆ □に漢字を書きましょう。〔　〕には、漢字とひらがなを書きましょう。（☆は、新しい漢字の別の読み方です。）

漢字を使おう４ (2)

① □□《じんじゃ》でお参りする。

② お〔　　〕《まつり》が始まる。

③ かき□《ごおり》を食べる。

④ 伝統《とう》を〔　　〕《まもる》。

⑤ 川の〔　　〕《ながれ》。

⑥ 日本の□□《ぶんか》。

⑦ □□《きおん》が上がる。

ローマ字の書き方

⑧ □《ふた》通りの書き方。

広告《こく》を読みくらべよう

⑨ □《こう》告《こく》を読む。

⑩ □□《もくてき》におうじる。

⑪ □□《ひつよう》がある。

⑫ □□《いんさつ》されたポスター。

⑬ 写真を〔　　〕《えらぶ》。

⑭☆ 矢が□《まと》に当たる。

⑮☆ 毎日〔　　〕《かならず》歯をみがく。

⑯☆ かれはチームの□《かなめ》だ。

⑰☆ □□《やじるし》が指す方向。

⑱☆ 版《はん》画を〔　　〕《する》。

⑲☆ スケートの□□《せんしゅ》。

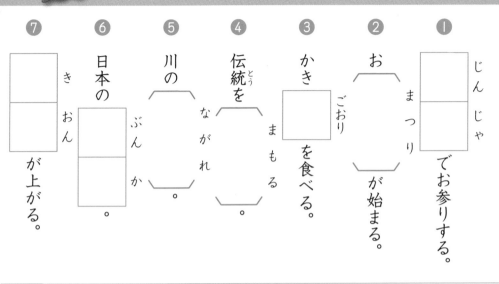

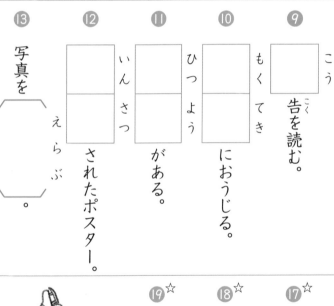

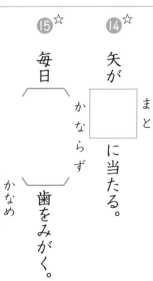

お願いやお礼の手紙を書こう
ことわざ・故《こ》事成語を使おう
クラスで話し合って決めよう

/17問

第11回

□に漢字を書きましょう。〔　〕には、漢字とひらがなを書きましょう。（☆は、新しい漢字の別の読み方です。）

お願いやお礼の手紙を書こう

1. お〔　　〕《ねがい》の手紙。

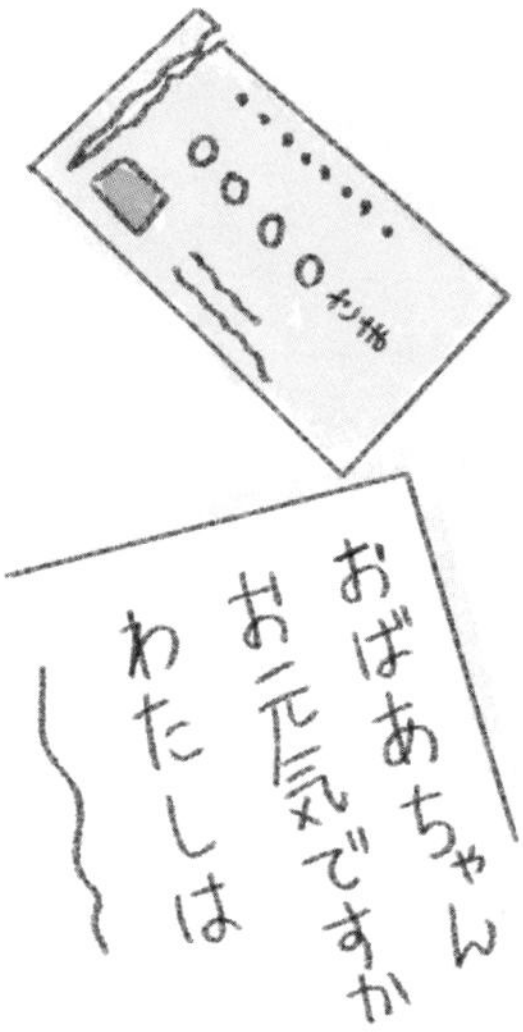

2. 資《し》料を□□《そうふ》する。
3. □□《きょうりょく》をたのむ。
4. ざっしの□□《ふろく》。
5. ☆ □□《がんぼう》をかなえる。
6. ☆ 足あとを〔　　〕《つける》。

ことわざ・故《こ》事成語を使おう

7. ちりも〔　　〕《つもれば》山となる
8. □□《ぎょふ》の利
9. 水魚の〔　　〕《まじわり》
10. キュリー□□《ふじん》の伝記。
11. ☆ 一メートルの□□《せきせつ》。
12. ☆ □《おっと》と妻《つま》。
13. ☆ すなに小石が〔　　〕《まじる》。

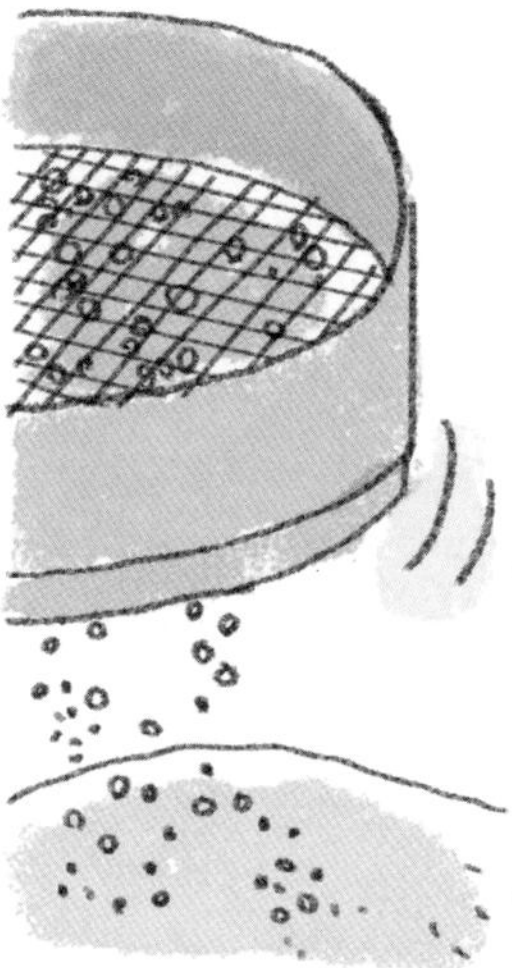

クラスで話し合って決めよう

14. 参加者□□《いがい》の役わり。
15. 話し合いの□□《もくひょう》。
16. クラスの□□《ぎだい》。
17. 学校の□□□《かいぎしつ》。

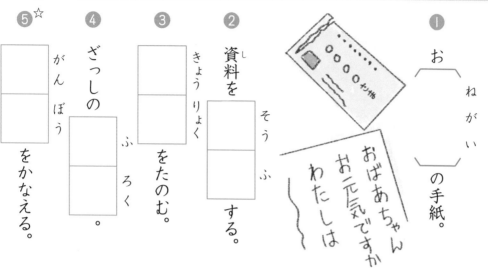

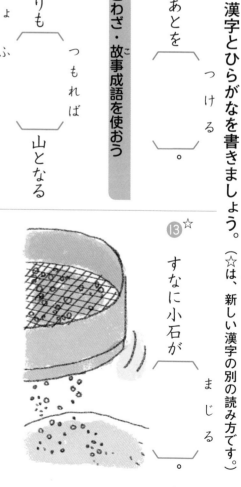

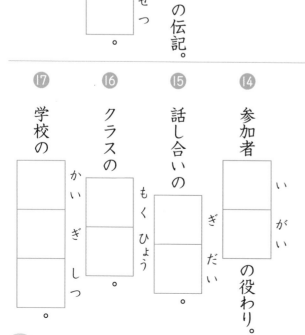

漢字を使おう５　(1)

/19問

第12回

☆ □に漢字を書きましょう。〔　〕には、漢字とひらがなを書きましょう。（☆は、新しい漢字の別の読み方です。）

❶ □□《ぐんしゅう》に向かって話す。

❷ イワシの〔　　〕《むれ》。

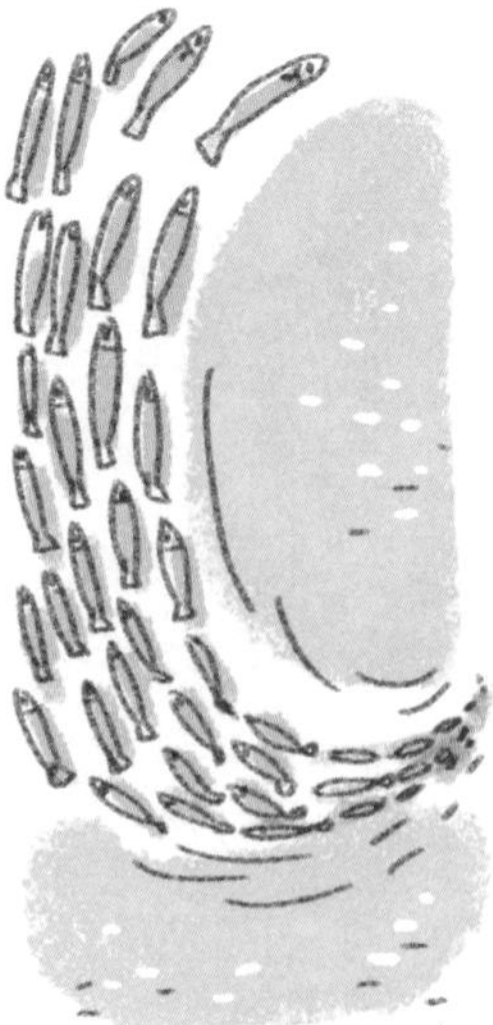

❸ 県内にある□□《ぐんぶ》。

❹ けいさつ□《かん》が見回る。

❺ □□□《かんがっき》をふく。

❻ バイオリンの□□《ねいろ》。

❼ 変化に〔　　〕《とむ》景色《けしき》。

❽ 駅まで□□《とほ》で行く。

❾ 海に□□《しらなみ》が立つ。

❿ ゆっくり□□《にゅうよく》する。

⓫ シャワーを〔　　〕《あびる》。

⓬ 鳥の□□《たいぐん》。

⓭ 消化□□《きかん》を調べる。

⓮ 足の□□《けっかん》。

⓯ 中学校の□□《せいと》。

⓰ □□□《かいすいよく》に行く。

⓱☆ ありが□《むら》がる。

⓲☆ 細い□《くだ》を薬が通る。

⓳☆ □《とみ》をたくわえる。

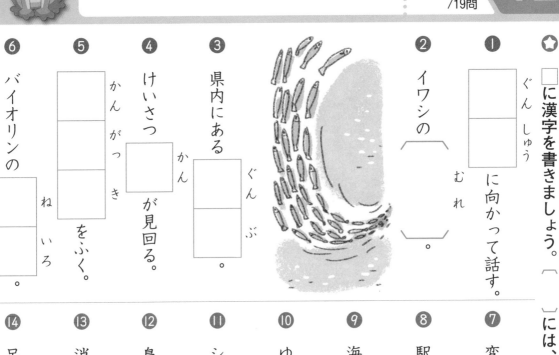

漢字を使おう５ (2)
文の組み立てと修飾《しゅうしょく》語

第13回

/20問

☆ □に漢字を書きましょう。〔　〕には、漢字とひらがなを書きましょう。（☆は、新しい漢字の別の読み方です。）

漢字を使おう５ (2)

1. □《しま》にわたる。
2. □《みずうみ》にうかぶ船。
3. □《たび》に出る。
4. □《みなと》から船が出る。
5. 船を□《きし》につける。
6. 新幹《かん》線で□□《きゅうしゅう》へ行く。
7. □《はし》をわたる。
8. 兄のあとを〔　〕《おう》。
9. □□□《たいへいよう》に面する。
10. 広い□□《せかい》。
11. 〔　〕《ふかい》海。
12. しん□《ごう》で止まる。
13. 医者の□□《しごと》。

文の組み立てと修飾《しゅうしょく》語

14. 道路ぞいの□□《がいとう》。
15. □□《せんきょ》で代表を決める。
16. □□《とうひょう》に行く。

17. 姉が高校を□□《そつぎょう》した。
18. □□《かもつ》船の乗組員。
19. 漁船が□《おき》へ出る。
20. ☆ 例を〔　〕《あげる》。

一つの花

第14回

/20問

□に漢字を書きましょう。〔　〕には、漢字とひらがなを書きましょう。（☆は、新しい漢字の別の読み方です。）

1 □□《せんそう》がはげしい。

2 □□《はいきゅう》のおいもや豆。

3 ご□《はん》をほしがる。

4 防《ぼう》空□《ず》きんをかぶる。

5 □□《ほうたい》や薬。

6 〔　　〕《なき》顔を見せる。

7 □□《ぐんか》が聞こえる。

8 □□《へいたい》になる。

9 □□《いちりん》の花。

10 美しい□□《ふうけい》。

11 □□□《けっしょうせん》に進む。

12 □□《きゅうしょく》の時間。

13 □□《ゆうはん》のじゅんび。

14 大きな□□《しゃりん》。

15☆ 試《し》合で〔　　〕《たたかう》。

16☆ 先を〔　　〕《あらそう》。

17☆ □□《ひるめし》のおにぎり。

18☆ 着物の□《おび》を結ぶ。

19☆ 電気を〔　　〕《おびる》。

20☆ □《わ》投げをする。

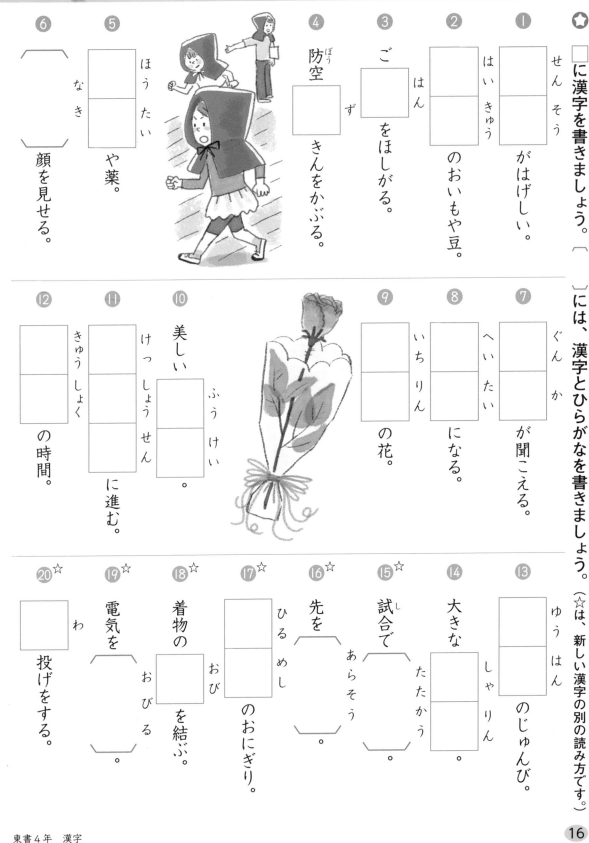

漢字を使おう6

第15回

/18問

☆ □に漢字を書きましょう。〔　〕には、漢字とひらがなを書きましょう。（☆は、新しい漢字の別の読み方です。）

1. □□《せいしゅん》を楽しむ。
2. 物語の□□《こうはん》。
3. お気に入りの□□《にんぎょう》。
4. □□《ちか》に線路を通す。
5. 〔　〕《あさい》池。
6. 箱の□《そこ》をのぞく。
7. さくらの花が〔　〕《ちる》。
8. □□《あいけん》とくらす。

9. 海辺《べ》を□□《さんぽ》する。
10. 小学校の□□《じどう》。
11. ☆□□《かいてい》を調査《さ》する。
12. 山々の□《みどり》。

13. 木が実を〔　〕《おとす》。

14. 〔　〕《さむい》日が続く。
15. □□《しょくぶつ》を育てる。
16. ごみを〔　〕《ひろう》。
17. いちょうの□《は》。
18. □《まめ》をまく。

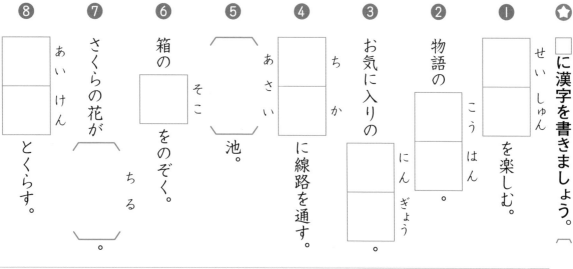

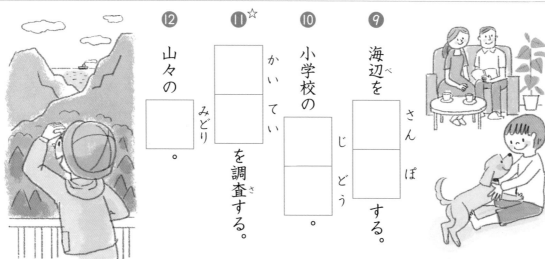

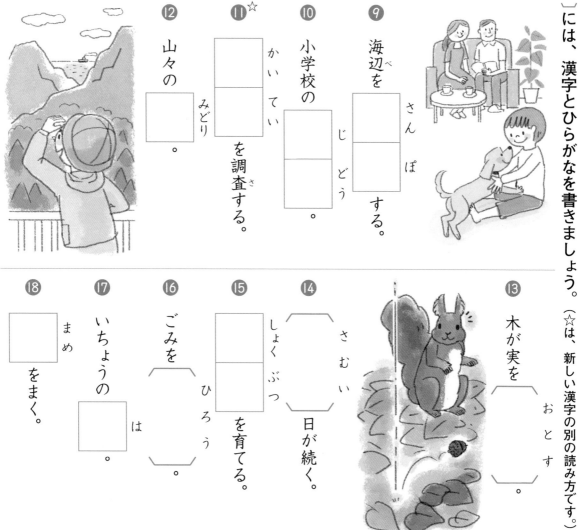

くらしの中の和と洋
「和と洋新聞」を作ろう　(1)

/18問

第16回

☆ □に漢字を書きましょう。〔　〕には、漢字とひらがなを書きましょう。（☆は、新しい漢字の別の読み方です。）

くらしの中の和と洋

1 □□□《いしょくじゅう》を考える。

2 欧《おう》□《べい》の文化。

3 家具を〔　　〕《おく》。

4 □《さ》を生み出す。

5 きょりを□□《ちょうせつ》する。

6 かん□《たん》にできる。

7 駅前の□□□《こうさてん》。

8 長さの□□《たんい》。

9☆ 家具の□□《はいち》を考える。

10☆ まどから日が〔　　〕《さす》。

11☆ 竹の□《ふし》。

「和と洋新聞」を作ろう　(1)

12 □□《えいよう》士《し》の先生。

13 □《しお》で味付けする。

14 日本一の□□《えいこう》。

15 土の中の□□《ようぶん》。

16☆ 国が〔　　〕《さかえる》。

17☆ 家族を〔　　〕《やしなう》。

18☆ □□《えんぶん》をひかえる。

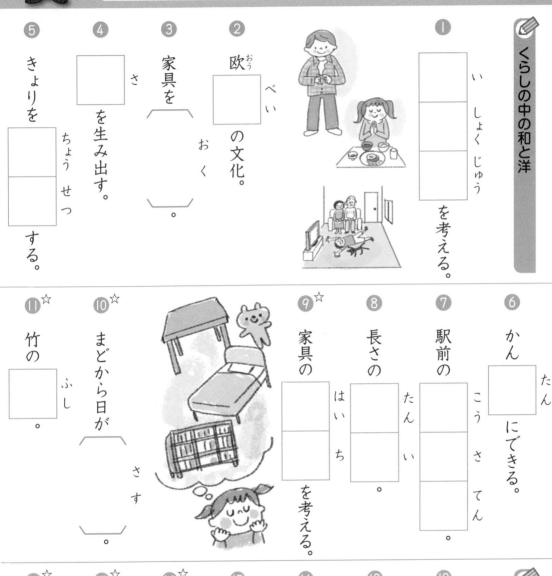

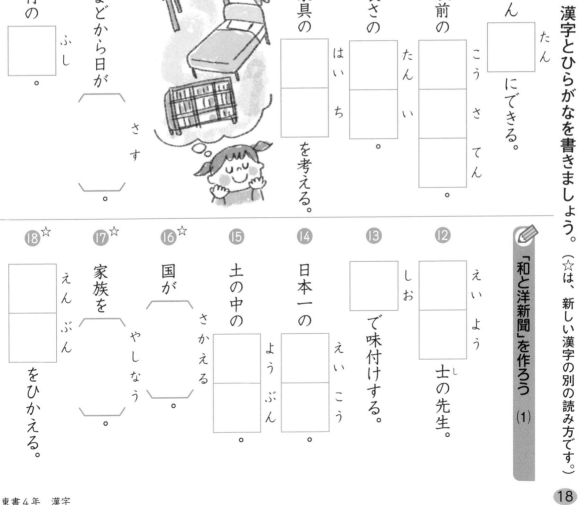

「和と洋新聞」を作ろう (2)
つなぐ言葉
聞いてほしいな、こんな出来事

第17回

/19問

✪ □に漢字を書きましょう。〔　〕には、漢字とひらがなを書きましょう。（☆は、新しい漢字の別の読み方です。）

「和と洋新聞」を作ろう (2)

1. □□《むけい》文化遺《い》さん。
2. 農林□□□《すいさんしょう》。
3. □□《むり》だとあきらめる。
4. □□《ぶじ》に旅を終える。
5. ☆ 箱の中には何も〔　〕《ない》。
6. ☆ 赤ちゃんを〔　〕《うむ》。
7. ☆ 失敗を□□《はんせい》する。
8. ☆ むだを〔　〕《はぶく》。

つなぐ言葉

9. □□《しょうめい》をつける。
10. □□《しゅくじつ》の予定を書く。
11. サッカーの□□《しあい》。
12. 野生の□《くま》。
13. □《しか》にえさをやる。
14. ☆ 月が夜道を〔　〕《てらす》。
15. ☆ たん生日を〔　〕《いわう》。

聞いてほしいな、こんな出来事

16. 心に〔　〕《のこる》。
17. □□《ふあん》になる。
18. ☆ □□《ざんしょ》がきびしい。
19. ☆ □□□《ぶきみ》な話。

じゅく語の意味

第18回

/21問

☆ □に漢字を書きましょう。〔 〕には、漢字とひらがなを書きましょう。(☆は、新しい漢字の別の読み方です。)

❶ □□《かんれい》な土地。

❷ 手が〔　〕《つめたい》。

❸ □□《こうてい》差がある土地。

❹ いすが〔　〕《ひくい》。

❺ 自動車が□□《うせつ》する。

❻ □□《ふまん》を口にする。

❼ □□《みち》の世界。

❽ □□《ふぼ》の会。

❾ すぎの□□《ろうぼく》。

❿ □□《りょうこう》な関係。

⓫ 飛行機が□□《ちゃくりく》する。

⓬ □□《でんごん》をたのむ。

⓭ □□《かいぎょう》して本文を書く。

⓮ □□《れいき》が入りこむ。

⓯ □□《みらい》の乗り物。

⓰☆ 頭を〔　〕《ひやす》。

⓱☆ スープが〔　〕《さめる》。

⓲☆ 月が〔　〕《みちる》。

⓳☆ 〔　〕《おいた》犬をかっている。

⓴☆ 和食の〔　〕《よさ》。

㉑☆ 年が〔　〕《あらたまる》。

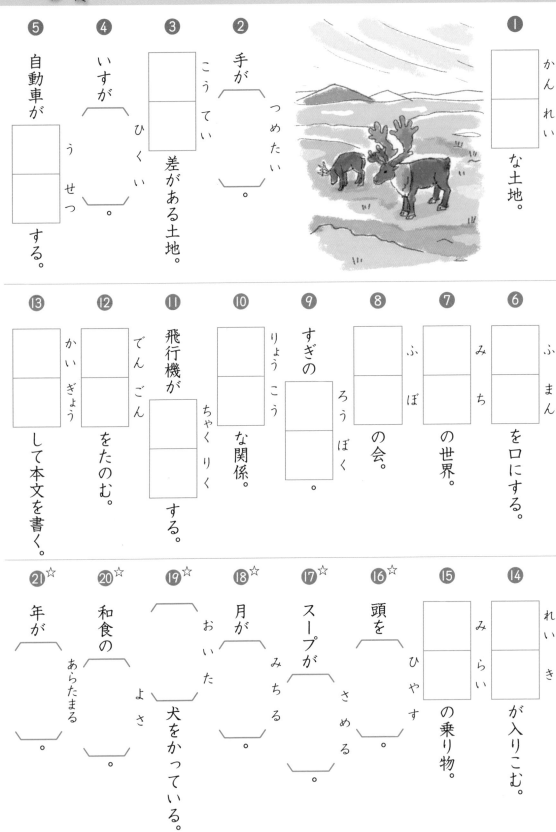

ごんぎつね

/17問

第19回

☆ □に漢字を書きましょう。〔　〕には、漢字とひらがなを書きましょう。（☆は、新しい漢字の別の読み方です。）

1 小さなお□《しろ》。

2 〔　　〕《あたり》の村。

3 □□《なたね》がらをほす。

4 ひやくしょう□《や》のうら手。

5 □□《いど》の水をくむ。

6 □《まつ》たけを持っていく。

7 道のかた□《がわ》。

8 □□□《ふしぎ》なこと。

9 お□《ねん》仏《ぶつ》がある。

10 □《なわ》をなう。

11 くりを〔　　〕《かためて》置く。

12☆ □□□《じょうかまち》を歩く。

13☆ 三角形の□《へん》の長さ。

14☆ □□《やさい》を育てる。

15☆ □《しょう》竹梅《ばい》のかざり。

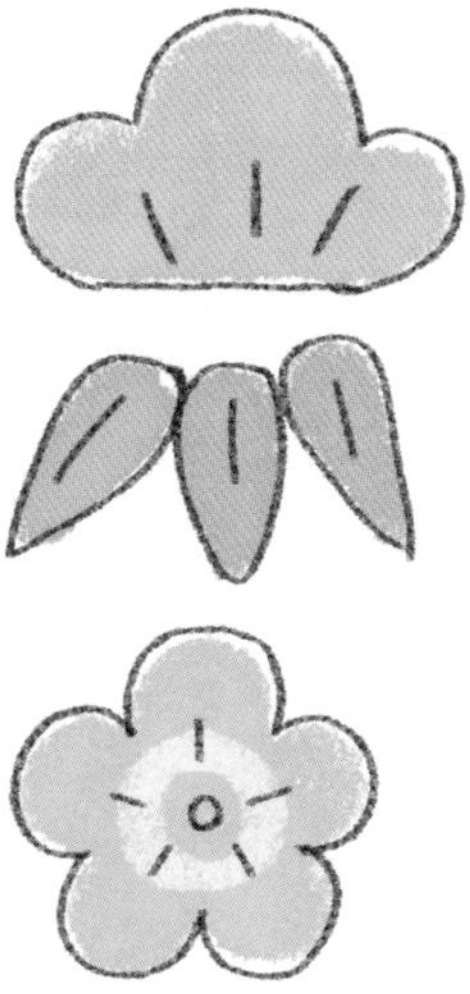

16☆ 箱の□□《そくめん》。

17☆ ピンで□□《こてい》する。

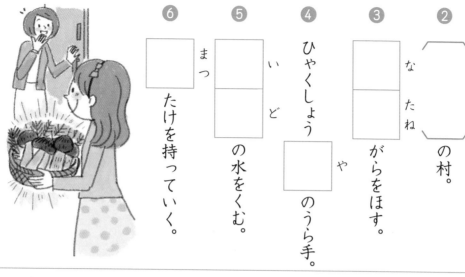

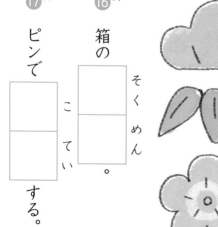

漢字を使おう７

/20問

第20回

✩ □に漢字を書きましょう。〔〕には、漢字とひらがなを書きましょう。

① □□《もうひつ》で書く。

② □□《ねんが》状《じょう》を出す。

③ □□□□《とうあんようし》。

④ □□《しょうじき》に話す。

⑤ □□《ふなたび》を楽しむ。

⑥ □□《おうごん》の茶がま。

⑦ □□《せいてん》が広がる。

⑧ □□□《はごいた》を持つ。

⑨ 美しい□□《けしき》。

⑩ 料理の□□《あじみ》をする。

⑪ □□《びょうどう》に分ける。

⑫ 〔　〕《みじかい》時間。

⑬ 〔　〕《おもい》荷物を持つ。

⑭ お□《さら》をあらう。

⑮ □《あぶら》でいためる。

⑯ ろうそくの火を〔　〕《けす》。

⑰ 一日の〔　〕《はじまり》。

⑱ 空が〔　〕《くらい》。

⑲ お□《れい》の言葉。

⑳ プレゼントを〔　〕《うけとる》。

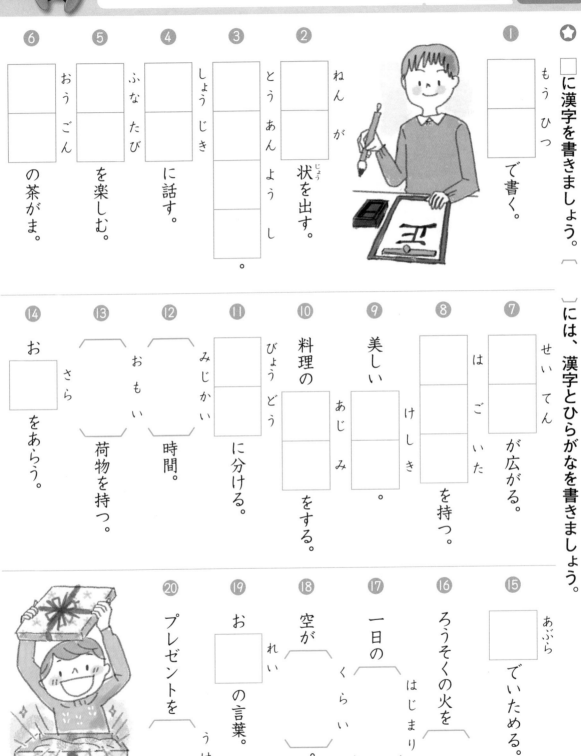

言葉相談室　人物のせいかくと行動を表す言葉
言葉の意味と使い方
百人一首に親しもう

☆ □に漢字を書きましょう。〔　〕には、漢字とひらがなを書きましょう。（☆は、新しい漢字の別の読み方です。）

言葉相談室　人物のせいかくと行動を表す言葉

1 もの〔　〕《しずか》な人。

2 〔　〕《まわり》の人がふざける。

3☆ □□《れいせい》に考える。

4☆ 湖の□□《しゅうへん》。

言葉の意味と使い方

5 □《まご》と再《さい》会する。

6 □《うめ》の実を食べる。

7☆ □□《しそん》を残す。

8☆ □□《ばいう》前線が近づく。

百人一首に親しもう

9 □□《きせつ》の変化。

10 かるたの□□《えふだ》。

11 百人一首を□□《あんしょう》する。

12 □□《しき》のうつり変わり。

13 □□《なふだ》を付ける。

14 みんなで□□《がっしょう》する。

15☆ □□□《せんえんさつ》を出す。

16☆ じゅもんを〔　〕《となえる》。

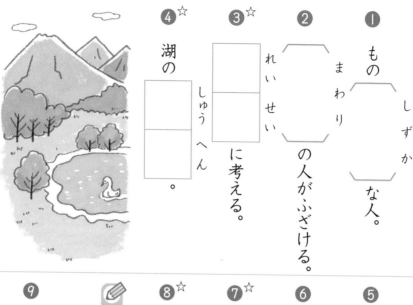

漢字を使おう８

/22問

第22回

☆ □に漢字を書きましょう。〔　〕には、漢字とひらがなを書きましょう。

① □□《おかやま》に行く。

② □□□《ゆきがっせん》をする。

③ □□□□《とどうふけん》。

④ □□《いちおく》以上の数。

⑤ □□□《すうちょうえん》の予算。

⑥ お正月に□□《きせい》する。

⑦ □□《しょうれい》が発表される。

⑧ □□《めいれい》にしたがう。

⑨ □□《とし》でのくらし。

⑩ まっすぐ〔　〕《すすむ》。

⑪ □《えき》で待ち合わせる。

⑫ □□《てつどう》の旅。

⑬ □□《こうそく》バスを利用する。

⑭ 提《てい》案に□□《はんたい》する。

⑮ □□《せんろ》にそって歩く。

⑯ 朝八時に□□《しゅっぱつ》する。

⑰ バスに〔　〕《のる》。

⑱ 新型《がた》の□□《しゃりょう》。

⑲ 参加を〔　〕《もうし》こむ。

⑳ □□《れっしゃ》が着く。

㉑ □□《にもつ》をあずける。

㉒ 先を〔　〕《いそぐ》。

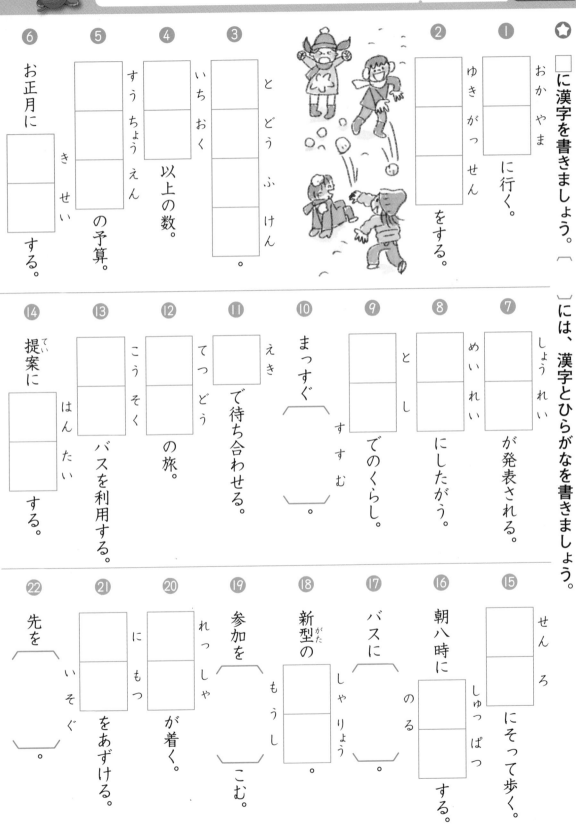

数え方を生み出そう 漢字を使おう９

第23回　/18問

★ □に漢字を書きましょう。〔 〕には、漢字とひらがなを書きましょう。（☆は、新しい漢字の別の読み方です。）

数え方を生み出そう

① 日本語の〔　　〕《あゆみ》。

② ごうかな□□《たてもの》。

③ 〔　　〕《あらた》に生み出す。

漢字を使おう９

④☆ □□《けんこく》記念の日。

⑤ □□《きぼう》をいだく。

⑥ □《なし》の皮をむく。

⑦ □□《がんやく》を服用する。

⑧ □□《しゅげい》が好きだ。

⑨ 苦労《ろう》の多い□《いばら》の道。

⑩ 試合を□□《けつじょう》する。

⑪ 毎日〔　　〕《かかさず》練習する。

⑫ □《いのち》をすくう。

⑬ 大きな□□《びょういん》。

⑭ □□《めんかい》時間を守る。

⑮ かぜの□《くすり》。

⑯ □□《いしゃ》にみてもらう。

⑰ 友達に□□《そうだん》する。

⑱ □□《はなぢ》が出る。

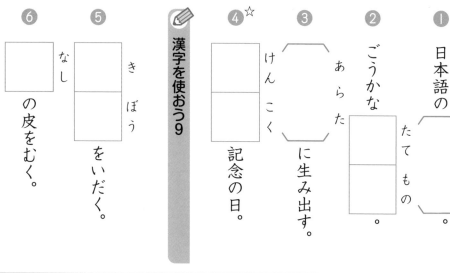

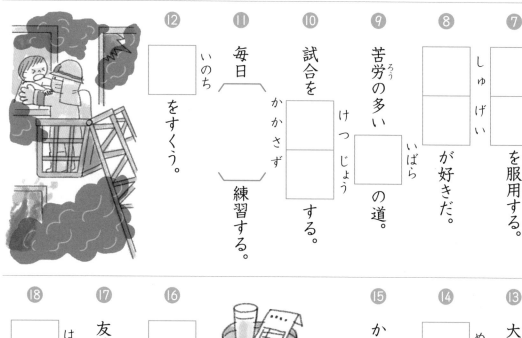

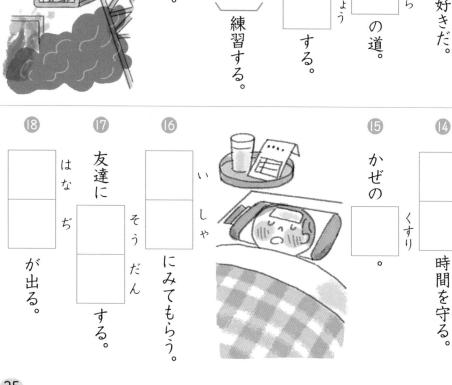

調べたことをほうこくしよう
漢字を使おう10

/20問

第24回

☆ □に漢字を書きましょう。（☆は、新しい漢字の別の読み方です。）

調べたことをほうこくしよう

1 □□《なかま》が見つからない。

漢字を使おう10

2 □□《どうとく》の教科書。

3 □□《こうけい》の大きさ。

4 □□□《ぼうえんきょう》をのぞく。

5 □□《ぎゅうにく》を食べる。

6 広い□□《ぼくじょう》。

7 全国□□《かくち》の天気。

8 京都で□□《じしゃ》をめぐる。

9 □□《しめい》を記入する。

10 □□《ちょっけい》をはかる。

11☆ □《かがみ》を見る。

12 たくさんの□□《しょうひん》。

13 お□《きゃく》さんが来る。

14 □□□《ほうそうきょく》で働く。

15 □□□《くやくしょ》に行く。

16 日本の□□《のうぎょう》。

17 交通□□《あんぜん》に努める。

18 □《ひつじ》の毛をかる。

19 □□《けんりつ》高校に進学する。

20 長い□《さか》を上る。

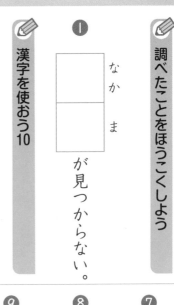

●勉強した日　月　日

同じ読み方の漢字
世界一美しいぼくの村

/18問

第25回

☆ □に漢字を書きましょう。〔　〕には、漢字とひらがなを書きましょう。（☆は、新しい漢字の別の読み方です。）

同じ読み方の漢字

1. □□《くろう》してやりとげる。
2. □□《なんきょく》大陸に行く。

3. □□《さくや》の出来事。
4. □□□《ふくだいじん》の発言。
5. □□□《ほうかご》の校庭。
6. □□《きのう》の夕食。
7. 工場の□□《きかい》。
8. □□《ろうどう》の義務《ぎむ》。
9. □□□《せっきょくてき》に行う。
10. □□《かだい》を見つける。
11. ☆ との様に仕える□□《かしん》。

世界一美しいぼくの村

12. □□《くだもの》が実る。

13. あまい〔　〕《かおり》がする。
14. □□《みんぞく》どうしの戦争。
15. □□《ゆうき》を出す。
16. 兄が帰ってくると□《しん》じる。
17. ☆ □□《かがわ》県のうどん。
18. ☆ 〔　〕《いさましく》立ち向かう。

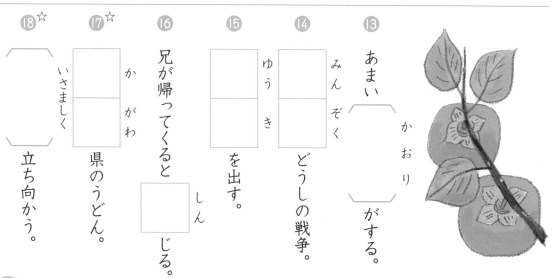

●勉強した日　　月　　日

漢字を使おう11

/20問

第26回

☆ □に漢字を書きましょう。

① みやぎ □□県の牛たん。

② にいがた □□県のお米。

③ とやま □□県の花。

④ ぎふ □□県の名物。

⑤ いばらき □□県の海。

⑥ とちぎ □□県のいちご。

⑦ ぐんま □□県のこんにゃく。

⑧ さいたま □□県のねぎ。

⑨ ちば □□県の落花生。

⑩ かながわ □□□県の港。

⑪ しが □□県の湖。

⑫ なら □□県の大仏。

⑬ おおさか □□府の人口。

⑭ とっとり □□県の砂丘《さきゅう》。

⑮ えひめ □□県のみかん。

⑯ さが □□県に行く。

⑰ ながさき □□県でくらす。

⑱ くまもと □□県のメロン。

⑲ おおいた □□県の温泉《せん》。

⑳ かごしま □□□県の自然。

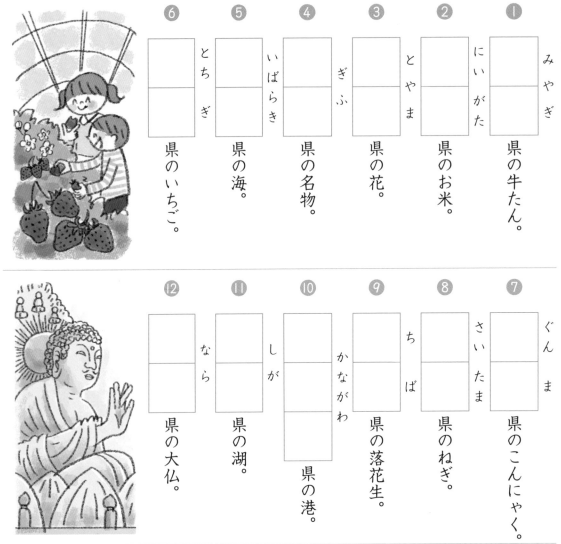

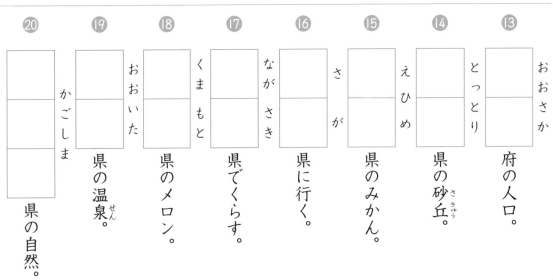

答え

第1回

①楽器 ②倉庫 ③巣
④覚ます ⑤働き ⑥失礼
⑦包まれる ⑧例えば
⑨名案 ⑩続ける ⑪変化
⑫伝わる ⑬倉 ⑭感覚
⑮覚える ⑯働 ⑰失う
⑱包 ⑲例 ⑳続
㉑変わる ㉒伝記

第2回

①借りる ②直ちに
③求める ④記録 ⑤自立
⑥自ら ⑦努力 ⑧自然
⑨録音 ⑩当然 ⑪借金
⑫求 ⑬努めて ⑭天然
⑮詩集 ⑯地球 ⑰主語
⑱勉強 ⑲問題集 ⑳係

第3回

①分類法 ②料 ③人類
④方法 ⑤料理 ⑥類い
⑦別 ⑧参加 ⑨芽
⑩司書 ⑪区別 ⑫参考
⑬加工 ⑭司会 ⑮別れる
⑯参り ⑰加える ⑱発芽

第4回

①辞典 ②成り ③説明
④連休 ⑤筆順 ⑥音訓
⑦種類 ⑧便利 ⑨治す
⑩治める ⑪明治 ⑫全治
⑬伝説 ⑭順番 ⑮訓練
⑯利用 ⑰成人 ⑱連なる
⑲連れて ⑳種 ㉑便
㉒便り

第5回

①観察 ②実験 ③大好物
④飛び ⑤関係 ⑥博
⑦結果 ⑧機会 ⑨観光
⑩体験 ⑪好意 ⑫博物館
⑬結局 ⑭好む ⑮好き
⑯飛行機 ⑰関わる
⑱関所 ⑲結ぶ ⑳果たす

第6回

①量 ②熱湯 ③清書
④清まる ⑤清水 ⑥漁船
⑦大漁 ⑧明朝 ⑨害虫
⑩量る ⑪熱い ⑫住む
⑬家族 ⑭湯 ⑮写真
⑯部屋 ⑰遊ぶ ⑱整理
⑲材料 ⑳完成

第7回

①手伝う ②走 ③約束
④席 ⑤二位 ⑥笑う
⑦特 ⑧焼き ⑨競
⑩初めて ⑪旗 ⑫最も
⑬予約 ⑭競走 ⑮束
⑯位 ⑰競馬 ⑱最初
⑲初雪 ⑳旗手

第8回

①元年 ②健康 ③上達
④次男 ⑤赤道 ⑥半ば
⑦配達 ⑧起き ⑨転ぶ
⑩体育館 ⑪息 ⑫投げる
⑬泳ぐ ⑭打つ ⑮練習
⑯勝負 ⑰身体 ⑱代表

第9回

①絵画 ②成功 ③失敗
④失望 ⑤敗れる ⑥望む
⑦友達
⑧共感 ⑨英語 ⑩結末
⑪愛 ⑫分 ⑬悪天候
⑭風車 ⑮折る ⑯色紙
⑰左折

第10回

①神社 ②祭り ③氷
④守る ⑤流れ ⑥文化
⑦気温
⑧二
⑨広 ⑩目的 ⑪必要
⑫印刷 ⑬選ぶ ⑭的
⑮必ず ⑯要 ⑰矢印
⑱刷る ⑲選手

第11回

①願い ②送付 ③協力
④付録 ⑤願望 ⑥付ける
⑦積もれば ⑧漁夫
⑨交わり ⑩夫人 ⑪積雪
⑫夫 ⑬交じる
⑭以外 ⑮議題 ⑯目標
⑰会議室

答え

第12回

①群集　②群れ　③郡部
④官　⑤管楽器　⑥音色
⑦富む　⑧徒歩　⑨白波
⑩入浴　⑪浴びる　⑫大群
⑬器官　⑭血管　⑮生徒
⑯海水浴　⑰群　⑱管
⑲富

第13回

①島　②湖　③旅
④港　⑤岸　⑥九州
⑦橋　⑧追う　⑨太平洋
⑩世界　⑪深い　⑫号
⑬仕事
⑭街灯　⑮選挙　⑯投票
⑰卒業　⑱貨物　⑲沖
⑳挙げる

第14回

①戦争　②配給　③飯
④頭　⑤包帯　⑥泣き
⑦軍歌　⑧兵隊　⑨一輪
⑩風景　⑪決勝戦　⑫給食
⑬夕飯　⑭車輪　⑮戦う
⑯争う　⑰昼飯　⑱帯
⑲帯びる　⑳輪

第15回

①青春　②後半　③人形
④地下　⑤浅い　⑥底
⑦散る　⑧愛犬　⑨散歩
⑩児童　⑪海底　⑫緑
⑬落とす　⑭寒い　⑮植物
⑯拾う　⑰葉　⑱豆

第16回

①衣食住　②米　③置く
④差　⑤調節　⑥単
⑦交差点　⑧単位　⑨配置
⑩差す　⑪節
⑫栄養　⑬塩　⑭栄光
⑮養分　⑯栄える　⑰養う
⑱塩分

第17回

①無形　②水産省　③無理
④無事　⑤無い
⑥産む（生む）　⑦反省
⑧省く
⑨照明　⑩祝日　⑪試合
⑫熊　⑬鹿　⑭照らす
⑮祝う
⑯残る　⑰不安　⑱残暑
⑲不気味

第18回

①寒冷　②冷たい　③高低
④低い　⑤右折　⑥不満
⑦未知　⑧父母　⑨老木
⑩良好　⑪着陸　⑫伝言
⑬改行　⑭冷気　⑮未来
⑯冷やす　⑰冷める
⑱満ちる　⑲老いた
⑳良さ　㉑改まる

第19回

①城　②辺り　③菜種
④家　⑤井戸　⑥松
⑦側　⑧不思議　⑨念
⑩縄　⑪固めて　⑫城下町
⑬辺　⑭野菜　⑮松
⑯側面　⑰固定

第20回

①毛筆　②年賀
③答案用紙　④正直
⑤船旅　⑥黄金　⑦晴天
⑧羽子板　⑨景色　⑩味見
⑪平等　⑫短い　⑬重い
⑭皿　⑮油　⑯消す
⑰始まり　⑱暗い　⑲礼
⑳受け取る

第21回

①静か　②周り　③冷静
④周辺
⑤孫　⑥梅　⑦子孫
⑧梅雨
⑨季節　⑩絵札　⑪暗唱
⑫四季　⑬名札　⑭合唱
⑮千円札　⑯唱える

第22回

①岡山　②雪合戦
③都道府県　④一億
⑤数兆円　⑥帰省　⑦省令
⑧命令　⑨都市　⑩進む
⑪駅　⑫鉄道　⑬高速
⑭反対　⑮線路　⑯出発
⑰乗る　⑱車両　⑲申し
⑳列車　㉑荷物　㉒急ぐ

第23回

①歩み ②建物 ③新た
④建国
⑤希望 ⑥梨 ⑦丸薬
⑧手芸 ⑨茨 ⑩欠場
⑪欠かさず ⑫命 ⑬病院
⑭面会 ⑮薬 ⑯医者
⑰相談 ⑱鼻血

第24回

①仲間
②道徳 ③口径 ④望遠鏡
⑤牛肉 ⑥牧場 ⑦各地
⑧寺社 ⑨氏名 ⑩直径
⑪鏡 ⑫商品 ⑬客
⑭放送局 ⑮区役所
⑯農業 ⑰安全 ⑱羊
⑲県立 ⑳坂

第25回

①苦労 ②南極 ③昨夜
④副大臣 ⑤放課後
⑥昨日 ⑦機械 ⑧労働
⑨積極的 ⑩課題 ⑪家臣
⑫果物 ⑬香り ⑭民族
⑮勇気 ⑯信 ⑰香川
⑱勇ましく

第26回

①宮城 ②新潟 ③富山
④岐阜 ⑤茨城 ⑥栃木
⑦群馬 ⑧埼玉 ⑨千葉
⑩神奈川 ⑪滋賀 ⑫奈良
⑬大阪 ⑭鳥取 ⑮愛媛
⑯佐賀 ⑰長崎 ⑱熊本
⑲大分 ⑳鹿児島

慣用句《かんようく》

体の一部が入るもの

目が高い
●よいものを見分ける力がすぐれている。
例 父は絵については目が高い。

目がない
●どうしようもなく好《す》きである。
例 ぼくはあまいものに目がない。

手をかす
●手伝《てつだ》う。
例 荷物運びに手をかす。

手を焼《や》く
●うまくあつかえず、こまる。
例 ねこのいたずらには手を焼いている。

頭を冷《ひ》やす
●落ち着いて考えられるように、気持ちを静《しず》める。
例 一度頭を冷やしてから、話し合おう。

顔から火が出る
●とてもはずかしいと感じている様子。
例 わすれ物をして、顔から火が出る思いをした。

鼻が高い
●得意《とくい》になったり、じまんに思ったりする様子。
例 兄がほめられたので、わたしも鼻が高い。

耳にたこができる
●同じことを何度も聞かされて、うんざりする。
例 その話は耳にたこができるほど聞いた。

口がかたい
●ひみつなどを他人にしゃべらない。
例 あの人は口がかたいから、安心して話せる。

首を長くする
●楽しみにして、待ち遠しく思う。
例 旅行の日を首を長くして待つ。

胸《むね》をなでおろす
●心配ごとがなくなって、ほっとする。
例 台風《たいふう》がそれて、胸をなでおろした。

腹《はら》をわる
●思っていることをかくさずに、全て打ち明ける。
例 君とは腹をわって話したいと思っていた。

足をのばす
●今いるところから、さらに遠くへ行く。
例 京都《きょうと》に来たついでに、大阪《おおさか》まで足をのばす。

生き物が入るもの

馬が合う
●気が合う。
例 この前転校してきた子とは、馬が合いそうだ。

うり二つ
●顔かたちがよくにている様子。
例 あの親子はうり二つだ。

きつねにつままれる
●意外な事が起こって、ぽかんとする。
例 手品を見た弟は、きつねにつままれたような顔をしていた。

すずめのなみだ
●ほんのわずかである様子。
例 ぼくのおこづかいは、すずめのなみだくらいしかない。

竹をわったよう
●気性《きしょう》がさっぱりしている様子。
例 母は、竹をわったようなせいかくだ。

つるのひと声
●力をもつ人による、みんなをしたがわせるひと言。
例 社長のつるのひと声で、話がまとまった。

ねこのひたい
●場所がとてもせまい様子。
例 ねこのひたいほどの庭。

虫が知らせる
●なんとなく、何かが起こりそうな予感がする。
例 虫が知らせたのか、外出をやめたので雨にぬれずにすんだ。

身近な物が入るもの

油を売る
●むだ話などをしてなまける。
例 油を売っていないで、早く仕事を終わらせよう。

お茶をにごす
●いいかげんなことを言って、その場をごまかす。
例 予想外のしつもんをされたので、うまくお茶をにごした。

雲をつかむ
●はっきりしなくて、とらえどころがない様子。
例 雲をつかむような話なので、信用《しんよう》できない。

水に流す
●今までのいざこざを、なかったことにする。
例 これまでのことは水に流して、仲良《なかよ》くしよう。

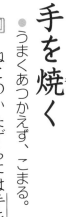

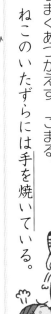

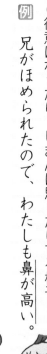

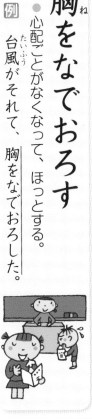

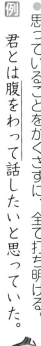

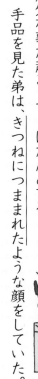

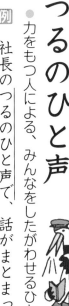

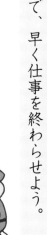

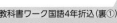

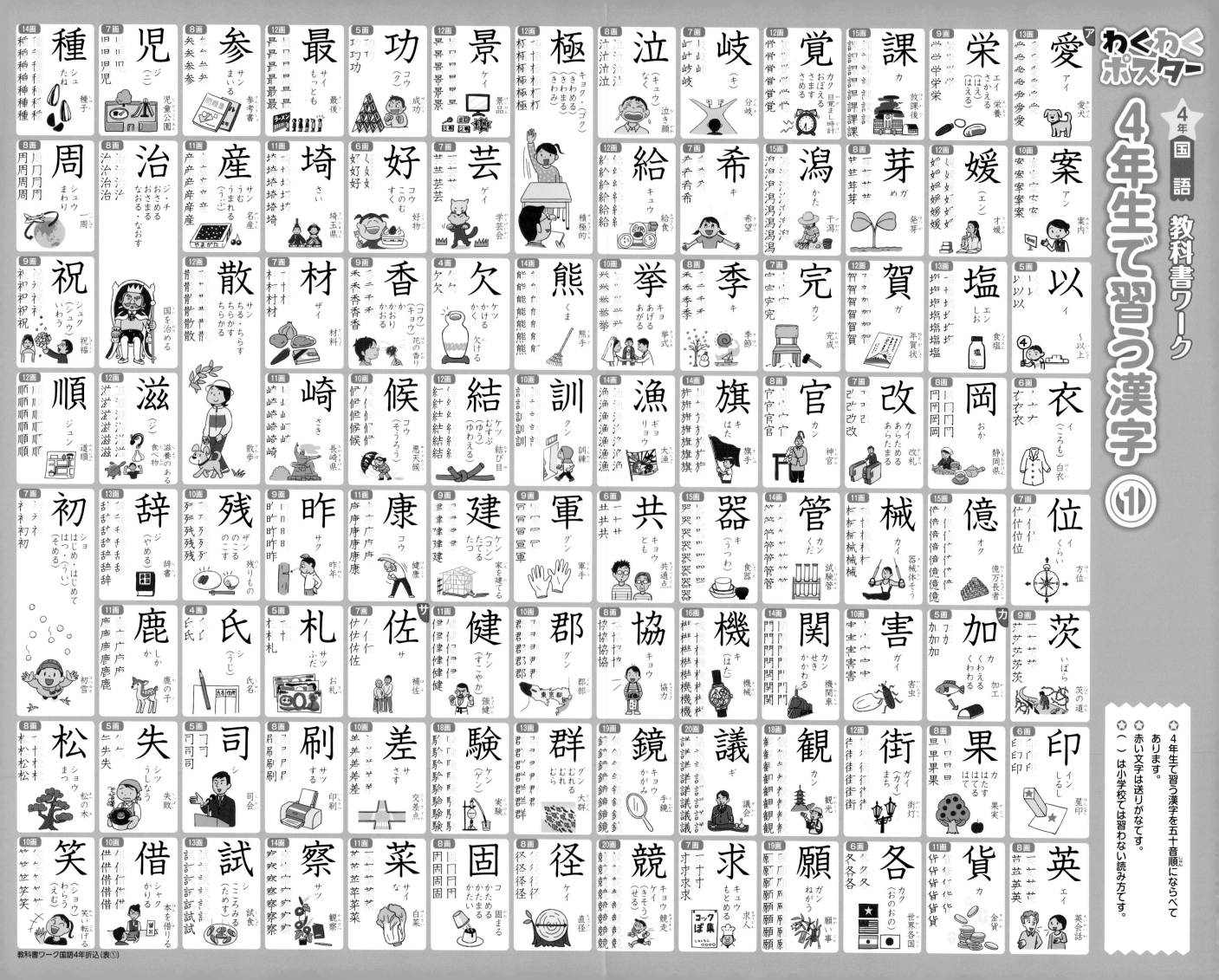

わくわくポスター

4年 国語 教科書ワーク

4年生で習う漢字 ⑪

☆4年生で習う漢字を五十音順《じゅん》にならべてあります。
☆赤い文字は送りがなです。
☆（ ）は小学校では習わない読み方です。

漢字	画数	読み	例
愛	13画	アイ	愛犬
案	10画	アン	案内
以	5画	イ	～以上
衣	6画	イ (ころも)	白衣
位	7画	イ くらい	方位
茨	9画	いばら	茨の道
印	6画	イン しるし	星印
英	8画	エイ	英会話
栄	9画	エイ さかえる (はえ) (はえる)	栄養
媛	12画	(エン)	才媛
塩	13画	エン しお	食塩
岡	8画	おか	静岡県
億	15画	オク	億万長者
加	5画	カ くわえる くわわる	加工
果	8画	カ はたす はてる はて	果実
貨	11画	カ	金貨
課	15画	カ	放課後
芽	8画	ガ め	発芽
賀	12画	ガ	年賀状
改	7画	カイ あらためる あらたまる	改札
械	11画	カイ	器械体そう
害	10画	ガイ	害虫
街	12画	ガイ (カイ) まち	街灯
各	6画	カク (おのおの)	世界各国
覚	12画	カク おぼえる さます さめる	目覚まし時計
潟	15画	かた	干潟
完	7画	カン	完成
官	8画	カン	神官
管	14画	カン くだ	試験管
関	14画	カン せき かかわる	機関車
観	18画	カン	観光
願	19画	ガン ねがう	願い事
岐	7画	(キ)	分岐
希	7画	キ	希望
季	8画	キ	季節
旗	14画	キ はた	旗手
器	15画	キ (うつわ)	食器
機	16画	キ (はた)	機械
議	20画	ギ	議会
求	7画	キュウ もとめる	求人
泣	8画	(キュウ) なく	泣き顔
給	12画	キュウ	給食
挙	10画	キョ あげる あがる	挙式
漁	14画	ギョ リョウ	大漁
共	6画	キョウ とも	共通点
協	8画	キョウ	協力
鏡	19画	キョウ かがみ	手鏡
競	20画	キョウ ケイ (きそう) (せる)	競走
極	12画	キョク・(ゴク) (きわめる) (きわまる) (きわみ)	積極的
熊	14画	くま	熊手
訓	10画	クン	訓練
軍	9画	グン	軍手
郡	10画	グン	郡部
群	13画	グン むれる むれ むら	大群
径	8画	ケイ	直径
景	12画	ケイ	景品
芸	7画	ゲイ	学芸会
欠	4画	ケツ かける かく	欠ける
結	12画	ケツ むすぶ (ゆう) (ゆわえる)	結び目
建	9画	ケン (コン) たてる たつ	家を建てる
健	11画	ケン (すこやか)	強健
験	18画	ケン (ゲン)	実験
固	8画	コ かためる かたまる かたい	固まる
功	5画	コウ (ク)	成功
好	6画	コウ このむ すく	好物
香	9画	(コウ) (キョウ) か かおり かおる	花の香り
候	10画	コウ (そうろう)	悪天候
康	11画	コウ	健康
佐	7画	サ	補佐
差	10画	サ さす	交差点
菜	11画	サイ な	白菜
最	12画	サイ もっとも	最後
埼	11画	さい	埼玉県
材	7画	ザイ	材料
崎	11画	さき	長崎県
昨	9画	サク	昨年
札	5画	サツ ふだ	お札
刷	8画	サツ する	印刷
察	14画	サツ	観察
参	8画	サン まいる	参考書
産	11画	サン うむ うまれる (うぶ)	名産
散	12画	サン ちる・ちらす ちらかす ちらかる	散歩
滋	12画	(ジ)	滋養のある食べ物
残	10画	ザン のこる のこす	残りもの
氏	4画	シ (うじ)	氏名
司	5画	シ	司会
試	13画	シ こころみる (ためす)	試食
児	7画	ジ (ニ)	児童公園
治	8画	ジ・チ おさめる おさまる なおる・なおす	国を治める
辞	13画	ジ (やめる)	辞書
鹿	11画	しか か	鹿の子
失	5画	シツ うしなう	失敗
借	10画	シャク かりる	本を借りる
種	14画	シュ たね	種子
周	8画	シュウ まわり	一周
祝	9画	シュク (シュウ) いわう	祝福
順	12画	ジュン	道順
初	7画	ショ はじめ・はじめて はつ・(うい) (そめる)	初雪
松	8画	ショウ まつ	松の木
笑	10画	(ショウ) わらう (えむ)	笑い転げる

和歌

春過《す》ぎて夏来《き》にけらし白妙《しろたえ》の
衣《ころも》ほすてふ《（ちょう）》天《あま》の香具山《かぐやま》

持統天皇《じとうてんのう》

春が過ぎて夏が来たらしい。
夏に真っ白な服をほすという
天の香具山よ。

東《ひんがし》の野にかぎろひ《（い）》の立つ見えて
かへ《（え）》り見すれば月かたぶきぬ

柿本《かきのもとの》人麻呂《ひとまろ》

東の野のはてに明け方の光が見えて、
ふり返って見ると、
月が西の方にかたむいていた。

石走《いわばし》る垂水《たるみ》の上のさわらびの
萌《も》え出《い》づ《（ず）》る春になりにけるかも

志貴《しきの》皇子《みこ》

岩の上をはげしく流れるたきのそばの、
わらびが芽《め》を出す春に
なったのだなあ。

田子《たご》の浦《うら》にうち出《い》でて見れば白妙《しろたえ》の
富士《ふじ》の高嶺《たかね》に雪は降《ふ》りつつ

山部《やまべの》赤人《あかひと》

田子の浦という海岸に出てながめると、
真っ白な富士山《ふじさん》の高いみねに、
雪が降り続《つづ》いている。

天《あま》の原《はら》ふりさけ見れば春日《かすが》なる
三笠《みかさ》の山に出《い》でし月かも

安倍《あべの》仲麿《なかまろ》

大空を遠くまで見ると、月が出ている。
この月は、ふるさとの春日にある三笠山《みかさやま》に
出ていたあの月と同じなのだなあ。

君がため春の野に出《い》でて若菜《わかな》つむ
わが衣手《ころもで》に雪は降《ふ》りつつ

光孝天皇《こうこうてんのう》

あなたのために、春の野に出かけて
若菜をつむわたしのそでに、
雪が降り続《つづ》いている。

秋来《き》ぬと目にはさやかに見えねども
風の音にぞおどろかれぬる

藤原《ふじわらの》敏行《としゆき》

秋が来たと、目にはっきりとは
見えないけれど、風の音で、
秋が来たことにはっと気づいたよ。

ひさかたの光のどけき春の日に
しづ《（ず）》心《ごころ》なく花の散《ち》るらむ《（ん）》

紀《きの》友則《とものり》

日の光ものどかな春の日に、
どうして落ち着いた心もなく、
さくらの花は散っていくのだろうか。

嵐《あらし》吹《ふ》く三室《みむろ》の山のもみぢ《（じ）》葉は
竜田《たった》の川の錦《にしき》なりけり

能因法師《のういんほうし》

嵐が吹き散《ち》らした三室山《みむろやま》の
もみじの葉は、竜田川《たつたがわ》の水面で
美しい錦を織《お》り上げているよ。

ほととぎす鳴きつる方《かた》をながむれば
ただ有明《ありあけ》の月ぞ残《のこ》れる

後徳大寺左大臣《ごとくだいじのさだいじん》

ほととぎすが鳴いた方をながめると、
ほととぎすのすがたは見えず、
夜明けの空にただ月だけが残っている。

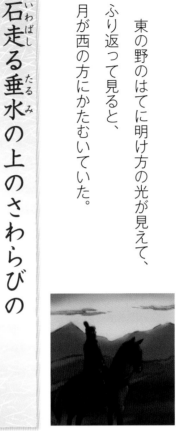

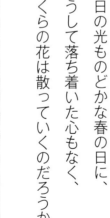

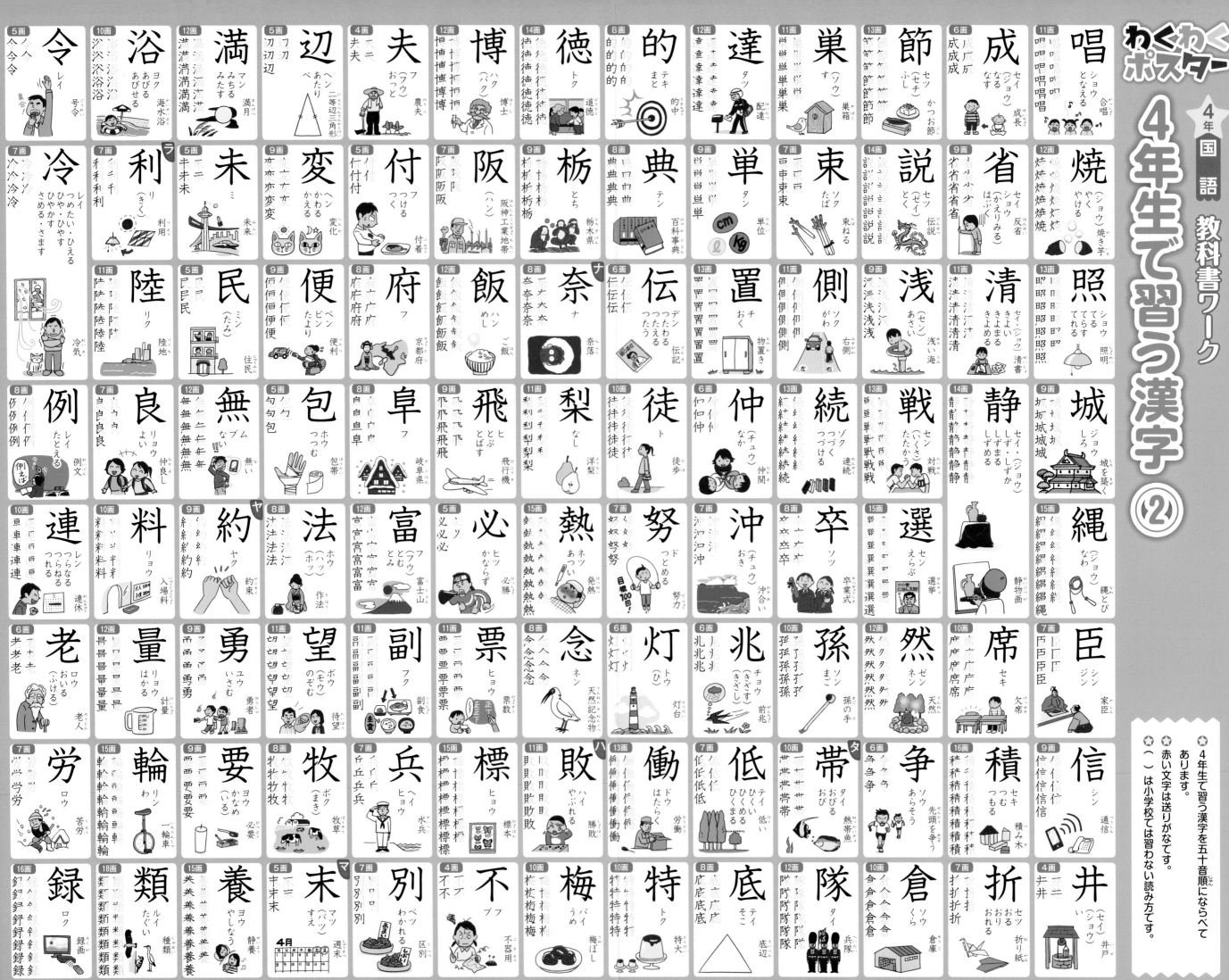

わくわくポスター

4年 国語 教科書ワーク

4年生で習う漢字②

☆4年生で習う漢字を五十音順《じゅん》にならべてあります。

☆赤い文字は送りがなです。

☆（　）は小学校では習わない読み方です。

漢字	画数	読み	例
唱	12画	ショウ / となえる	合唱《がっしょう》
焼	12画	(ショウ) / やく / やける	焼き芋《やきいも》
照	13画	ショウ / てる / てらす / てれる	照明《しょうめい》
城	9画	ジョウ / しろ	城を築《きず》く
縄	15画	(ジョウ) / なわ	縄《なわ》とび
臣	7画	シン / ジン	家臣《かしん》
信	9画	シン	通信《つうしん》
井	4画	(セイ) / (ショウ) / い	井戸《いど》
成	6画	セイ / (ジョウ) / なる / なす	成長《せいちょう》
省	9画	セイ / ショウ / (かえりみる) / はぶく	反省《はんせい》
清	11画	セイ・(ショウ) / きよい / きよまる / きよめる	清書《せいしょ》
静	14画	セイ・(ジョウ) / しず・しずか / しずまる / しずめる	静物画《せいぶつが》
席	10画	セキ	欠席《けっせき》
積	16画	セキ / つむ / つもる	積み木《つみき》
折	7画	セツ / おる / おり / おれる	折り紙《おりがみ》
節	13画	セツ / (セチ) / ふし	かつお節《ぶし》
説	14画	セツ / (ゼイ) / とく	伝説《でんせつ》
浅	9画	(セン) / あさい	浅い海《うみ》
戦	13画	セン / (いくさ) / たたかう	対戦《たいせん》
選	15画	セン / えらぶ	選挙《せんきょ》
然	12画	ゼン / ネン	天然《てんねん》
争	6画	ソウ / あらそう	先頭《せんとう》を争う
倉	10画	ソウ / くら	倉庫《そうこ》
巣	11画	(ソウ) / す	巣箱《すばこ》
束	7画	ソク / たば	束《たば》ねる
側	11画	ソク / がわ	右側《みぎがわ》
続	13画	ゾク / つづく / つづける	連続《れんぞく》
卒	8画	ソツ	卒業式《そつぎょうしき》
孫	10画	ソン / まご	孫の手《まごのて》
帯	10画	タイ / おびる / おび	熱帯魚《ねったいぎょ》
隊	12画	タイ	兵隊《へいたい》
達	12画	タツ	配達《はいたつ》
単	9画	タン	単位《たんい》
置	13画	チ / おく	物置き《ものおき》
仲	6画	(チュウ) / なか	仲間《なかま》
沖	7画	(チュウ) / おき	沖合い《おきあい》
兆	6画	チョウ / (きざす) / (きざし)	前兆《ぜんちょう》
低	7画	テイ / ひくい / ひくめる / ひくまる	低い
底	8画	テイ / そこ	底辺《ていへん》
的	8画	テキ / まと	的中《てきちゅう》
典	8画	テン	百科事典《ひゃっかじてん》
伝	6画	デン / つたわる / つたえる / つたう	伝記《でんき》
徒	10画	ト	徒歩《とほ》
努	7画	ド / つとめる	努力《どりょく》
灯	6画	トウ / (ひ)	灯台《とうだい》
働	13画	ドウ / はたらく	労働《ろうどう》
特	10画	トク	特大《とくだい》
徳	14画	トク	道徳《どうとく》
栃	9画	とち	栃木県《とちぎけん》
奈	8画	ナ	奈落《ならく》
梨	11画	なし	洋梨《ようなし》
熱	15画	ネツ / あつい	発熱《はつねつ》
念	8画	ネン	天然記念物《てんねんきねんぶつ》
敗	11画	ハイ / やぶれる	勝敗《しょうはい》
梅	10画	バイ / うめ	梅ぼし《うめぼし》
博	12画	ハク / (バク)	博士《はかせ》
阪	7画	(ハン)	阪神工業地帯《はんしんこうぎょうちたい》
飯	12画	ハン / めし	ご飯《はん》
飛	9画	ヒ / とぶ / とばす	飛行機《ひこうき》
必	5画	ヒツ / かならず	必勝《ひっしょう》
票	11画	ヒョウ	票数《ひょうすう》
標	15画	ヒョウ	標本《ひょうほん》
不	4画	フ / ブ	不器用《ぶきよう》
夫	4画	フ / (フウ) / おっと	農夫《のうふ》
付	5画	フ / つける / つく	付着《ふちゃく》
府	8画	フ	京都府《きょうとふ》
阜	8画	フ	岐阜県《ぎふけん》
富	12画	フ / (フウ) / とむ / とみ	富士山《ふじさん》
副	11画	フク	副食《ふくしょく》
兵	7画	ヘイ / ヒョウ	水兵《すいへい》
別	7画	ベツ / わかれる	区別《くべつ》
辺	5画	ヘン / あたり / べ	二等辺三角形《にとうへんさんかくけい》
変	9画	ヘン / かわる / かえる	変化《へんか》
便	9画	ベン / ビン / たより	便利《べんり》
包	5画	ホウ / つつむ	包帯《ほうたい》
法	8画	ホウ / (ハッ) / (ホッ)	作法《さほう》
望	11画	ボウ / (モウ) / のぞむ	待望《たいぼう》
牧	8画	ボク / (まき)	牧草《ぼくそう》
末	5画	マツ / (バツ) / すえ	週末《しゅうまつ》
満	12画	マン / みちる / みたす	満月《まんげつ》
未	5画	ミ	未来《みらい》
民	5画	ミン / (たみ)	住民《じゅうみん》
無	12画	ム / ブ / ない	無い
約	9画	ヤク	約束《やくそく》
勇	9画	ユウ / いさむ	勇者《ゆうしゃ》
要	9画	ヨウ / かなめ / (いる)	必要《ひつよう》
養	15画	ヨウ / やしなう	静養《せいよう》
浴	10画	ヨク / あびる / あびせる	海水浴《かいすいよく》
利	7画	リ / (きく)	利用《りよう》
陸	11画	リク	陸地《りくち》
良	7画	リョウ / よい	仲良し《なかよし》
料	10画	リョウ	入場料《にゅうじょうりょう》
量	12画	リョウ / はかる	計量《けいりょう》
輪	15画	リン / わ	一輪車《いちりんしゃ》
類	18画	ルイ / たぐい	種類《しゅるい》
令	5画	レイ	号令《ごうれい》
冷	7画	レイ / つめたい・ひえる / ひや・ひやす / ひやかす / さめる・さます	冷気《れいき》
例	8画	レイ / たとえる	例文《れいぶん》
連	10画	レン / つらなる / つらねる / つれる	連休《れんきゅう》
老	6画	ロウ / おいる / (ふける)	老人《ろうじん》
労	7画	ロウ	苦労《くろう》
録	16画	ロク	録画《ろくが》

教科書ワーク
もくじ

東京書籍版 国語4年

動画 コードを読み取って、下の番号の動画を見てみよう。

【イラスト】artbox、植木美江、かつまたひろこ、クリエイティブ・ノア、ピクスタ、福留鉄夫

きほんのワーク

水平線
もしも、こんなことができるなら

教科書 上 見返し／14〜15

答え 1ページ

学習の目標

●詩の中でくり返される言葉に注意し、作者の気持ちを考えて音読しよう。
●考えの理由や同じところ、ちがうところをたしかめよう。

勉強した日　月　日

おわったらシールをはろう

---

1 水平線　次の詩を読んで、問題に答えましょう。

水平線

小泉《こいずみ》　周二《しゅうじ》

水平線がある
一直線にある
ゆれているはずなのに
一直線にある

水平線がある
はっきりとある
空とはちがうぞと
はっきりとある

---

3 「水平線がある／はっきりとある」とありますが、水平線がはっきりとあるとは、どういうことですか。

水面と（　　　　）とのさかい目が、はっきりしているということ。

4 よく出る　作者は、水平線がどこまでもある様子を、何のようだと感じていますか。

□□□□□□□

「〜みたいに」という言葉に注目！「〜みたいに」は、様子をたとえるときに使う言葉だよ！

5 よく出る　この詩は、どんな感じがしますか。一つに○をつけましょう。

ア（　）のんびりとして、とてものどかな感じ。
イ（　）ひろびろとして、とても力強い感じ。
ウ（　）せかせかとして、とてもあわてた感じ。

言葉の意味 プラス

1行　水平線…海の上の、空と水面のさかいにある、線のように見えるところのこと。
2行　一直線…まっすぐであること。

水平線がある
どこまでもある
ほんとうの強さみたいに
どこまでもある

1 この詩には、どんな特《とく》ちょうがありますか。

三連《れん》とも、「（　　　　）がある」で始まっている。

また、それぞれの連の二行目と（　　　　）行目は、同じ言葉がくり返されている。

2 詩の中に「ある」という言葉がくり返し出てきますが、音読すると、どんな感じがしますか。一つに○をつけましょう。

くり返し音読して、どんな感じがするかたしかめよう。

ア（　）ぼんやりした感じがする。
イ（　）しっかりした感じがする。
ウ（　）あっさりした感じがする。

---

② もしも、こんなことができるなら

広田さんと林さんが「もしも動物になれるなら、何になりたいか」という話題で話しています。二人の会話の（　）に合う言葉を□からえらんで、記号で答えましょう。

広田 ぼくは、タカになりたいな。林さんは？

林 わたしは、カナリアになりたいと思ったよ。広田さんは（ ① ）タカになりたいと思ったの？

広田 思いきり空を自由にとんでみたいからだよ。

林 わたしも空をとびたいと思ってカナリアをえらんだから、そこは（ ② ）ところだね。

広田 鳥の中でも、タカはくちばしやつめがするどくて強いから、かっこいいと思ったんだ。林さんが鳥の中でカナリアをえらんだのは、どうしてなの？

林 カナリアは見た目も鳴き声もかわいらしいからだよ。あんな声でさえずってみたいんだ。

広田 タカはかっこよくて、カナリアはかわいらしいから、それは（ ③ ）ところだね。

①（　　）　②（　　）　③（　　）

ア 同じ　イ どのように　ウ どうして　エ ちがう　オ いつから

ものしりメモ 詩の表現《げん》のくふうにはいろいろあるよ。たとえば、あるものをべつの何かにたとえて、いんしょうを強めたり、同じ言葉をくり返してリズムをよくしたりする方法《ほう》があるよ。

想像《ぞう》したことを音読で表そう

きほんのワーク

こわれた千の楽器

教科書 上16～26ページ

答え 1ページ

勉強した日　月　日

学習の目標

●場面の様子や人物の気持ちを読み取ろう。
●場面の様子や人物の気持ちを考えて、音読しよう。

漢字練習ノート3ページ

おわったらシールをはろう

新しい漢字

練習しましょう。　筆順《じゅん》 1 2 3 4 5

教科書ページ	漢字	読み	画数
18	器	キ	15画
18	倉	ソウ　くら	10画
18	巣	す	11画
18	覚	カク　おぼえる　さます	12画
18	働	ドウ　はたらく	13画
19	失	シツ　うしなう	5画
19	包	ホウ　つつむ	5画
20	例	レイ　たとえる	8画
21	案	アン	10画
22	続	ゾク　つづける	13画
24	変	ヘン　かわる	9画
25	伝	デン　つたわる	6画

1 漢字の読み　読みがなを横に書きましょう。

①楽器　②倉庫　③くもの巣　④覚ます　⑤働く　⑥失礼　⑦包む　⑧例えば　⑨名案　⑩続ける　⑪変化　⑫伝わる

○新しい漢字
●読みかえの漢字
◆特別《とくべつ》な読み方

3 言葉の意味　○をつけましょう。

① 18ページ 町のかたすみにある家。
ア（　）真ん中。
イ（　）はじっこ。
ウ（　）あちこち。

② 18 月をながめる。
ア（　）遠くから見る。

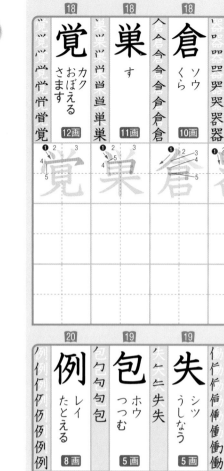

2 漢字の書き

漢字を書きましょう。

❶ こわれた□□（がっき）。

❷ たくさん□（はたら）く。

❸ 光に□（つつ）まれる。

❹ □□（めいあん）がうかぶ。

❺ 気持ちが□□（へんか）する。

❷「はたら-く」は、送りがなにも注意しよう。

内容《よう》をつかもう！

★ **こわれた千の楽器** 物語の順《じゅん》番になるように、（　）に2～5の番号を書きましょう。 教科書 18～23ページ

こわれた楽器たちが、みんなで一つの楽器になってえんそうする話だよ。

（ 1 ）楽器倉庫に、こわれた楽器たちがねむっていた。

（　）月が通りかかると、倉庫では、楽器たちが、いきいきとえんそうしていた。

（　）楽器たちは、集まって毎日毎日練習を続けた。

（　）倉庫の楽器たちは、もう一度えんそうがしたいと思った。

（　）月に、「こわれた楽器」と言われたとき、チェロはこわれてなんかいないと言ってしまった。

（ 6 ）月は、音楽に聞きほれ、ときどき思い出しては、光の糸をふき上げた。

イ（　）にらむように見る。
ウ（　）ちらりと見る。

❸ 19 道で転んできまり悪い。
ア（　）はずかしい。
イ（　）はらが立つ。
ウ（　）悲しい。

❹ 19 月の光で、すがたがかすむ。
ア（　）消えてなくなる。
イ（　）くっきりとうつる。
ウ（　）はっきり見えない。

❺ 22 夢《む》中でえんそうする。
ア（　）いいかげんに。
イ（　）熱《ねっ》中して。
ウ（　）いやそうに。

❻ 23 足りないところをおぎない合う。
ア（　）つけくわえ合う。
イ（　）教え合う。
ウ（　）こうげきし合う。

❼ 23 美しい歌声に聞きほれる。
ア（　）真けんに聞く。
イ（　）ぼんやりと聞く。
ウ（　）心をうばわれて聞く。

ものしりメモ 多くの楽器を使ってえんそうするのがオーケストラだね。二人でえんそうするのは「デュオ」、三人では「トリオ」、四人では「カルテット」、五人では「クインテット」というよ。

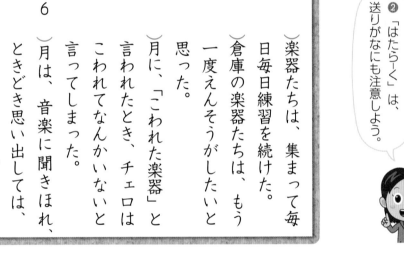

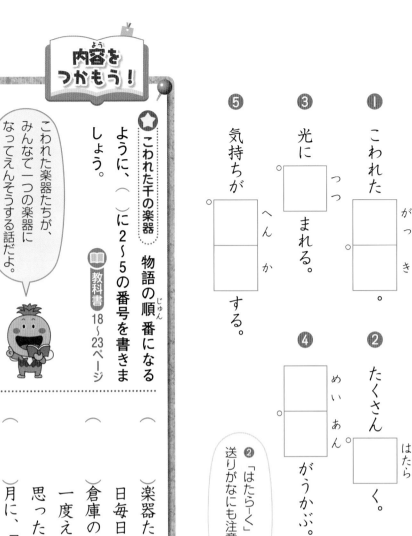

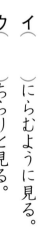

練習のワーク①

こわれた千の楽器

教科書 上16～26ページ
答え 1ページ

できるナビ
●会話に注目し、楽器たちの気持ちがどのように変化していくのかを読み取ろう。

勉強した日　月　日

おわったら シールを はろう

❖ 次の文章を読んで、問題に答えましょう。

「ああ、もう一度えんそうがしたいなあ。」

ホルンが、すみの方から言いました。

「えんそうがしたい。」

トランペットも横から言いました。

「でも、できないなあ。こんなにこわれてしまっていて、できるはずがないよ。」

やぶれたたいこが言いました。

「いや、できるかもしれない。いやいや、きっとできる。例えば、こわれた十の楽器で、一つの楽器に

3 次は、どの楽器が言った言葉ですか。[　]からえらんで、記号で答えましょう。

1 「ああ、もう一度えんそうがしたいなあ。」（　　）
2 「えんそうがしたい。」（　　）
3 「でも、できないなあ。」（　　）
4 「いや、できるかもしれない。」（　　）

ア たいこ　イ トランペット
ウ ホルン　エ ビオラ

4 楽器たちが、えんそうはできないと思っていたのは、なぜですか。

（　　　　　　　　　　）から。

5 よく出る 「いやいや、きっとできる。」を音読するときには、どのように読むとよいですか。一つに○をつけましょう。

「きっと」という言葉にこめられた気持ちを考えよう。

言葉の意味プラス
9行 ～はずがない…～なんてことは、ぜったいない。
20行 名案…すばらしい考え。　23行 はずんだ声…うきうきしている声。

なろう。十がだめなら十五で、十五がだめなら二十で、一つの楽器になるんだ。」

ビオラが言いました。

「それは名案だわ。」

ピッコロが言いました。

「それならぼくにもできるかもしれない。」

もっきんがはずんだ声で言いました。

「やろう。」

「やろう。」

バイオリンやコントラバス、オーボエ、フルートなども、立ち上がって言いました。

〈野呂《のろ》昶《さかん》「こわれた千の楽器」による〉

1 どんな場面ですか。一つに○をつけましょう。

ア（　）楽器たちが、えんそう会を思い出している場面。

イ（　）楽器たちが、こわれた楽器をはげましている場面。

ウ（　）楽器たちが、えんそうがしたいと話している場面。

2 場面のはじめでは、楽器たちはどのように思っていましたか。

楽器たちの言葉に注目しよう。

もう一度（　　　　）がしたいけれど、

（　　　　）だろうと思っていた。

ア（　）あまり自信《しん》がない様子で、小さな声で不安《ふ》そうに読む。

イ（　）自分やまわりの楽器たちに言い聞かせるように、はっきりと読む。

ウ（　）自分にはできないとあきらめたように、やる気がないように読む。

6 「それならぼくにもできるかもしれない。」とありますが、どんなことならできると思ったのですか。一つに○をつけましょう。

ア（　）たくさんの楽器が集まって一つの楽器になること。

イ（　）こわれていない楽器をみんなでさがすこと。

ウ（　）自分のえんそうできる曲だけを練習すること。

7 よく出る！ この場面で、みんなの気持ちが変わるきっかけになる言葉を言ったのは、だれですか。

「名案」を出したのは、どの楽器かな。

（　　　　）

8 書いてみよう！ 場面の終わりでは、楽器たちはどんな気持ちになりましたか。考えて書きましょう。

（　　　　）

ものしりメモ　オーケストラの楽器は、大きく分けて３しゅるい。バイオリンなどのげん楽器、トランペットなどの管《かん》楽器、そしてたいこなどの打楽器だよ。

練習のワーク②

こわれた千の楽器

教科書 上16～26ページ　答え 2ページ

できるナビ
●楽器たちが何をしているのかを読み取り、様子の変化をとらえよう。

勉強した日　月　日

おわったらシールをはろう

次の文章を読んで、問題に答えましょう。


楽器たちは、それぞれ集まって練習を始めました。

「もっとやさしい音を！」

「レとソは鳴ったぞ。」

「げんをもうちょっとしめて……。うん、いい音だ。」

「ぼくはミの音をひく。君はファの音を出してくれないか。」

毎日毎日練習が続けられました。そして、やっと音が出ると、

「できた。」

「できた。」

おどり上がってよろこびました。

ある夜のこと、月は、楽器倉庫の上を通りかかりました。すると、どこからか音楽が流れてきました。

「なんときれいな音。だれがえんそうしているんだろう。」

月は、音のする方へ近づいていきました。それは、前にのぞいたことのある楽器倉庫からでした。そこでは、

1 楽器たちは、それぞれ集まってどうしましたか。

えんそうの（　　　）を始めた。

2 よく出る● 「『できた。』／『できた。』」の部分を音読するときには、どのように読むとよいですか。一つに○をつけましょう。

ア（　）うれしそうに、明るい声で。

イ（　）自信《しん》がなさそうに、小さな声で。

ウ（　）おこっているように、大きな声で。

やっと音が出て、おどり上がってよろこんでいるよ。

3 ある夜に、月はどこを通りかかりましたか。また、そのとき、何が聞こえましたか。

どこ（　　　）

何（　　　）

言葉の意味プラス
4行 げん…バイオリンなどにはってある糸のこと。　11行 おどり上がる…うれしくていきおいよくとび上がる。　30行 うっとり…心が引きつけられ、ぼうっとする様子。

千の楽器がいきいきと、えんそうに夢《む》中でした。こわれた楽器は、一つもありません。一つ一つがみんなりっぱな楽器です。おたがいに足りないところをおぎない合って、音楽をつくっているのです。

月は、音楽におし上げられるように、空高く上っていきました。

「ああ、いいなあ。」

月は、うっとりと聞きほれました。そして、ときどき思い出しては、光の糸を大空いっぱいにふき上げました。

〈野呂《のろ》昶《さかん》「こわれた千の楽器」による〉

4 「月は、音のする方へ近づいていきました。」について答えましょう。

(1) 音はどこから聞こえてきましたか。

（　　　　　　）から。

(2) そこでは、だれが、どんな様子でいましたか。

□□□□がいきいきと、

□□□□に夢中だった。

5 よく出る 楽器たちがえんそうすることができたのは、なぜですか。一つに○をつけましょう。

ア（　）こわれて出なかった音を、一生けん命練習して出せるようにしたから。

イ（　）一人ではできないことをおぎない合って、みんなで一つの音楽をつくったから。

ウ（　）いつか月をおどろかせようという気持ちで、みんなで力を合わせたから。

6 音楽を聞いている月は、どんな様子でしたか。

月の様子を表す言葉に注目しよう。

（　　　　　　　　　　）

ものしりメモ 音楽で習うリコーダーは、実はとてもれきしのある楽器。今からやく500年も前のヨーロッパでよく使われていたんだ。やく300年前には、今のリコーダーとほぼ同じ形になったよ。

まとめのテスト こわれた千の楽器

教科書 上16～26ページ
答え 3ページ

時間20分

とく点 /100点

おわったらシールをはろう

勉強した日 月 日

次の文章を読んで、問題に答えましょう。

楽器たちは、それぞれ集まって練習を始めました。

「もっとやさしい音を！」

「レとソは鳴ったぞ。」

「げんをもうちょっとしめて……。うん、いい音だ。」

「ぼくはミの音をひく。君はファの音を出してくれないか。」

毎日毎日練習が続けられました。そして、やっと音が出ると、

「できた。」

「できた。」

おどり上がってよろこびました。

ある夜のこと、月は、楽器倉庫の上を通りかかりました。すると、どこからか音楽が流れてきました。

「なんときれいな音。だれがえんそうしているんだろう。」

月は、音のする方へ近づいていきました。それは、前にのぞいたことのある楽器倉庫からでした。そこでは、

2 よく出る 「毎日毎日練習が続けられました。」とありますが、練習をしてやっと音が出ると、楽器たちはどのようによろこびましたか。〔10点〕

（　　　　　）よろこんだ。

3 よく出る 月が楽器倉庫に近づいていったのは、なぜですか。一つ10〔20点〕

倉庫から（　　　　　）が聞こえてきたので、（　　　　　）のかをたしかめようと思ったから。

4 月が楽器倉庫に近づいたとき、楽器倉庫の中は、どんな様子でしたか。〔10点〕

（　　　　　）

千の楽器がいきいきと、えんそうに夢《む》中でした。こわれた楽器は、一つもありません。一つ一つがみんなりっぱな楽器です。おたがいに足りないところをおぎない合って、音楽をつくっているのです。

　月は、音楽におし上げられるように、空高く上っていきました。

「ああ、いいなあ。」

　月は、うっとりと聞きほれました。そして、ときどき思い出しては、光の糸を大空いっぱいにふき上げました。

〈野呂《のろ》昶《さかん》「こわれた千の楽器」による〉

1 「ぼくはミの音をひく。君はファの音を出してくれないか。」と言ったのは、なぜですか。一つに○をつけましょう。〔10点〕

ア（　）ファの音より、ミの音のほうがむずかしいから。

イ（　）ミの音は出るが、ファの音は出ないから。

ウ（　）ファの音より、ミの音を自分が出したいから。

チャレンジ!

5 「こわれた楽器は、一つもありません。」とは、どういうことですか。一つに○をつけましょう。〔10点〕

ア（　）こわれていたところが練習で直ったということ。

イ（　）こわれていない楽器だけでえんそうしていたということ。

ウ（　）それぞれの楽器がりっぱに自分の音を出していたということ。

6 よく出る! 楽器たちはどのように音楽をつくっていますか。〔15点〕

7 よく出る! 「『ああ、いいなあ。』」の部分を音読するときには、どのように読むとよいですか。一つに○をつけましょう。〔10点〕

ア（　）感動したように、しみじみと読む。

イ（　）びっくりしたように、おずおずと読む。

ウ（　）悲しくなったように、しょんぼりと読む。

8 書いてみよう! 月が音楽を聞いているときの気持ちを、月になったつもりで書きましょう。〔15点〕

ものしりメモ　小さい楽器は高い音、大きい楽器はひくい音を出すよ。例えば、バイオリン、ビオラ、チェロ、コントラバスは形がにているけれど、大きさがちがうから、出る音の高さがちがうんだよ。

きほんのワーク

漢字を使おう1／図書館へ行こう
きせつの足音――春

教科書 上27～33ページ

答え 3ページ

学習の目標
- 図書館の本の分類の仕方について知ろう。
- 春が感じられる短歌・俳句《はいく》を味わおう。

勉強した日 月 日

おわったらシールをはろう

漢字練習ノート4～5ページ

新しい漢字

筆順《ひつじゅん》 1 2 3 4 5 ◀練習しましょう。

教科書ページ	漢字	読み	画数
27	借	シャク かりる	10画
27	求	キュウ もとめる	7画
27	録	ロク	16画
27	努	ド つとめる	7画
27	然	ゼン ネン	12画
28	類	ルイ たぐい	18画
28	法	ホウ	8画
28	料	リョウ	10画

1 漢字の読み

読みがなを横に書きましょう。

○新しい漢字 ●読みかえの漢字 ◆特別な読み方

(1) 借りる (2) 直ちに (3) 求める (4) 記録
(5) 自立 (6) 自ら (7) 努力 (8) 自然
(9) 分類法 (10) 資《し》料

2 漢字の書き

漢字を書きましょう。

(1) きろく □□ する。
(2) 日本十進《にほんじっしん》 ぶんるいほう □□□ 。

3 三年生の漢字

漢字を書きましょう。

(1) 山田 くん □ が がっきゅういいん □□□□ になる。

「録」と「緑」は、右側《がわ》は同じだけれど、部首がちがうよ。注意しよう。

図書館へ行こう

4 図書館の本は、その内容《よう》から大きくいくつに分類されていますか。

（　　　）のなかま（類）に分かれている。

5 よく出る● ①～③は、本のラベルのどこを説明《せつ》したものですか。ア～ウの記号で答えましょう。

ラベル	
547	ア
キ	イ
2	ウ

① 本の巻冊数《かんさつ》を表す数字。（　　）

② 作者・筆者の名前のさいしょの一文字など。（　　）

③ 日本十進分類法による分類を表す数字。（　　）

6 ①～④について調べるとき、「日本十進分類法」のどの分類からさがすとよいですか。1～9の分類記号で答えましょう。

日本十進分類法	
0	総《そう》記
1	哲《てつ》学
2	歴史《れきし》
3	社会科学
4	自然科学
5	技術《ぎじゅつ》
6	産《さん》業
7	芸《げい》術
8	言語
9	文学

① 住んでいる地いきの歴史について。（　　）

② 犬の種《しゅ》類について。（　　）

③ 漢字のなり立ちについて。（　　）

④ 宮沢賢治《みやざわけんじ》の詩集について。（　　）

7 読書記録カードの①～④を書くときには、本のおくづけのどこを見るとよいですか。ア～エの記号で答えましょう。

読書記録カード				
日づけ	書名	書いた人	出版《ぱん》社名	発行年
4/12	（①）	（②）	（③）	（④）

【本のおくづけ例】

ア―春の図かん
イ―2021年3月20日発行
ウ―田中さとし　文
　　上野　等　写真
エ―発行所　○×書店
　　〒123-4567
　　東京都△△区○町5-61

①（　　）　②（　　）　③（　　）　④（　　）

きせつの足音―春

8 次の短歌や俳句《はいく》の様子に合うもの一つに○をつけましょう。

① 春だねと言えば名前を呼《よ》ばれたと思った犬が近寄《よ》ってくる　服部《はっとり》真理《まり》子《こ》

② 雀《すずめ》の子そこのけそこのけ御馬《おうま》が通る　小林《こばやし》一《いっ》茶《さ》

①
ア（　）とくべつな才能《のう》を持った犬のかしこい様子。
イ（　）かい犬のかんちがいがほほえましい様子。
ウ（　）日常《じょう》に起きた不思議《ふしぎ》な出来事の様子。

②
ア（　）すずめの子をじゃま者あつかいする様子。
イ（　）大切な馬のりっぱさをじまんする様子。
ウ（　）小さなすずめの子を思いやる様子。

ものしりメモ 図書館には、「司《し》書」とよばれる人たちがいるよ。図書館の本をかし出したり、整理したり、図書館の本がどこにあるかの案内をしたりする仕事をしているんだ。

きほんのワーク

話を聞いて質《しつ》問しよう
漢字辞典の使い方

教科書 上 34～41ページ

答え 4ページ

学習の目標

●話を聞いてメモを取り、質《しつ》問する方法を学ぼう。
●漢字辞典を使って漢字を調べる方法を知ろう。

勉強した日　月　日

おわったらシールをはろう

漢字練習ノート5～6ページ

新しい漢字

◀練習しましょう。　筆順 1 2 3 4 5

教科書ページ	漢字	読み	画数
34	別	ベツ　わかれる	7画
35	参	サン　まいる	8画
35	加	カ　くわえる	5画
35	芽	ガ　め	8画
37	司	シ	5画
38	辞	ジ	13画
38	典	テン	8画
38	成	セイ　なる	6画
38	説	セツ　とく	14画
38	連	レン　つらなる　つれる	10画
38	順	ジュン	12画
39	訓	クン	10画
39	種	シュ　たね	14画
41	便	ベン　ビン　たより	9画
41	利	リ	7画
41	治	ジ　チ　おさめる　なおす	8画

1 漢字の読み

読みがなを横に書きましょう。

○新しい漢字　●読みかえの漢字　◆特別な読み方

1. 別の話
2. 参加
3. 芽を守る
4. 司書
5. 辞典
6. 成り立ち
7. 説明
8. 詩の連
9. 筆順
10. 音訓
11. 種類
12. 治す

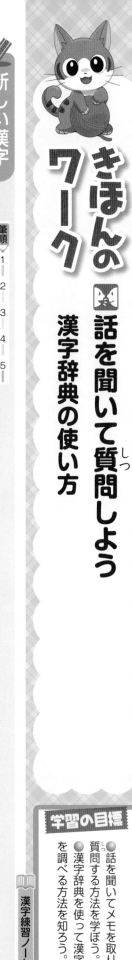

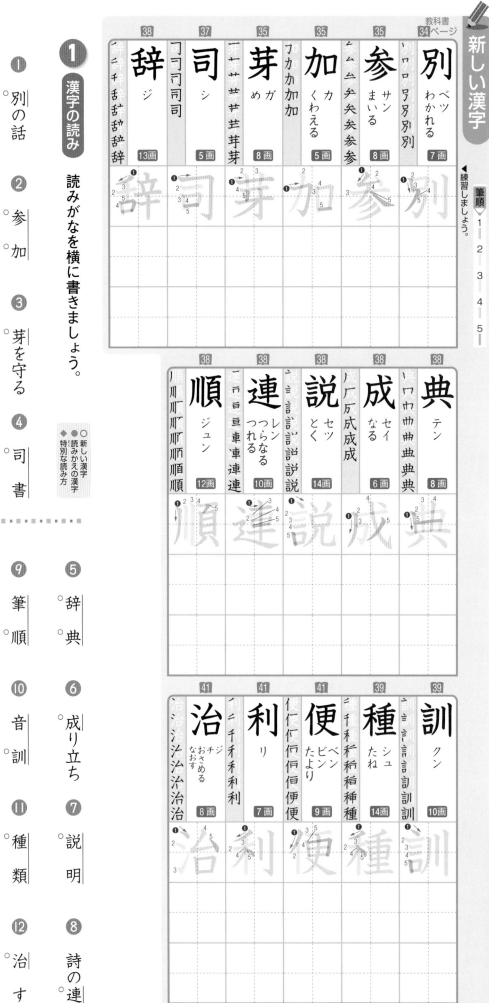

2 漢字の書き

漢字を書きましょう。

❶ ［　　］《ひつじゅん》を調べる。

❷ ［　　］《べんり》な品。

3 話を聞いて質《しつ》問しよう

次の【山田さんの聞き取りメモ】を読んで、問題に答えましょう。

【山田さんの聞き取りメモ】

聞いた人
さくら動物園の林さん
聞いたこと

ア
・園内どうぶつ　数が多い
・人気もの　カピバラ

イ
・土日11じ　羊のさんぽ
　見学者もいっしょに歩く
・かば　えさやり体けん

ウ
・公開していないどうぶつ
　りゆう
　→もう一どきく

1　聞いていて分からなかったことが書いてあるのは、メモのどの部分ですか。ア〜ウの記号で答えましょう。

（　　）

2　メモには、ほかにどんなことを書くとよいですか。一つに○をつけましょう。

ア（　）話した言葉どおりになるよう書き足す。
イ（　）もっとくわしく知りたいことを書く。
ウ（　）ほかの人が質問したことを落とさずに書く。

4 漢字辞典の使い方

漢字辞典の使い方について、次の問題に答えましょう。

1　「治」という漢字を、部首さく引でさがします。

(1)　部首の部分を○でかこみ、何画の部首からさがせばよいかを書きましょう。

治　（　　）画

(2)　次は、部首のページが分かった後に、「治」をさがす方法です。それぞれ正しいほうをえらんで、○でかこみましょう。

❶　部首さく引で調べたページを開く。部首が同じ漢字は、画数の（多い・少ない）ものから順にならんでいる。

❷　「治」の、部首をのぞいた画数は、（五・六）画。これを手がかりに、「治」の字をさがす。

2　「種」という漢字を、総《そう》画さく引で調べるときには、何画のところを見ればよいですか。

（　　）画

「総画数」とは、一つの漢字の画数を全て数えたものだよ。

3　「種」という漢字を、音訓さく引で調べるときには、どんな読み方でさがしますか。読み方を二つ書きましょう。

（　　）
（　　）

ものしりメモ　漢字の成り立ちには、いくつかの種類があるよ。「洋」や「帳」のように「意味を表す部分」と「音を表す部分」からできている漢字は、形声文字というんだ。

きほんのワーク

ヤドカリとイソギンチャク
漢字を使おう2

教科書 上42〜53ページ

答え 4ページ

勉強した日 月 日

学習の目標

- だん落どうしの結びつきを考えて読もう。
- 文章中の問いと、それに対する答えに気をつけて読もう。

おわったらシールをはろう

漢字練習ノート7〜8ページ

新しい漢字

教科書ページ / 筆順 1 2 3 4 5 ◀練習しましょう。

教科書ページ	漢字	読み	画数
44	観	カン	18画
44	察	サツ	14画
44	験	ケン	18画
45	好	コウ このむ すく	6画
46	飛	ヒ とぶ	9画
46	関	カン せき かかわる	14画
46	博	ハク	12画
49	結	ケツ むすぶ	12画
49	果	カ はたす はて	8画
49	機	キ	16画
53	量	リョウ はかる	12画
53	熱	ネツ あつい	15画
53	清	セイ きよい きよまる	11画
53	漁	ギョ リョウ	14画
53	害	ガイ	10画

1 漢字の読み　読みがなを横に書きましょう。

① 観察
② 実験
③ 大好物
④ 飛び出す
⑤ 関係
⑥ 博士《し》
⑦ 結果
⑧ 機会
⑨ 水の量
⑩ 熱湯

○新しい漢字 ●読みかえの漢字 ◆特別な読み方

4 言葉の意味　○をつけましょう。

① 44ページ 漢字テストは、たいていできた。
ア（　）全く。
イ（　）全て。
ウ（　）ほとんど。

11 清書

12 清水

13 漁船

14 明朝

15 害虫

2 漢字の書き

漢字を書きましょう。

1 家を□《と》び出す。

2 □□《きかい》にめぐまれる。

②は「ちょうどよいとき」のほうだよ。

3 三年生の漢字

漢字を書きましょう。

1 □《ふく》を□《き》る。

2 □□《しゅくだい》をする□□《ようす》。

内容《よう》をつかもう！

ヤドカリとイソギンチャク　教科書 44～49ページ

文章中で説明されていることには○、説明されていないことには×をつけましょう。

ヤドカリとイソギンチャクの関係を説明した文章だよ。

ア（　）ソメンヤドカリは、なぜ貝がらにイソギンチャクをつけているのか。

イ（　）タコは、海の中でどのように生活しているのか。

ウ（　）ヤドカリは、どうやってイソギンチャクを自分の貝がらにうつすのか。

エ（　）ヤドカリは、どのようにえさをとっているのか。

オ（　）イソギンチャクは、ヤドカリの貝がらにつくことで、何か利益《えき》があるのか。

---

2 44 いかにも重そうだ。
ア（　）わけも分からず。
イ（　）どう見ても。
ウ（　）あきれるくらい。

3 45 ヤドカリをとらえる。
ア（　）つかまえる。
イ（　）取りにがす。
ウ（　）こらしめる。

4 45 しきりに話しかける。
ア（　）ときどき。
イ（　）休みなく。
ウ（　）遠りょしながら。

5 48 みんなの利益になる。
ア（　）とく。
イ（　）そん。
ウ（　）たから。

6 49 機会がふえる。
ア（　）よゆうのあるとき。
イ（　）いそがしいとき。
ウ（　）ちょうどよいとき。

ものしりメモ　ソメンヤドカリとベニヒモイソギンチャクのように、たがいに役に立ちながらいっしょに生活することを「共《きょう》生」というよ。

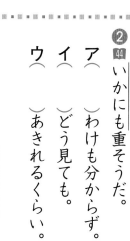

文章の組み立てをとらえよう

練習のワーク1

ヤドカリとイソギンチャク

教科書 上42～53ページ

答え 4ページ

できるナビ
- どんな実験をしたのかに注目しよう。
- 実験の結果、分かったことを読み取ろう。

勉強した日　月　日

おわったらシールをはろう

次の文章を読んで、問題に答えましょう。

1 なぜ、ヤドカリは、いくつものイソギンチャクを貝がらにつけているのでしょうか。

2 このことを調べるために、次のような実験をしました。

3 まず、おなかをすかせたタコのいる水そうに、イソギンチャクをつけていないヤドカリを放します。タコはヤドカリが大好物なので、長いあしですぐヤドカリをつかまえ、貝がらをかみくだいて食べてしまいます。

4 次に、イソギンチャクをつけているヤドカリを入れてみます。タコは、ヤドカリをとらえようとしてしきりに

1 実験をしたのは、どんなことを調べるためでしたか。

なぜ、（　　）が、いくつもの（　　）を（　　）につけているのかということ。

2 タコが食べたのは、どんなヤドカリですか。

（　　）

3 よく出る● イソギンチャクにふれそうになったとき、タコはどうしましたか。

（　　）

4だん落の、タコの様子から読み取ろう。

4 イソギンチャクをつけているヤドカリが近づくと、タコはどうしましたか。二つに○をつけましょう。

ア（　）ヤドカリをかみくだこうとした。

イ（　）ヤドカリをつかまえようとした。

ウ（　）後ずさりをした。

エ（　）水そうの中をにげ回った。

言葉の意味プラス

10行 かみくだく…かんで小さくする。　19行 あわてる…とても急ぐ。

22行 後ずさり…前を向いたまま後ろに下がっていくこと。

あしをのばしますが、イソギンチャクにふれそうになると、あわててあしを引っこめてしまいます。ヤドカリが近づくと、タコは後ずさりしたり、水そうの中をにげ回ったりします。

5 実は、イソギンチャクのしょく手は、何かがふれるとはりが飛び出す仕組みになっています。そのはりで、魚やエビをしびれさせて、えさにするのです。タコや魚はこのことをよく知っていて、イソギンチャクに近づこうとはしません。それで、ヤドカリは、イソギンチャクを自分の貝がらにつけることで、てきから身を守ることができるのです。

〈武田《たけだ》 正倫《まさつね》「ヤドカリとイソギンチャク」による〉

5 イソギンチャクのしょく手は、どんな仕組みですか。

5だん落に注目して読もう。

何かがふれると（　　　　）仕組み。

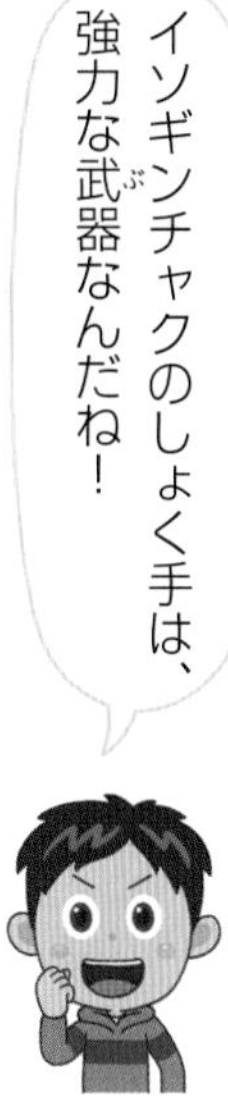
イソギンチャクのしょく手は、強力な武器《ぶ》なんだね！

6 タコや魚がイソギンチャクに近づかないのは、なぜですか。

イソギンチャクがしょく手のはりで、魚やエビを［　　　］させて、えさにすると知っているから。

7 よく出る ヤドカリがイソギンチャクを自分の貝がらにつけるのは、なぜですか。

イソギンチャクを貝がらにつけておくと、（　　　　）ことができるから。

8 よく出る 「問い」が書かれているのは、どのだん落ですか。また、それに対する答えが書かれているのは、どのだん落ですか。だん落番号を書きましょう。

問い…（　　）　問いに対する答え…（　　）

ものしりメモ　タコとイカはにているけれど、くらし方はちがっているよ。たいていは、タコは決まった所にすんで、海底《てい》をはうように進むけれど、イカは決まったすみかがなく、いつも泳いでいるよ。

練習のワーク②

ヤドカリとイソギンチャク

教科書 上42～53ページ
答え 5ページ

できるナビ
●ロス博士《し》が何を観察したのかをとらえよう。
●観察の結果、分かったことを読み取ろう。

勉強した日　月　日

おわったらシールをはろう

次の文章を読んで、問題に答えましょう。

カナダのロス博士《し》は、ヤドカリとイソギンチャクがどのようにしていっしょになるのかを、水そうで観察した。

1 ソメンヤドカリをかっている水そうに、石などについたベニヒモイソギンチャクを入れます。ヤドカリは、自分の貝がらにイソギンチャクをつけていても、イソギンチャクを見れば、いくつでもほしくなるようです。すぐ近づいてきて、あしを使ってイソギンチャクの体をつついたり、

2 観察の内容《よう》について答えましょう。

(1) ソメンヤドカリはイソギンチャクを見ると、どうしますか。正しい順番になるように、（　）に1～3の番号を書きましょう。

1だん落からヤドカリの行動を読み取ろう。

（　）イソギンチャクを石などからはがす。
（　）イソギンチャクにすぐ近づいてくる。
（　）イソギンチャクを自分の貝がらの上におしつける。

(2) (1)の間、イソギンチャクはどうしていますか。

1だん落の最後《さい》の部分からイソギンチャクの様子を読み取ろう。

（　　　）をのばしたまま、いかにも（　　　）で、（　　　）も飛び出さない。

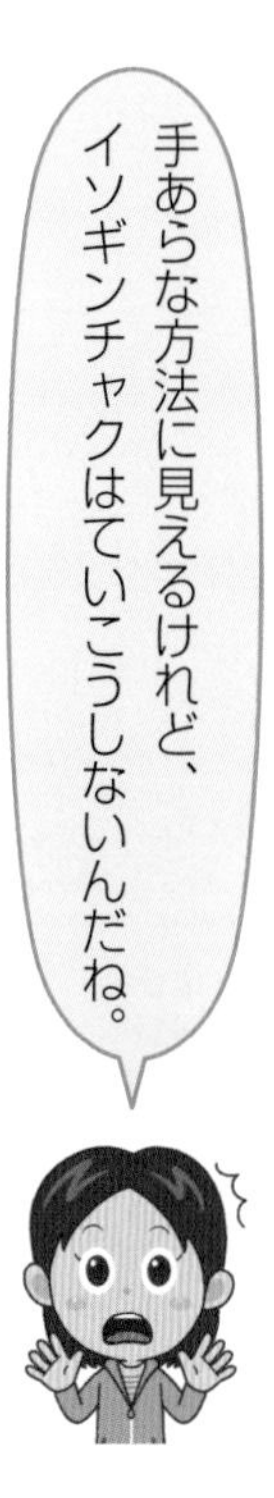
手あらな方法に見えるけれど、イソギンチャクはていこうしないんだね。

3 ベニヒモイソギンチャクのえさのとり方は、ヤドカリの貝がらについていない場合と、ついている場合とで、どんなちがいがありますか。次の表にまとめましょう。

言葉の意味プラス
14行 はがす…くっついているものを、そこからはぎとる。 15行 かかえる…はさむようにして持つ。 16行 ずいぶん…ひじょうに。かなり。

両方のはさみで引っぱったりして、イソギンチャクをはがしてしまいます。そして、かかえるようにして自分の貝がらの上におしつけるのです。ずいぶん手あらな方法に見えますが、イソギンチャクはしょく手をのばしたままで、いかにも気持ちよさそうに見えます。はりも飛び出しません。

[2]では、イソギンチャクは、ヤドカリの貝がらにつくことで、何か利益《えき》があるのでしょうか。

[3]ヤドカリについていないベニヒモイソギンチャクは、ほとんど動きません。ですから、えさになる魚やエビが近くにやってくるのを待つしかありません。しかし、ヤドカリについていれば、いろいろな場所に移《い》動することができるので、その結果、えさをとる機会がふえます。また、ヤドカリについていると、ヤドカリの食べのこしをもらうこともできるのです。

〈武田《たけだ》　正倫《まさつね》「ヤドカリとイソギンチャク」による〉

1 よく出る● ロス博士は、ヤドカリとイソギンチャクがどのようにしていっしょになるのかを観察するために、ソメンヤドカリの水そうに何を入れましたか。

（　　　　）

ヤドカリについていない場合	●ほとんど動かない。	●えさになる（❶　　）が近くにやってくるのを（❷　　）しかない。
ヤドカリについている場合	●いろいろな場所に（❸　　）することができる。	●えさをとる機会が（❹　　）。 ●ヤドカリの（❺　　）をもらうこともできる。

4 イソギンチャクは、ヤドカリについていると、どんな利益がありますか。

書いてみよう！

（　　　　）

5 よく出る● 「問い」が書かれているのは、どのだん落ですか。また、問いに対する答えが書かれているのは、どのだん落ですか。だん落番号を書きましょう。

問い…（　　）　問いに対する答え…（　　）

ものしりメモ　イソギンチャクと共《きょう》生する魚もいるよ。クマノミという魚もイソギンチャクにさされないんだ。イソギンチャクをすみかにして、てきから身を守っているよ。

まとめのテスト

ヤドカリとイソギンチャク

教科書 上42～53ページ
答え 5ページ

時間 20分

とく点 /100点

おわったらシールをはろう

勉強した日 月 日

次の文章を読んで、問題に答えましょう。

[1]なぜ、ヤドカリは、いくつものイソギンチャクを貝がらにつけているのでしょうか。

[2]このことを調べるために、次のような実験をしました。

[3]まず、おなかをすかせたタコのいる水そうに、イソギンチャクをつけていないヤドカリを放します。タコはヤドカリが大好物なので、長いあしですぐヤドカリをつかまえ、貝がらをかみくだいて食べてしまいます。

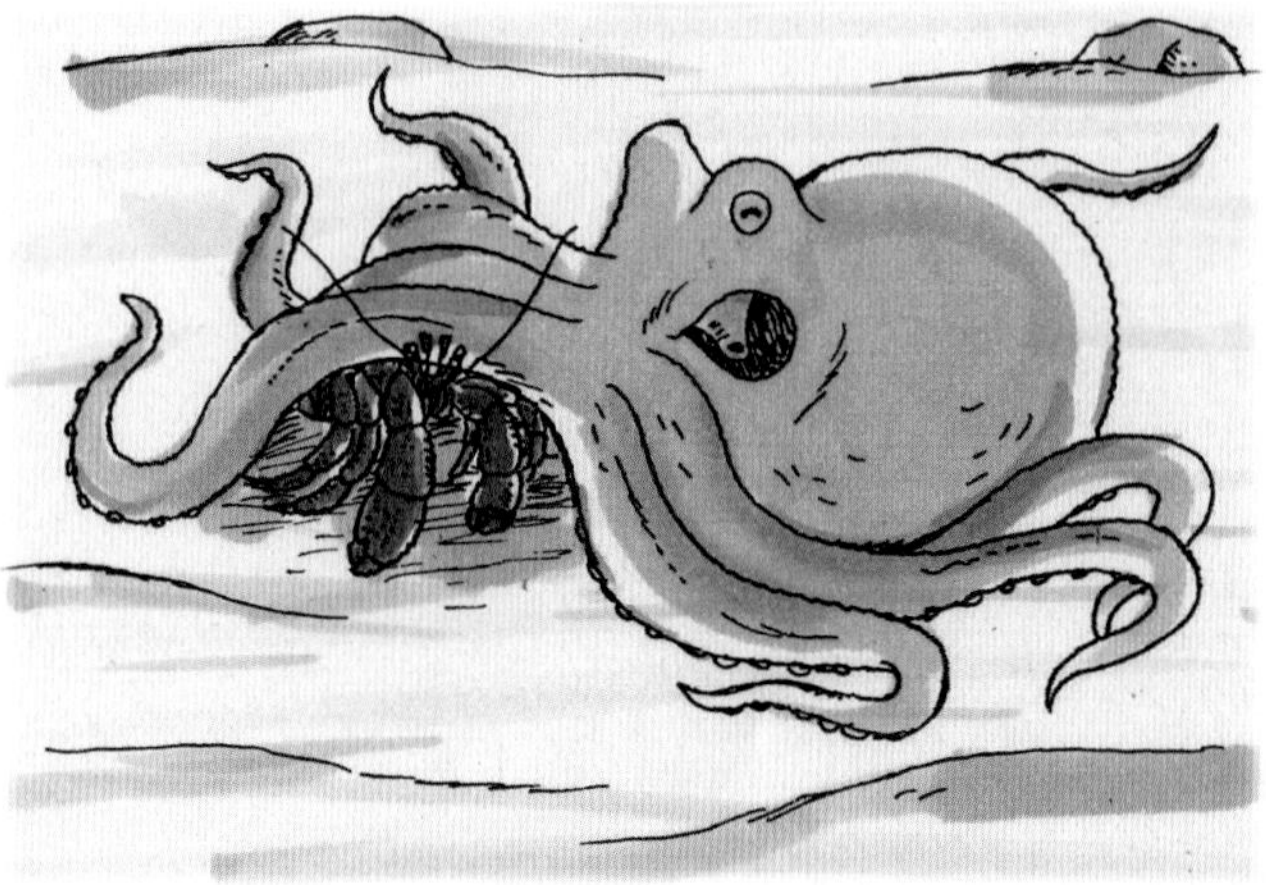

[4]次に、イソギンチャクをつけているヤドカリを入れてみます。タコは、ヤドカリをとらえようとしてしきりに

3 タコがとる行動について答えましょう。

(1) イソギンチャクをつけていないヤドカリを水そうに放すと、タコはどうしますか。〔10点〕

（　　）

(2) イソギンチャクをつけているヤドカリを水そうに入れると、次のとき、タコはどうしますか。

●イソギンチャクにふれそうになったとき。〔10点〕

（　　）

●ヤドカリが近づいたとき。〔10点〕

（　　）

4 よく出る 「イソギンチャクのしょく手」は、どんな仕組みになっていますか。〔10点〕

（　　）

あしをのばしますが、イソギンチャクにふれそうになると、あわててあしを引っこめてしまいます。ヤドカリが近づくと、タコは後ずさりしたり、水そうの中をにげ回ったりします。

5 実は、イソギンチャクのしょく手は、何かがふれるとはりが飛び出す仕組みになっています。そのはりで、魚やエビをしびれさせて、えさにするのです。タコや魚はこのことをよく知っていて、イソギンチャクに近づこうとはしません。それで、ヤドカリは、イソギンチャクを自分の貝がらにつけることで、てきから身を守ることができるのです。

〈武田《たけだ》　正倫《まさつね》「ヤドカリとイソギンチャク」による〉

1 「このことを調べるために」とありますが、どんなことを調べようとしたのですか。〔10点〕

（　　　　　　　　）

2 実験には、どんなタコが使われましたか。〔10点〕

（　　　　　　　　）

5 「このこと」とは、どんなことですか。　一つ5〔10点〕

イソギンチャクが、（　　　　）で魚やエビをしびれさせて、（　　　　）ということ。

6 タコがイソギンチャクに近づこうとしないのは、なぜですか。一つに○をつけましょう。〔10点〕

ア（　）イソギンチャクはおいしくないから。

イ（　）イソギンチャクのすがたがおそろしいから。

ウ（　）イソギンチャクのはりにさされたくないから。

7 よく出る● ヤドカリは、イソギンチャクを自分の貝がらにつけることで、どうすることができますか。〔10点〕

（　　　　　　　　）

チャレンジ！

8 この文章は、1だん落と2〜4だん落、5だん落に大きく分けることができます。それぞれどんな役わりをしていますか。一つに○をつけましょう。〔10点〕

ア（　）問い→実験の説明→問いへの答え

イ（　）実験の説明→問い→問いへの答え

ウ（　）問い→問いへの答え→実験の説明

ものしりメモ　タコもイカも、すみをはくね。イカのすみは広がらないで、自分の分身のように見せるものだけれど、タコのすみはけむりのように広がって、自分のすがたをかくすために使われるよ。

きほんのワーク

じょうほうのとびら　引用する
わたしのクラスの「生き物図かん」

教科書 上 54〜61ページ
答え 6ページ

学習の目標
●引用するときのルールを学び、活用しよう。
●調べたことをリーフレットにまとめるポイントを知ろう。

勉強した日　月　日

おわったらシールをはろう

新しい漢字

教科書 56ページ
材　ザイ　7画
材材材材材材材

60
完　カン　7画
完完完完完完完

◀練習しましょう。
筆順 1 2 3 4 5

「材」の部首は「木(きへん)」だよ。「木＋才(使いものになる)」ということから、役に立つ木の意味を表すよ。

○新しい漢字
●読みかえの漢字
◆特別な読み方

1 漢字の読み　読みがなを横に書きましょう。

① 材料
② 完成

2 漢字の書き　漢字を書きましょう。

① □□《ざいりょう》を集める。
② 家が□□《かんせい》する。

---

3 じょうほうのとびら　引用する

次の(　)に合う言葉を、[　]からえらんで書きましょう。

自分の文章を分かりやすくするために、ほかの人が書いたことを(　　)使うことを、引用という。引用するときは、筆者名(作者名)、書名、出版《ぱん》社名などの(　　)を正しく書く。

そのまま　変えて　出典　文章　事典

4 引用するときのルールに当てはまるものをえらんで、一つに○をつけましょう。

引用するときは、自分の言葉とほかの人の言葉を区別するんだったね。

ア(　)引用する部分が読みづらかったので、漢字をひらがなに直して書いた。

イ(　)いい文章だと思ったので、文章全体を書き写して、自分の意見としてまとめた。

ウ(　)元の言葉を変えずに、かぎ(「　」)をつけて、ひつような部分のみ書き写した。

漢字練習ノート8ページ

5 わたしのクラスの「生き物図かん」

次の【リーフレットの組み立て例】と【調べたことのメモ】、【組み立てメモの例】（中ページ）を読んで、問題に答えましょう。

【リーフレットの組み立て例】

表紙（始め）	テーマ
中ページ（中）	くわしく伝えたいこと
うら表紙（終わり）	まとめ

【調べたことのメモ】

○調べたこと
・本当は、竹やささいがいのものも食べられます。
（小宮輝之《こみやてるゆき》「いきもののふしぎ」、○○社、二〇△△年、10ページ）

【組み立てメモの例】（中ページ）

・動物園に行ったとき、パンダが大量の竹やささを食べていた。1日20キログラムほど。
・なぜ、竹やささばかり食べるのか。（❶）
→本当は、竹やささいがいのものも食べられる。（❷）
→ほかの動物は、ふつう竹やささを食べないため、パンダは竹やささを主食にしている。（取材）
・大きな体に合った量の食事をとるために、ほかの動物が食べない竹やささを食べているのだろう。（答え）
→パンダの生きるちえを感じた。（❸）

〈「わたしのクラスの『生き物図かん』」による〉

1 何の動物について書かれていますか。

（　　　　）

2 【調べたことのメモ】は、どんなことを知りたくて、調べたのですか。

なぜ、（　　　　）ということについて。

中ページで伝えたいことは何かな？

3 よく出る● 【組み立てメモの例】（中ページ）の❶～❸に合う言葉を□からえらんで、記号で答えましょう。

❶（　）　❷（　）　❸（　）

ア 自分の考え　イ 引用
ウ 問い　　　　エ 題名

4 リーフレットを作るときには、どんな手順で取り組むとよいですか。（　）に2～5の番号を書きましょう。

（1）取り上げたいことを決める。
（　）題名を考え、のせる絵や写真をえらび、下書きを作る。
（　）知りたいことを書き出し、本やインターネットで調べたり、人に聞いたりして材料を集める。
（　）文章を見直して、清書する。
（　）材料を整理して伝えたいことの中心を考え、だん落どうしの関係が分かりやすい組み立てを考える。

ものしりメモ　リーフレットとにているものに、パンフレットがあるよ。リーフレットは1まいの紙をおってできているけれど、パンフレットは何まいかの紙をとじて、本のようになっているよ。

物語が変化する場面をとらえよう

きほんのワーク

走れ／漢字を使おう3
言葉相談室　人物の気持ちと行動を表す言葉

教科書 上 62～81ページ

答え 7ページ

勉強した日　月　日

学習の目標

●登場人物の行動や言葉、様子に注目して、気持ちを読み取ろう。

●人物の気持ちが変化するところに注意しよう。

漢字練習ノート9～11ページ

おわったらシールをはろう

新しい漢字

教科書ページ	漢字	読み	画数	筆順
66	約	ヤク	9画	約約約約約約約約約
66	束	ソク たば	7画	束束束束束束束
67	席	セキ	10画	席席席席席席席席席席
67	位	イ くらい	7画	位位位位位位位
68	笑	わらう	10画	笑笑笑笑笑笑笑笑笑笑
68	特	トク	10画	特特特特特特特特特特
68	焼	やく	12画	焼焼焼焼焼焼焼焼焼焼焼焼
70	競	キョウ ケイ	20画	競競競競競競競競競競
74	初	ショ はじめ はじめて はつ	7画	初初初初初初初
74	旗	キ はた	14画	旗旗旗旗旗旗旗旗旗旗
76	最	サイ もっとも	12画	最最最最最最最最最最
79	健	ケン	11画	健健健健健健健健健健
79	康	コウ	11画	康康康康康康康康康康
79	達	タツ	12画	達達達達達達達達達達
81	功	コウ	5画	功功功功功
81	敗	ハイ やぶれる	11画	敗敗敗敗敗敗敗敗敗敗
81	望	ボウ のぞむ	11画	望望望望望望望望望望

◀練習しましょう。

1 漢字の読み　読みがなを横に書きましょう。

(1) ◆手伝う　う

(2) 短きょり●走

(3) ○約○束

(4) ○席

(5) 二○位

○新しい漢字
●読みかえの漢字
◆特別な読み方

4 言葉の意味　○をつけましょう。

(1) 64ページ　のそのそと歩く。

ア（　）ゆっくりと。

イ（　）すばやく。

ウ（　）あわてて。

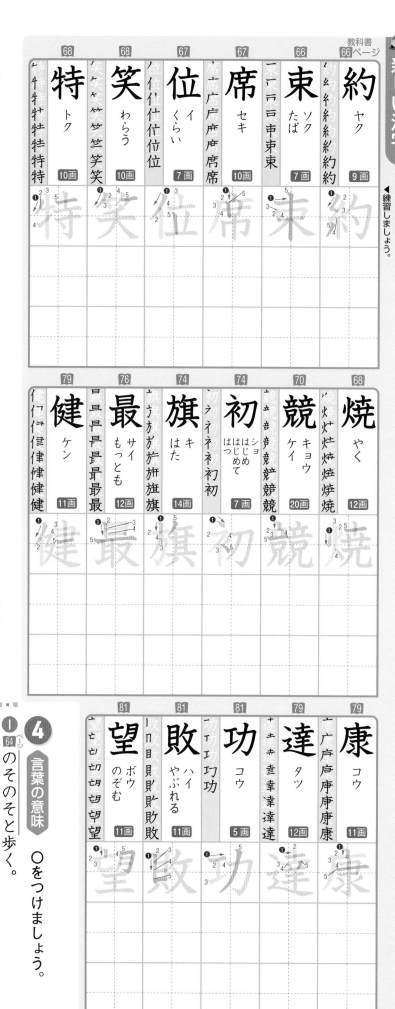

⑥ 笑う

⑦ 特製《せい》

⑧ 焼きたまご

⑨ 最も

⑩ 元年

⑪ 健康

⑫ 上達

⑬ 次男

⑭ 赤道

⑮ 道半ば

2 漢字の書き　漢字を書きましょう。

① □《きょう》技《ぎ》に出る。

② □《はじ》めて会う。

③ □《はた》を持つ。

3 三年生の漢字　漢字を書きましょう。

① ボールを□《な》げる。

② □□《きたい》する。

②は「気体」と区別しよう。

内容《よう》をつかもう！

走れ　物語の順番になるように、（　）に2～6の番号を書きましょう。

教科書64～75ページ

運動会の日の、家族の様子がえがかれた話だよ。

（１）運動会の朝、けんじは、お母ちゃんが来るのを楽しみにしていた。

（　）のぶよがもう走れないと思ったとき、お母ちゃんとけんじの声が聞こえた。

（　）けんじは短きょり走で一等になったが、お母ちゃんは間に合わなかった。

（　）のぶよは短きょり走でラストだったが、とてもほこらしかった。

（　）けんじは弁《べん》当に文句《く》を言い、かけだしていった。

（　）のぶよは、お母ちゃんの言葉が書かれたわりばしを、けんじに見せた。

② 64 ゆううつな一日。
ア（　）ひどくいらいらする。
イ（　）気持ちがすっきりしない。
ウ（　）とても楽しい気分の。

③ 65 弟がべそをかく。
ア（　）なきだしそうになる。
イ（　）大笑いする。
ウ（　）急におこりだす。

④ 66 ついむきになる。
ア（　）大らかな気持ちになる。
イ（　）あれこれ理由をつける。
ウ（　）小さなことに本気になる。

⑤ 69 話しかけられてとまどう。
ア（　）こわくなる。
イ（　）こまる。
ウ（　）うれしくなる。

⑥ 74 ほこらしい気持ちになる。
ア（　）はずかしい。
イ（　）じまんしたい。
ウ（　）にげだしたい。

ものしりメモ　全国の小学校で運動会をするようになったのは、明治《めいじ》時代のこと。森有礼《もりありのり》という大臣《じん》が、国民《みん》の体力をつけるためにすすめたのが始まりだよ。長いれきしがあるんだね。

練習のワーク1

走れ

教科書 上62〜81ページ
答え 7ページ

できるナビ
●けんじとお母ちゃんの行動や様子に注目し、二人の気持ちの変化をとらえよう。

勉強した日 月 日

おわったらシールをはろう

次の文章を読んで、問題に答えましょう。

とうとう、けんじたちの番が来た。けんじは、保護《ほご》者席をちらりと見た。が、すぐにまっすぐ前をにらんだ。

そして、ピストルが鳴ったしゅん間、一気に飛び出した。

速い。速い。

二位の子を五メートルも引きはなして、けんじはテープを切った。

「けんじはもう走っちゃったかい？」

かけつけたお母ちゃんが、かたで息をしながらグラウンドをのぞきこんだときには、二年生の短きょり走は終わっていた。

お昼休み、お母ちゃんは、二年生の席までけんじをむかえに行った。

「お姉ちゃんに聞いたよ。また一等だったんだって？　やるなあ、けんじは。」

けんじは、下を向いて、返事をしない。

「店の人に後の仕事をたのんで出かけようとしたら、ま

1 自分の走る番が来たとき、けんじはどんな気持ちでしたか。

（　　　　）が来ているかもしれないという期待をすぐにすて、とにかく走るしかない、という気持ち。

走る直前のけんじの様子に注目しよう。

2 「かけつけたお母ちゃん」とありますが、お母ちゃんが、急いで来た様子が分かる言葉を書きましょう。

□□□□□□□□

3 よく出る● お母ちゃんに、一等になったことをほめられたとき、けんじが返事をしなかったのは、なぜですか。一つに○をつけましょう。

ア（　）お母ちゃんにほめられて少しはずかしかったから。
イ（　）お母ちゃんが短きょり走に間に合わなかったから。
ウ（　）お母ちゃんの特製の弁当が気に入らなかったから。

けんじは、お母ちゃんにどうしてほしかったのかな。

言葉の意味プラス
8行 かたで息をする…苦しそうに息をする。 19行 むねをはる…どうどうとして自信《しん》を見せる。 26行 特製《せい》…特別に作ったもの。 31行 ふんぱつする…思い切ってお金を出す。

とめて弁《べん》当の注文が入ったんだよ。三十個《こ》だからねえ。その代わり、ほうら。」

お母ちゃんは、むねをはって、くいっと、弁当包みをのぶよに手わたした。のぶよが包みを開くと、けんじがつぶやいた。

「え？　これなの？」

「これって？」

お母ちゃんが、笑いながら聞き返した。

「ぼく、今日は特製《せい》のお弁当作ってって、言ったのに。」

「だから、見てごらんよ。このからあげ、今日は、特上のもも肉ふんぱつしたんだから。あつ焼きたまごだって、いつもの三倍くらいあるよ。それにさ……。」

「こんなんじゃいやだ。お店で売ってるのと同じじゃないか。」

お母ちゃんのえがおが消えた。

「もう行く。」

けんじが、だっと、かけだした。

〈村中《むらなか》 李衣《りえ》「走れ」による〉

4 「こんなんじゃいやだ。」とありますが、けんじがこう言ったのは、なぜですか。

けんじが、お母ちゃんにどんなお弁当をたのんでいたのかに注目しよう。

お母ちゃんに、今日は（　　　）を作ってと言ったのに、お母ちゃんが持ってきたのは（　　　）お弁当だったから。

5 よく出る● 「お母ちゃんのえがおが消えた。」とありますが、このとき、お母ちゃんはどんな気持ちでしたか。一つに○をつけましょう。

ア（　）けんじがわがままなので、こまっている。

イ（　）けんじによろこんでもらえず、がっかりしている。

ウ（　）けんじに店の弁当をばかにされ、おこっている。

6 「けんじが、だっと、かけだした。」とありますが、このとき、けんじは、お母ちゃんに対してどう思っていましたか。けんじの心の中の言葉を考えて書きましょう。

書いてみよう！

（　　　　　）

ものしりメモ　世界の中でも、日本のように、いろいろな種類のお弁《べん》当がある国は、めずらしいんだよ。主食のごはんがさめてもおいしいので、お弁当に向いていたんだって。

練習のワーク②

走れ

教科書 上62～81ページ
答え 7ページ

できるナビ
●のぶよがけんじを追いかけたわけを読み取ろう。
●けんじがわりばしを見たときの気持ちを考えよう。

勉強した日　月　日

おわったらシールをはろう

次の文章を読んで、問題に答えましょう。

「ぼく、今日は特製《せい》のお弁《べん》当作ってって、言ったのに。」

「だから、見てごらんよ。このからあげ、今日は、特上のもも肉ふんぱつしたんだから。あつ焼きたまごだって、いつもの三倍くらいあるよ。それにさ……。」

「こんなんじゃいやだ。お店で売ってるのと同じじゃないか。」

お母ちゃんのえがおが消えた。

「もう行く。」

けんじが、だっと、かけだした。

のぶよがとまどっている間に、お母ちゃんは、だまって、おにぎりを食べ始めた。何にも言わず、ゆっくり、ごはんつぶを飲みこんでいく。お母ちゃんのひざから、わりばしが二つ、かさりと落ちた。店の名前入りの見なれたわりばし。その紙のふくろに、お母ちゃんのごちごちした文字で、一つずつ、

「けんじ、一等賞《しょう》だ！」

(2) このとき、お母ちゃんはどうしましたか。

（　　　　　）

2 よく出る● 「何にも言わず、ゆっくり、ごはんつぶを飲みこんでいく。」ときのお母ちゃんは、どんな気持ちでしたか。一つに○をつけましょう。

「お母ちゃんのえがおが消えた。」も手がかりだよ。

ア（　）いかりを落ち着かせようとしている。

イ（　）つらい気持ちをじっとがまんしている。

ウ（　）お弁当を作ったことを後かいしている。

3 「けんじ、一等賞だ！」「のぶよ、行け！」について答えましょう。

(1) この言葉から、お母ちゃんのどんな気持ちが分かりますか。（　）に合う言葉を考えて書きましょう。

運動会でがんばる（①　　　）と（②　　　）を、お母ちゃんなりに（③　　　）したいという気持ち。

言葉の意味プラス
14行 ごちごち…角ばっている様子。ごつごつ。
23行 がぶ飲み…飲み物をたくさん一気に飲むこと。　25行 水てき…水のつぶ。

「のぶよ、行け！」

と書かれていた。

のぶよは、わりばしを拾うと、ぎゅっとにぎって、けんじを追いかけた。

けんじは、水飲み場の所で、水をがぶ飲みしていた。

「けんじ。」

けんじが水てきだらけの顔を上げた。

のぶよは、だまって、わりばしを見せた。

けんじは、しばらくその文字をにらんでいたが、ぼうしをぐぐっとかぶり直すと、二年生の席へかけていった。

〈村中《むらなか》 李衣《りえ》「走れ」による〉

1 「けんじが、だっと、かけだした。」について答えましょう。

(1) このとき、のぶよはどんな様子でしたか。

すぐ後ののぶよの様子に注目しよう。

（　　　　）

(2) この言葉を見て、のぶよはどう思いましたか。一つに○をつけましょう。

ア（　）お母ちゃんのアイディアのおもしろさに感心している。

イ（　）お母ちゃんのひかえめな行動をはら立たしく思っている。

ウ（　）お母ちゃんのせいいっぱいのあいじょうを感じている。

4 よく出る のぶよがけんじを追いかけたのは、なぜですか。

お母ちゃんが（　　　　）に書いてくれた言葉を、（　　　　）に見せようと思ったから。

5 「水をがぶ飲みしていた」とき、けんじはどんな気持ちでしたか。

約束を守らない（　　　　）をゆるせない。

6 お母ちゃんの言葉を見た後のけんじは、どんな気持ちでしたか。一つに○をつけましょう。

言葉を見た後のけんじの様子から気持ちを考えよう。

ア（　）お母ちゃんに早くあやまって、なか直りしたい。

イ（　）お母ちゃんの気持ちが、全く理解《かい》できない。

ウ（　）お母ちゃんの気持ちは分かるが、まだゆるせない。

ものしりメモ

日本国内で使われるわりばしの量はだんだんへっているけれど、それでも2010年には年間約190億《おく》ぜんも使われていたよ。これは、木造《ぞう》住たく約1万5千けん分の木材の量に当たるんだ。

まとめのテスト

走れ
言葉相談室　人物の気持ちと行動を表す言葉

教科書 上 62～81ページ　答え 8ページ

勉強した日　月　日

時間 20分

とく点　/100点

おわったらシールをはろう

1 次の文章を読んで、問題に答えましょう。

(あと一列。)

のぶよの心ぞうの音が、だんだん高くなる。

ザクッという音とすなぼこりの後、のぶよの目の前が急に広くなった。深こきゅうして、体を前にたおす。頭の中が真っ白になっていく。

「用意!」

耳のおくで、かすかにピストルの音を聞いた。両わきからいちどきに風が起こる。ひとつおくれて、のぶよも体を前におし出した。

(がんばって走らなきゃ。)

体が重い。

(お母ちゃん、ショックだっただろうな。でも、けんじもさみしくて……。わたしだって本当は……。)

体がどんどん重くなる。一生けん命走ろうとすればするほど、体が後ろへ下がっていく。

(あ、もう走れない。)

そのとき、ふいにせなかに、二つの声がかぶさった。

2 「ひとつおくれて、のぶよも体を前におし出した。」とありますが、走りだしたとき、のぶよは自分の体をどのように感じましたか。〔10点〕

(　　　　)

3 「わたしだって本当は……。」とありますが、「……」に言葉を入れるとしたら、どんな言葉が入りますか。〔10点〕

(　　　　)

4 「二つの声」とは、だれとだれの声ですか。一つ5〔10点〕

(　　　　)と(　　　　)の声。

5 よく出る 「どこまでも走れる気がした。」とありますが、とちゅうで「もう走れない」と思っていたのぶよが、このような気持ちになったのは、なぜですか。〔15点〕

おうえんしてもらったおかげで、

(　　　　)

言葉の意味プラス　8行 いちどきに…同時に。いっせいに。　17行 かぶさる…上からおおいかかる。　23行 からみつく…まきつく。　25行 ほどける…結んだりからんだりしているものが、きれいにはなれる。

「姉ちゃん、行けっ！」

「のぶよ、行け！」

思わず、ぎゅんと足が出た。

「走れ！　そのまんま、走れ！」

おしりが、すわっと軽くなる。次のしゅん間、体にからみついていたいろんな思いが、するするとほどけていった。

走った。どこまでも走れる気がした。とう明な空気の中に、体ごと飛びこんだ。

「はい、君がラストね。」

とつぜん、係の声がした。

体の中は、まだ、どくどく波打って走り続けている感じだ。

ラストという言葉が、こんなにほこらしく聞こえたことは、初めてだった。

〈村中《むらなか》李衣《りえ》「走れ」による〉

1 よく出る● 走る順番を待っているとき、のぶよはどんな気持ちでしたか。一つに○をつけましょう。〔10点〕

ア（　）がっかりしている。

イ（　）きんちょうしている。

ウ（　）やる気がなくなっている。

6 「ラストという言葉が、こんなにほこらしく聞こえたことは、初めてだった。」とありますが、ほこらしく聞こえたのはなぜですか。考えて書きましょう。〔15点〕

書いてみよう！

（　　　　　　　　）

7 チャレンジ！ のぶよは、どんな人物ですか。一つに○をつけましょう。〔15点〕

ア（　）自分の気持ちをおさえて家族の気持ちを思いやる、心のやさしい人物。

イ（　）きらいなことを、少しずつでも好きになろうと努力する、まじめな人物。

ウ（　）家族とうまく心を伝え合うことができない、ひっこみじあんな人物。

2 （　）に合う言葉を［　］からえらんで、記号で書きましょう。一つ5〔15点〕

初めてつりに行った。うまくつれるか（❶　　）

←成功
魚がつれて、とび上がって（❸　　）

←失敗
一ぴきもつれず、がっかりして（❷　　）

［ア よろこんだ　イ 落ちこんだ　ウ きんちょうした］

ものしりメモ　おうえんは、人の力を引き出す効《こう》果があるね。学生服を着たおうえんだんや、かれいにおどるチアリーダー、スポーツのサポーターなどもおうえんする人だね。

きほんのワーク

山場のある物語を書こう
漢字を使おう4

教科書 上82～86ページ

答え 9ページ

勉強した日 月 日

学習の目標

● 物語を書くときの組み立てについて学ぼう。

● 物語の山場の表し方を学ぼう。

おわったらシールをはろう

漢字練習ノート11～12ページ

新しい漢字

◀練習しましょう。 筆順 1 2 3 4 5

教科書ページ	漢字	読み	画数
86	共	キョウ とも	6画
86	英	エイ	8画
86	末	マツ すえ	5画
86	愛	アイ	13画
86	候	コウ	10画
86	折	セツ おる おり	7画

1 漢字の読み 読みがなを横に書きましょう。

① ◆友達　② ○共感　③ ○英語　④ ●分が悪い

⑤ ○悪天候　⑥ ●風車が回る

⑦ ○折る　⑧ ●色紙にサインする

○新しい漢字　●読みかえの漢字　◆特別な読み方

2 漢字の書き 漢字を書きましょう。

① 物語の［　　］《けつまつ》。

② 本を［　］《あい》する。

3 三年生の漢字 漢字を書きましょう。

① ［　　］《じんじゃ》へ行く。

② 本を［　］《ひら》く。

③ 水を［　］《の》む。

④ 宿題が［　］《お》わる。

4 ☆山場のある物語を書こう

物語の山場は、どんな場面ですか。一つに○をつけましょう。

ア（　）特に大きな出来事が起こらない場面。

イ（　）いちばん大きな変化が起こる場面。

ウ（　）人物が自分の気持ちを語っている場面。

5 次は、物語を書くための組み立てメモです。読んで、問題に答えましょう。

始まり				終わり
	ア	イ	ウ	
・ある海に、イワシの子がなかまたちといっしょにすんでいる。	・ある日、イワシの子は熱たい魚を見て、自分もきれいな魚になりたいと思う。 ・「イワシはかっこ悪い。きれいな魚になりたい。」	・熱たい魚にきれいになる方法を教えてもらうために、旅に出る。 ・いろいろな魚たちに会う。	・熱たい魚に会って、イワシの美しさを教わる。 ・むれの中にいては分からない美しさがあることを知る。 ・イワシにはイワシのよさがあると感じた。	・イワシのなかまのもとに帰る。 ・なかまたちのすがたは、にじ色にかがやいていた。

〈「山場のある物語を書こう」による〉

1 この組み立てメモの物語の山場はどこですか。ア〜ウの記号で答えましょう。

（　　）

イワシの気持ちがいちばん変化したのはどこかな。

2 物語の中で、イワシの気持ちはどのように変化しますか。（　）に合う言葉を、□からえらんで書きましょう。

自分のことを、（　　）と思っていたイワシだが、熱たい魚に会い、イワシにはイワシの（　　）があると感じた。

きれいな魚　かっこ悪い　悪い部分　よさ

3 物語を書くときに注意することとして、正しいものはどれですか。一つに○をつけましょう。

ア（　）山場の部分は、何が、なぜ変わったのかをはっきり分かるように考えて書く。

イ（　）そのときに思いついたことを生かせるように、物語の組み立ては特に考えずに書く。

ウ（　）読者に想像《ぞう》してもらうため、人物の気持ちはなるべく書き表さないようにする。

ものしりメモ 「山場」と同じ意味の言葉に、「クライマックス」という言葉があるよ。最ももり上がる場面のことで、音楽やえい画、スポーツの試《し》合などでも使われるよ。

きほんのワーク

ローマ字の書き方

教科書 上 87〜89ページ

答え 9ページ

学習の目標
●ローマ字の書き方や決まりを覚えよう。
●ローマ字の二通りの書き方を学ぼう。

勉強した日 月 日

おわったらシールをはろう

漢字練習ノート12ページ

1 漢字の読み 読みがなを横に書きましょう。

○新しい漢字 ●読みかえの漢字 ◆特別な読み方

❶ ●二通り

「に」や「ふた-つ」の読み方は一年生で習ったね。

「二言」「二包み」のときの「二」も、同じ読み方をするよ。

2 (　)に合う言葉を、[　]からえらんで書きましょう。

【ローマ字の表の一部】

N	な	に	ぬ	ね	の
	na	ni	nu	ne	no

[母音《ぼいん》　子音《しいん》]

「n」のように、それぞれの行を作る音《おん》を(　　　)といい、

「a・i・u・e・o」の五つの音を(　　　)という。

3 次のローマ字の読み方を、ひらがなで書きましょう。

❶ hikôki (　　　)

❷ otôsan (　　　)

❸ kusyami (　　　)

❹ hyakuen (　　　)

❺ gakki (　　　)

❻ kippu (　　　)

❼ zen'in (　　　)

4 次の言葉をローマ字に直して書きましょう。

旅館
旅館

❶ 水とう

❷ 勉強

❸ 去年

❹ 旅館

❺ なっぱ

❻ 学校

❼ 店員

❽ 今夜

5 次の言葉を、二通りの書き方で書きましょう。

❶ 月

❷ 社会

❸ 新幹《かん》線

6 次のローマ字の書き方が正しいほうに、○をつけましょう。

❶
ア（　　）Suzuki Satoru
イ（　　）suzuki satoru

❷
ア（　　）okinawa
イ（　　）Okinawa

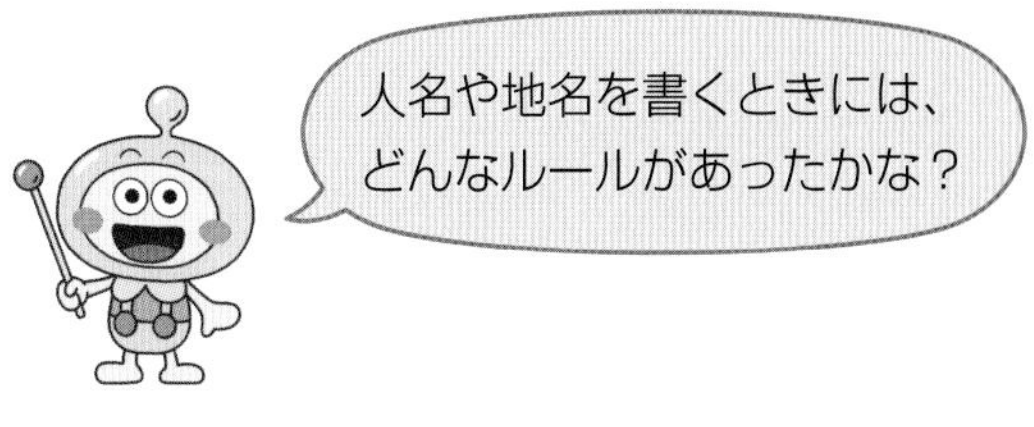

人名や地名を書くときには、
どんなルールがあったかな？

ものしりメモ

ローマ字は、古代ローマ帝《てい》国でラテン語を書き表すために使用された文字ということから、その名がついたよ。日本には、キリスト教とともにローマ字が伝わったよ。

きほんのワーク

広告《こく》を読みくらべよう

教科書 上 90～100ページ
答え 10ページ

勉強した日 月 日

学習の目標
- 広告《こく》の表し方のくふうを学ぼう。
- 二つの広告を読みくらべてちがいを読み取ろう。

おわったらシールをはろう

新しい漢字

教科書 90ページ　◀練習しましょう。　筆順 1 2 3 4 5

漢字	教科書	読み	画数
的	90	テキ まと	8画
必	92	ヒツ かならず	5画
要	92	ヨウ かなめ	9画
印	92	イン しるし	6画
刷	92	サツ する	8画
選	92	セン えらぶ	15画

漢字練習ノート12ページ

○新しい漢字　●読みかえの漢字　◆特別な読み方

1 漢字の読み　読みがなを横に書きましょう。

1 広告《こく》
2 目的
3 必要
4 印刷
5 選び方

❹「印」は「しるし」、「刷」は「す-る」という訓読みも覚えておこう。

2 漢字の書き　漢字を書きましょう。

1 □□（もくてき）をたしかめる。
2 □□（ひつよう）におうじる。
3 写真を□□（いんさつ）する。
4 学級委員を□（えら）ぶ。

❷「ひつ」は筆順に注意しよう。

3 広告《こく》で使われる言葉には、どんなくふうがこらされていますか。一つに○をつけましょう。

ア（　　）むずかしくてかっこいいひびきの言葉にしている。

イ（　　）長くても口に出しやすい言葉にしている。

ウ（　　）短くて印象《しょう》にのこるような言葉にしている。

4 商品を売るために、広告にはどんな特ちょうがありますか。［　］から二つ選んで、記号で答えましょう。

（　　）（　　）

ア　商品の使用方法や、使用上の注意を伝えることを最も大切にしている。
イ　商品の特ちょうやすぐれているところが、多くの人の目にとまるようにしている。
ウ　キャッチコピー、写真の選び方や使い方、色やデザインなどにくふうをこらしている。
エ　商品を買った人が、使い方を正しく理解《かい》して安全に使えるようにしている。

身の回りの広告は、何がどんなふうに書かれているかな。

5 ある体温計の広告には、子どもの写真が使われていますが、それはなぜですか。一つに○をつけましょう。

ア（　　）家族のなかで、体温計を使うのは子どもだけだということを強調して伝えるため。

イ（　　）その体温計が、子どもの熱をはかるときに役立つことを分かりやすく伝えるため。

ウ（　　）その体温計が、子どもに人気のあるものだということをくわしく伝えるため。

子どもの写真を使ったのは、だれに、どんなことを伝えたかったからかな。

6 広告の表し方のくふうを読み取るときに、注意する点をまとめました。（　）に合う言葉を、［　］から選んで書きましょう。

- どんな事がらを取り上げているかを読み取る。
- 書かれている事がらが、どんな（　　）でならべられているかを考える。
- どんなことが（　　）されているかを考える。
- どんな言葉を使っているかを考える。
- （　　）がどのように使われているかを考える。

強調　写真や図　順

ものしりメモ　キャッチコピーを考える仕事をする人を「コピーライター」というんだ。商品のことをよく知っているだけでなく、今の時代を見きわめて言葉をうまく使う力も必要なんだよ。

まとめのテスト

広告《こく》を読みくらべよう

教科書 上90～100ページ　答え 10ページ

時間 20分　とく点 /100点　おわったらシールをはろう　勉強した日 月 日

1 次の文章を読んで、問題に答えましょう。

広告《こく》は、できるだけ多くの人にその商品を買ってもらうために、商品の特ちょうやすぐれているところを伝える必要があります。多くの人の目にとまることも大切です。

そのため、特に、印刷されたポスターやちらしなどのような動かない広告は、キャッチコピー、写真の選び方や使い方、色やデザインなどにくふうがこらされています。

また、同じ商品であっても、その商品を売ろうとする相手によって、ちがう広告が作られることもあります。より買いたいと思ってもらうためには、相手に合わせたメッセージを伝えることが大切になるからです。

このように、広告には目的があり、作り手の意図がこめられています。つまり、広告は、その意図に合わせて、表し方がくふうされているのです。身の回りの広告を見るときには、その広告の目的や作り手の意図を考えるようにしましょう。

〈「広告を読みくらべよう」による〉

1 「広告」で大切なことはどんなことですか。　一つ5〔10点〕

商品の（　　　）やすぐれているところを伝え、（　　　）の目にとまること。

2 よく出る　特に、動かない広告では、どんなところにくふうがこらされていますか。　一つ5〔10点〕

- キャッチコピー
- （　　　）の選び方や使い方
- 色
- （　　　）

3 「より買いたい」について答えましょう。

(1) 「より買いたい」と思ってもらうためには、「広告」で何を伝えることが大切なのですか。　〔10点〕

言葉の意味プラス
2行 特ちょう…ほかのものとくらべて目立つところ。　4行 目にとまる…注意を引く。
8行 くふうをこらす…よいものにしようとして、一生けん命考える。

(2) (1)のことを伝えるために、どのようにすることがありますか。〔10点〕

（　　　　）

4 広告を見るときは、何を考えるようにするとよいですか。〔10点〕

（　　　　）

2 教科書の【広告1】と【広告2】を見て、問題に答えましょう。 教科書 94〜97ページ

1 【広告1】と【広告2】の写真は、それぞれどんな意図で作られていますか。（　）に合う言葉を、[　]から選んで書きましょう。 一つ5〔20点〕

● 広告1 ・「はかるくん」が、健康に役立つことを伝えるため。

・「はかるくん」が、子どもにも高れい者にも（　　　）の（　　　）ことを、強調するため。

● 広告2 ・「はかるくん」が、（　　　）の熱をはかるときに役立つことを伝えるため。

・「はかるくん」は、熱を（　　　）ので、子どもにやさしい体温計であることを強調するため。

使いやすい	すばやくはかれる	子ども	家族

チャレンジ！

2 【広告1】に書かれている事がらには1、【広告2】に書かれている事がらには2を、どちらにも書かれている事がらには3を書きましょう。 一つ5〔30点〕

ア（　）子ども部屋に清けつに持ち運びできる。

イ（　）高れい者にも聞こえやすいメロディ音で検温《けん》が終わったことを知らせる。

ウ（　）いそがしくても、毎朝の健康チェックが続けやすくなる。

エ（　）検温が終わったことを光の点めつで知らせる。

オ（　）子どもがいやがらずに、あっという間に検温が終わる。

カ（　）わずか十五秒で正しい体温を予そくすることができる。

ものしりメモ 今は電池で動く電子体温計が多いけれど、昔は熱でふくらむ水銀の特ちょうを利用した、水銀体温計が使われていたんだ。

きほんのワーク

きせつの足音――夏／言葉相談室　述語《じゅつ》の形、だいじょうぶ？
本は楽しむもの

教科書　㊤101～111ページ
答え　11ページ

学習の目標
●俳句《はいく》や短歌を読み、えがかれている様子や風景《けい》を味わおう。
●主語と述語《じゅつ》のつながりをたしかめよう。

勉強した日　月　日

おわったらシールをはろう

1 きせつの足音――夏

次の短歌と俳句《はいく》を読んで、問題に答えましょう。

❶ 蟻《あり》と蟻うなづき(ず)あひ(い)て何か事《こと》ありげに奔《はし》る西へ東へ　橘曙覧《たちばなのあけみ》

❷ 貰《もら》ひ(い)来る茶碗《わん》の中の金魚かな　内藤鳴雪《ないとうめいせつ》

1 よく出る● ❶の夏の生き物を表す言葉、❷の季語《き》は何ですか。

❶（　　　）　❷（　　　）

2 ❶・❷は、それぞれどんな様子をえがいていますか。

❶ ありとありが出会い、（　　　）合って何かわけでもあるように（　　　）へ（　　　）へと走っていく様子。

❷ （　　　）の中に、入れてもらってきた（　　　）が、ゆらゆらと泳いでいる様子。

2 言葉相談室　述語《じゅつ》の形、だいじょうぶ？

次の文の、主語を□、述語を⬚でかこみましょう。

❶ ななみさんは、もう　家に　帰りました。

❷ 北海道では、多くの　雪が　ふった。

3 次の文の主語・述語の形が正しいほうに○をつけましょう。

❶ 兄のしゅみは、{ア（　）本を読みます。イ（　）本を読むことです。}

❷ 姉のいいところは、{ア（　）やさしいです。イ（　）やさしいところです。}

❶の「しゅみ」は、「楽しみとしていること」だね。

4 次の文を、「なぜなら」という理由を表す言葉に合うように、文を書き直しましょう。

なぜなら、わたしはケーキが大好きです。

（　　　）

本は楽しむもの

5 次の文章を読んで、問題に答えましょう。

わたしたちの住んでいるこの世界は、「ハリー・ポッター」の魔《ま》法の世界と変わらないぐらい、本当はふしぎなことだらけです。ほうきで空を飛ぶことはできないけれど、飛行機でどこへでも行けます。テレパシーがなくても、インターネットやけいたい電話で世界中と結ばれています。科学は、そのふしぎな世界の皮をむいて、ふしぎさをはっきりと見せてくれます。

「科学って何だろう。」と考えると、それは音楽とか物語とかえい画などと同じ、人間の作り上げてきた文化の一つだと思います。大人になると、この世界のことはあたりまえ、ふしぎなことなどどこにもないような気になってしまいます。でも、子どもには、いろいろなことにふしぎさを感じる力があります。そのふしぎさを楽しんだほうがいいと思います。科学の本は、人間が長い時間をかけて発見してきたいろいろなこと、好奇《き》心をみたしてくれるふしぎなことを、分かりやすくとき明かして、楽しませてくれます。

〈米村《よねむら》 でんじろう「本は楽しむもの」による〉

1 「本当はふしぎなことだらけ」とありますが、筆者はわたしたちの住む世界のどんなところを、ふしぎと感じていますか。一つに○をつけましょう。

直後から「わたしたちの住む世界」の説明が始まるよ。

ア（　）ほうきで空を飛んだり、テレパシーを使ったりすることができるところ。

イ（　）飛行機でどこへでも行けたり、インターネットなどで世界中と結ばれたりしているところ。

ウ（　）どこかへ行ったり連らくを取ったりするときに、魔法か科学かを選んで使えるところ。

2 筆者は、科学とは何だとのべていますか。

人間の作り上げてきた（　　）の一つで、

（　　）をはっきりと見せてくれるもの。

3 筆者は、大人と子どものちがいをどうのべていますか。

大人はこの世界をあたりまえととらえがちだが、子どもには（　　）を（　　）力がある。

4 よく出る 「科学の本」とは、どんなものですか。

人間がこれまで発見してきたことやふしぎなことを、

（　　）

ものしりメモ 金魚は、室町《むろまち》時代に中国から伝わってきたとされているよ。金魚はもともとフナという魚で、フナを観賞《しょう》用に作りかえたものが、今の金魚なんだ。

きほんのワーク
ふしぎ
よかったなあ

教科書 上 112～115ページ
答え 11ページ

学習の目標
●えがかれている様子を思いうかべながら、詩を読み味わおう。
●作者の気持ちを読み取ろう。

勉強した日　月　日

おわったらシールをはろう

1 詩がいくつかに分かれているときのまとまりを、何といいますか。

（　　　　）

2 言葉の意味　○をつけましょう。

(1) 112ページ 仕組みがふしぎでたまらない。
ア（　）ふしぎに思わない。
イ（　）少しふしぎだ。
ウ（　）とてもふしぎだ。

(2) 113 だれもいじらぬ庭の草花。
ア（　）手を加えない。
イ（　）見たことがない。
ウ（　）知らない。

❷「～ぬ」は、「～ない」という意味だよ。

(3) 114 かぐわしい花がさく。
ア（　）色あざやかな。
イ（　）よいかおりがする。
ウ（　）小さくてかれんな。

(4) 115 めいめいにちがう遊びをする。
ア（　）名前によって。
イ（　）年れいごとに。
ウ（　）それぞれに。

(5) 115 かがみをていねいにみがく。
ア（　）こすってきれいにする。
イ（　）物をけずって少なくする。
ウ（　）物を強くおして動かす。

(6) 115 光にてらされて、水がかがやく。
ア（　）熱や光などを受ける。
イ（　）まぶしいほどにきらきらと光る。
ウ（　）急いでその場をはなれる。

❸「かぐわしい」の「か」は、もともとは「香細《かぐわ》し」と書いて「かおり」という意味だよ。

ふしぎ

3 次の詩を読んで、問題に答えましょう。

ふしぎ

金子《かねこ》 みすゞ《(ず)》

わたしはふしぎでたまらない、
黒い雲からふる雨が、
銀にひかっていることが。

わたしはふしぎでたまらない、
青いくわの葉たべている、
かいこが白くなることが。

わたしはふしぎでたまらない、
たれもいじらぬ夕顔が、
ひとりでぱらりと開くのが。

わたしはふしぎでたまらない、
たれにきいてもわらってて、
あたりまえだ、ということが。

1 この詩は、何連の詩ですか。

［　　］連

2 この詩で、くり返されている行に――をつけましょう。

3 よく出る● 作者が「ふしぎ」だと思っていることを、表にまとめましょう。

色や様子を表す言葉に注意しよう。

雨	黒い雲からふるのに、（　　）にひかっていること。
かいこ	青いくわの葉をたべているのに、色が（　　）なること。
夕顔	だれもいじっていないのに、（　　）開くこと。

4 ［　　］から、作者のどんな気持ちが伝わってきますか。一つに○をつけましょう。

ア（　）あたりまえなことでも、わたしはふしぎだと思うのだから、わらわないでほしい。

イ（　）自然は、ふしぎでいっぱいなのに、どうしてみんな、あたりまえだとしか思わないのだろう。

ウ（　）みんなにとってあたりまえのことを、自分だけ知らないのははずかしいので、もっと勉強したい。

ものしりメモ　金子《かねこ》みすゞ《(ず)》さんは、大正《たいしょう》から昭和《しょうわ》にかけて作品を発表した詩人で、26さいのわかさでなくなっているよ。代表作の「わたしと小鳥と鈴《すず》と」など、曲がつけられた作品もあるよ。

まとめのテスト　よかったなあ

教科書 上112〜115ページ　答え 12ページ

時間 20分

とく点 /100点

おわったらシールをはろう

勉強した日　月　日

次の詩を読んで、問題に答えましょう。

よかったなあ

まど・みちお

よかったなあ　草や木が
ぼくらの　まわりに　いてくれて
目のさめる　みどりの葉っぱ
美しいものの代表　花
かぐわしい実

よかったなあ　草や木が
何おく　何ちょう
もっと数かぎりなく　いてくれて
どの　ひとつひとつも
みんな　めいめいに違《ちが》っていてくれて

---

1 この詩は、何連の詩ですか。〔10点〕

□連

2 この詩でくり返し使われている言葉を次のようにまとめました。□に入る二つの言葉を書きましょう。一つ5〔10点〕

●□□□□□□　草や木が

●□□□□□

3 よく出る　この詩で、作者は何がいてくれてよかったと思っていますか。〔10点〕

（　　　　）

4 よく出る　「よかったなあ」を音読するときには、どのように読むとよいですか。一つに○をつけましょう。〔10点〕

ア（　）ゆっくりしみじみと読む。
イ（　）大きな声ではきはきと読む。
ウ（　）早口でささやくように読む。

言葉の意味プラス　3行 目のさめる…はっとするような。　8行 数かぎりなく…数えることができないほどたくさん。　14行 訪《たず》ねる…その場所へ行く。

よかったなあ　草や木が
どんなところにも　いてくれて
鳥や　けものや　虫や　人
何が訪《たず》ねるのをでも
そこで動かないで　待っていてくれて

ああ　よかったなあ　草や木がいつも
雨に洗《あら》われ
風にみがかれ
太陽にかがやいて　きらきらと

5　「みんな　めいめいに違っていてくれて」とは、どういう意味ですか。一つに○をつけましょう。（10点）

ア（　）みんなが自分勝手だということ。
イ（　）ひとつひとつこせいがあるということ。
ウ（　）だれもなかまを作らないということ。

6　「そこで動かないで　待っていてくれて」とありますが、何が何を待っているのですか。一つ4（20点）

何が（　　　　）
何を（　　　　）（　　　　）（　　　　）（　　　　）

7　書いてみよう!　「きらきらと」の後には、どんな言葉をつけ加えられますか。考えて書きましょう。（15点）

（　　　　）

8　チャレンジ!　この詩から作者のどんな気持ちが分かりますか。一つに○をつけましょう。（15点）

ア（　）自然の中でしずかにのんびりとくらしたいな。
イ（　）大切な自然をきちんと守らなくてはいけないな。
ウ（　）自然のめぐみはすばらしくてありがたいな。

ものしりメモ　まど・みちおさんは、2014（平成26）年に104さいでなくなったよ。「ぞうさん」「ふしぎなポケット」「いちねんせいになったら」などの有名な歌の歌しは、まど・みちおさんが作ったんだよ。

きほんのワーク

お願いやお礼の手紙を書こう

教科書 上116〜119ページ

答え 12ページ

学習の目標

- 目的に合わせた手紙の書き方を学ぼう。
- 手紙を書くときの形式について学ぼう。

勉強した日 月 日

おわったらシールをはろう

漢字練習ノート13ページ

新しい漢字

教科書 116ページ

▼練習しましょう。 筆順 1 2 3 4 5

117 願 ガン ねがう 19画 願願願願願願願願願

117 付 フ つける 5画 付付付付付

117 協 キョウ 8画 協協協協協協協協

願 頭 顔

「願」の部首は「頁(おおがい)」だよ。「頁」のつく漢字は、人の「頭」や「顔」に関係する意味を表すよ。

○新しい漢字 ●読みかえの漢字 ◆特別な読み方

1 漢字の読み

読みがなを横に書きましょう。

① お願い。 ② 送付。 ③ 協力。

③「協」は、「十(=数が多い)」と「劦(=力を合わせる)」を合わせた字で、多くの人が力を合わせるという意味を表すよ。

2 漢字の書き

漢字を書きましょう。

① お□《ねが》いをする。 ② 友達に□□《きょうりょく》する。

3

住所やあて名などはふうとうのどこに書きますか。①〜④に合うものを□から選んで、記号で答えましょう。

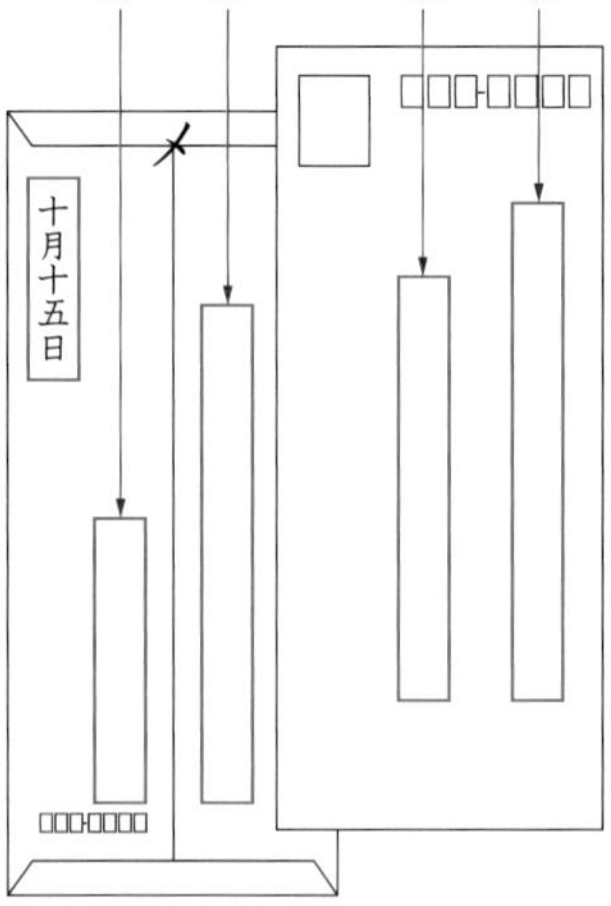

(表)
(うら)

十月十五日

ア 自分の名前　イ 相手の名前
ウ 自分の住所　エ 相手の住所

①(　) ②(　) ③(　) ④(　)

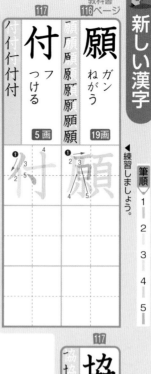

4 次の手紙を読んで、問題に答えましょう。

こんにちは。すずしくなってきましたが、お元気ですか。谷川小学校の森風花です。
❶

先日は、しりょうを送ってくださり、ありがとうございました。大田川の自然を守るために、遠くの市や町と力を合わせていることにおどろきました。先週の土曜日、地いきの人たちとの交流会がありました。いただいたしりょうをもとに、大田川の自然を守る取り組みについて発表しました。ご協力いただいたおかげで、分かりやすい発表になったと思います。本当にありがとうございました。
❷

これからもお元気でがんばってください。さようなら。
❸

二〇二四年十月十五日
谷川小学校　四年一組　森　風花
○○市役所□□係
西山かおり様
❹

〈「お願いやお礼の手紙を書こう」による〉

---

1 どんな内容《よう》の手紙ですか。一つに○をつけましょう。

ア（　）お願いの手紙
イ（　）お礼の手紙
ウ（　）案内の手紙

2 よく出る● 手紙の❶～❹のよび方と、それに合う説明を、下から選んで、•――•で結びましょう。

「末文」の「末」は、「終わり」という意味だよ。

❶ •　　•本文　•　　•ア　日付や名前
❷ •　　•後付け　•　　•イ　書きだしのあいさつ
❸ •　　•前文　•　　•ウ　結びのあいさつ
❹ •　　•末文　•　　•エ　用件《けん》（伝えたいこと）

3 手紙を書くときに気をつけることは何ですか。二つに○をつけましょう。

ア（　）用件が何か分かるように、はっきりと書くこと。
イ（　）字のまちがいは気にせず、心をこめて書くこと。
ウ（　）きせつに合わせたあいさつの言葉を入れること。
エ（　）どんなときでもお礼の言葉を入れること。

ものしりメモ 正式な手紙では、前文の最初に「頭語《とうご》」という言葉を付けて、末文の最後に頭語に合った「結《けつ》語」を付けるんだ。頭語には「拝啓《はいけい》」など、結語には「敬具《けいぐ》」などがあるよ。

きほんのワーク

ことわざ・故事《こ》成語を使おう

教科書 上 120～123ページ

答え 12ページ

学習の目標
- ことわざや故事《こ》成語の意味を考えよう。
- ことわざや故事成語の使い方を知ろう。

勉強した日　月　日

おわったらシールをはろう

漢字練習ノート13ページ

新しい漢字

教科書 122ページ

積　セキ　つもる　16画（122）	夫　フ　おっと　4画（122）

筆順 1 2 3 4 5

◀練習しましょう。

夫　失

形のにている漢字に注意しよう。

○新しい漢字　●読みかえの漢字　◆特別な読み方

1 漢字の読み

読みがなを横に書きましょう。

①○積もる　②○漁夫の利　③●交わり

2 漢字の書き

漢字を書きましょう。

① 雪が○[　]《つ》もる。

② ○[　][　]《ぎょふ》の利をえる。

①「つ-もる」の右がわは「青」ではないよ。気をつけよう。

3

ことわざの説明として合うもの一つに○をつけましょう。

ア（　）世の中のすがたを写し取った真実の言葉。

イ（　）人々に生きる勇《ゆう》気をあたえる楽しい言葉。

ウ（　）生活に役立つちえや教えをふくんだ短い言葉。

4

（　）に合うことわざを、[　]から選んで書きましょう。

① 読書をすることは、物語のおもしろさを味わえるうえに、言葉の力を身に付けることができて、（　　　　）だ。

② 学校に来てから、宿題をやっていないことに気がついたけれど、（　　　　）だ。

③ 自転車のかぎが見当たらない。家中を一生けん命にさがしたが、ふとポケットをさわったら、かぎが入っていた。まさに（　　　　）だ。

[灯《とう》台もと暗し　一石二鳥　後の祭り]

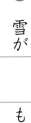

5

次のことわざの意味を［　］から選んで、記号で答えましょう。

1 三人寄《よ》れば文殊《もんじゅ》の知恵《ちえ》（　　）
2 良薬《りょうやく》は口に苦し（　　）
3 かわいい子には旅をさせよ（　　）
4 転ばぬ先のつえ（　　）
5 ちりも積もれば山となる（　　）

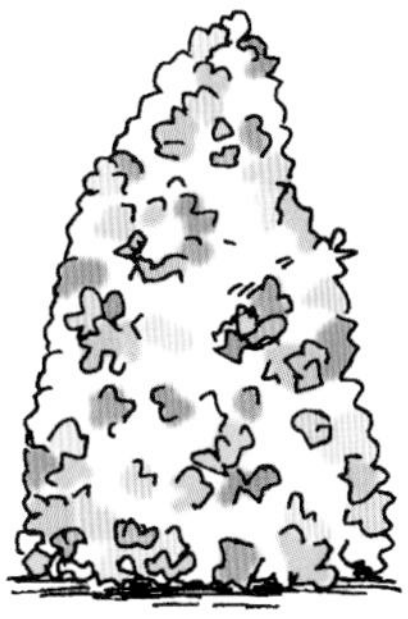

ア　子どもがかわいいなら、あまやかさず、世間で苦労《ろう》させたほうがよいということ。
イ　わずかなものでも、積み重なれば大きなものになるということ。
ウ　失敗しないように、用意しておくことが大切だということ。
エ　本当に自分のためになる意見は、聞くのがつらいものだということ。
オ　ふつうの人でも、三人集まって相談すれば、何かよい案がうかぶということ。

6

故《こ》事成語とは、どんな言葉ですか。（　）に合う言葉を、［　］から選んで書きましょう。

故事成語とは、（　　）あったことがもとになってできた言葉であり、特に（　　）の古い話がもとになったものが多い。

昔　げんざい　中国　日本

7

「五十歩百歩《ごじっぽひゃっぽ》」の意味として合うもの一つに○をつけましょう。

ア（　）古い考えにしばられていて進歩がないこと。
イ（　）少しのちがいがあってもほとんど同じであること。
ウ（　）してしまったことは取り返しがつかないこと。

8

次の故事成語の意味を［　］から選んで、記号で答えましょう。

1 矛盾《むじゅん》（　　）
2 背水《はい》の陣《じん》（　　）
3 蛇足《だそく》（　　）
4 漁夫の利（　　）

ア　二人があらそっているすきに、ほかの人が利益《えき》を横取りすること。
イ　付け足された、よけいなもの。
ウ　つじつまが合わないこと。
エ　にげ場のないじょうきょうで全力をつくすこと。

ものしりメモ　意味の同じことわざや反対のことわざがあるよ。「下手《へた》の横好き」（下手なくせに熱心なこと）と「好きこそものの上手《じょうず》なれ」（好きならば上達が早い）は、正反対の意味だね。

きほんのワーク

クラスで話し合って決めよう
漢字を使おう5／文の組み立てと修飾《しゅうしょく》語

教科書 上 124～133ページ

答え 13ページ

勉強した日　月　日

学習の目標

●話し合いでの司会者、提《てい》案者、参加者などの役わりを知ろう。
●文の組み立てや修飾《しゅうしょく》語の働きについて学ぼう。

おわったらシールをはろう

漢字練習ノート13～15ページ

新しい漢字

◀練習しましょう。 筆順 1 2 3 4 5

漢字	読み	画数	教科書ページ
以	イ	5画	125
議	ギ	20画	125
標	ヒョウ	15画	127
群	グン　むれる　むれ　むら	13画	131
郡	グン	10画	131
官	カン	8画	131
管	カン　くだ	14画	131
富	フ　とむ　とみ	12画	131
徒	ト	10画	131
浴	ヨク　あびる	10画	131
街	ガイ　まち	12画	133
灯	トウ	6画	133
挙	キョ　あげる	10画	133
票	ヒョウ	11画	133
卒	ソツ	8画	133
貨	カ	11画	133
沖	おき	7画	133

1 漢字の読み　読みがなを横に書きましょう。

○新しい漢字　●読みかえの漢字　◆特別な読み方

1. 以外
2. 議題
3. 群集
4. 郡部
5. けいさつ官
6. 管楽器
7. 入浴
8. 街灯

「街」は人通りの多いさかえた場所を表すよ。「町」との使い分けに注意しよう。

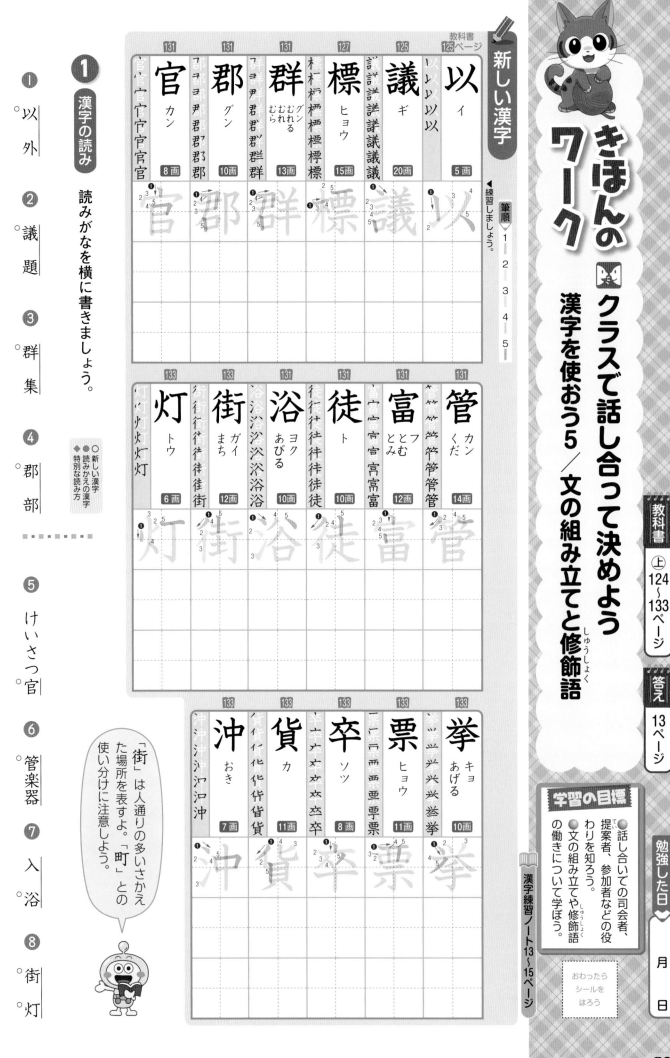

⑨ 選挙

⑩ 投票

⑪ 貨物船

⑫ 沖へ出る

2 漢字の書き

漢字を書きましょう。

① クラスの□□《もくひょう》。

② 変化に□《と》む。

③ □□《とほ》で行く。

④ □□《そつぎょう》式。

3 三年生の漢字

漢字を書きましょう。

① □《なみ》がよせる。

② □□《ほんしゅう》に住む。

③ □□《きてき》を鳴らす。

④ □《き》まりを守る。

★ クラスで話し合って決めよう

4 よく出る 話し合いのための役わりと、それに合う説明を下から選んで、・――・で結びましょう。

① 司会 ・ 　・ ア 進行にそって意見や質《しつ》問を出す。

② 提《てい》案者 ・ 　・ イ 意見を黒板やノートに記録する。

③ 参加者 ・ 　・ ウ 議題にそって話し合いを進める。

④ 書記 ・ 　・ エ 議題に関する提案を行う。

5 話し合いの役わりで、それぞれ気をつけるのは、どんなことですか。□からそれぞれ二つずつ選んで、記号で答えましょう。

① 司会（　）（　）

② 提案者（　）（　）

③ 参加者（　）（　）

ア 周囲《い》に発言をうながし、意見をまとめる。
イ 意見をくらべ、同じ部分やちがう部分を見つける。
ウ ほかの人の意見を聞き、よりよい意見を考える。
エ 考えてきた提案は、内容《よう》を整理したうえで、理由とともに説明する。
オ 議題から話がそれないようにする。
カ 提案に対する質問には、はっきりと答える。

★ 文の組み立てと修飾《しゅうしょく》語

6 次の――の修飾語がくわしく説明している言葉に、～～をつけましょう。

① 白い 子ねこは、ふわふわの ぬいぐるみみたいだ。

② 妹の 人形が とても かわいい。

③ 友達が 本を わたしに くれた。

ものしりメモ 「司会」は「会をとりしきる人」という意味だよ。最近ではテレビ番組や舞《ぶ》台の司会をMC《エムシー》ということもあるね。MCは「master of ceremonies《マスター オブ セレモニーズ》」のりゃく。司会と同じ意味の言葉だよ。

まとめのテスト

クラスで話し合って決めよう
文の組み立てと修飾語《しゅうしょく》

教科書 上 124～133ページ
答え 14ページ

時間 20分

とく点 /100点

おわったらシールをはろう

勉強した日 月 日

1 次の文章を読んで、問題に答えましょう。

司会・森　これから、クラスの旗にかく絵について話し合います。クラスの目標である「心を一つに」という言葉といっしょにかく絵は、どんなものがよいでしょうか。話し合いは三十分間です。まず提《てい》案グループが提案内容《よう》と理由を説明します。次に、提案をもとに、みんなで話し合って、決めていきましょう。提案は全部で三つあります。

提案者・石川　ぼくたちが考えた案を発表します。ぼくたちは、クラスの旗に、みんながそれぞれ好きな絵をかくのがよいと考えました。みんなで協力して作り上げるので、旗を見るたびに、協力することの大切さを思い出せると思うからです。

提案者・高木　わたしたちは、クラスの旗にさくらの木をかくことを提案します。理由は、校庭のさくらがさいたときの明るく楽しい感じが、わたしたちのクラスにぴったりだと思ったからです。

……

司会・中山　それぞれの提案について、質《しっ》問はありませんか。

池田　石川さんに質問です。みんながそれぞれ好きな絵をかくと言っていましたが、例えばどんな絵ですか。

〈「クラスで話し合って決めよう」による〉

1 よく出る　司会・森さんの発言は、どんな役わりを果たしていますか。一つに○をつけましょう。〔5点〕

ア（　）話し合いで決まったことをまとめている。
イ（　）話し合いで出た提案について質問している。
ウ（　）話し合いの議題と進め方をたしかめている。

2 この話し合いの議題は何ですか。〔10点〕

書いてみよう！

3 提案者・石川さんと高木さんの発言は、どんなところがよいですか。一つに○をつけましょう。〔6点〕

ア（　）提案と理由をあわせて言っているところ。
イ（　）ほかの提案と自分の提案をくらべているところ。
ウ（　）参加者によびかけながら提案しているところ。

4 提案者・石川さんと高木さんの提案内容とその理由は、どんなものですか。 一つ5〔20点〕

石川さんの提案内容…みんながそれぞれ（　　　　）をかく。

石川さんの提案理由…みんなで作るので、旗を見るたびに（　　　　）を思い出せるから。

高木さんの提案内容…（　　　　）をかく。

高木さんの提案理由…校庭のさくらがさいたときの明るく楽しい感じが、（　　　　）だから。

5 司会・中山さんの発言は、どんな役わりを果たしていますか。〔6点〕

提案に対する（　　　　）がないか、よびかけている。

チャレンジ！

6 池田さんは、何のために質問をしていますか。一つに◯をつけましょう。〔10点〕

ア（　）二つの提案のちがう部分を知って、どちらがよいか決めたいから。

イ（　）提案の中身をもっとくわしく知って、提案について考えたいから。

ウ（　）提案した理由を知って、もっといい提案をしたいと思ったから。

---

2 **次の文の主語は□、述語《じゅつ》は⬚でかこみ、修飾語《しゅうしょく》に——をつけましょう。** 一つ5〔15点〕

① 雨が、しとしと ふる。

② ぼくは、魚を つった。

③ 弟が、のんびり アイスを 食べる。

3 **例にならって、後の文から主語、述語をさがしましょう。** 一つ7〔28点〕

・主語は□、述語は⬚でかこみ、修飾語に——をつけましょう。

・修飾語と、修飾語がくわしく説明している言葉とを→で結びましょう。

例 かわいい 赤ちゃんが すやすや ねむる。

① わたしは、友達の えんぴつを かりた。

② 真っ赤な 夕日が ゆっくりと しずむ。

③ 子どもたちが とても 元気に 遊ぶ。

④ 青い 花が 道ばたに たくさん さく。

ものしりメモ 日本語の修飾《しゅうしょく》語は、くわしく説明する言葉の前にあるのがふつうだけれど、英語などは、修飾語が後ろにあることも多いよ。言語によって、ルールもちがうんだね。

きほんのワーク

一つの花 SDGs
漢字を使おう6

教科書 上134～147ページ

答え 15ページ

学習の目標
●場面や人物の様子を想像《ぞう》しながら読もう。
●くり返し出てくる言葉に着目して、登場人物の気持ちをとらえよう。

勉強した日　月　日

漢字練習ノート16～17ページ

おわったらシールをはろう

新しい漢字

筆順 1 2 3 4 5 ◀練習しましょう。

教科書ページ	漢字	読み	画数
136	戦	セン　たたかう	13画
136	争	ソウ　あらそう	6画
136	給	キュウ	12画
137	飯	ハン　めし	12画
139	帯	タイ　おびる　おび	10画
139	泣	なく	8画
139	軍	グン	9画
140	兵	ヘイ　ヒョウ	7画
140	隊	タイ	12画
141	輪	リン　わ	15画
145	景	ケイ	12画
147	浅	あさい	9画
147	底	テイ　そこ	8画
147	散	サン　ちる	12画
147	児	ジ	7画

1 漢字の読み　読みがなを横に書きましょう。

① 戦争
② 配給
③ ご飯
④ 泣き顔
⑤ 軍歌
⑥ 兵隊
⑦ 一輪
⑧ 情《じょう》景
⑨ 浅い
⑩ 児童

○新しい漢字
●読みかえの漢字
◆特別な読み方

4 言葉の意味　○をつけましょう。

① 137ページ お母さんの口ぐせ。
ア（　）人の言い方をまねた言葉。
イ（　）ものの言い方や話し方。
ウ（　）いつも言ってしまう言葉。

②漢字の書き　漢字を書きましょう。

①白い□□《ほうたい》。

②□□《いちりん》の花。

③川の□《そこ》。

④気が□《ち》る。

③の「そこ」は八画目の横画をわすれないようにしよう。

③三年生の漢字　漢字を書きましょう。

①□《うつく》しい花。

②木の□《み》を集める。

③□《はたけ》に行く。

内容《よう》をつかもう！

★一つの花　物語の順番になるように、（　）に2～5の番号を書きましょう。　教科書136～143ページ

（1）戦争がはげしかったころ、ゆみ子はいつもおなかをすかせていた。

（　）ゆみ子に、お父さんが一輪のコスモスの花をわたした。

（　）おにぎりをほしがって、ゆみ子が泣きだした。

（　）成長したゆみ子が、コスモスのトンネルをくぐって町の方へ行った。

（　）お父さんが戦争に行くことになった。

戦争に行くお父さんが、ゆみ子に一輪のコスモスをわたす話だよ。

---

② 137 知らず知らずのうちに覚えた。
ア（　）何度もくり返して。
イ（　）いつのまにか。
ウ（　）あっというまに。

③ 139 人ごみの中から、声が起こる。
ア（　）人がならんでいること。
イ（　）人がほとんどいないこと。
ウ（　）多くの人でこみ合うこと。

④ 139 たえず歌が聞こえる。
ア（　）ときどき。
イ（　）とぎれとぎれに。
ウ（　）ずっと続いて。

⑤ 142 子どもが、足をばたつかせる。
ア（　）ばたばたと動かす。
イ（　）ぴくぴくとふるわせる。
ウ（　）ぶらぶらとゆらす。

⑥ 143 ミシンの音がしばらくやむ。
ア（　）続いていたことが止まる。
イ（　）さらにいきおいがつく。
ウ（　）きそく正しくくり返す。

ものしりメモ　「一つの花」でえがかれている「戦争」は、第２次世界大戦といって、80年以上前の出来事だよ。たくさんの人がぎせいになった、たいへんな戦争だったんだよ。

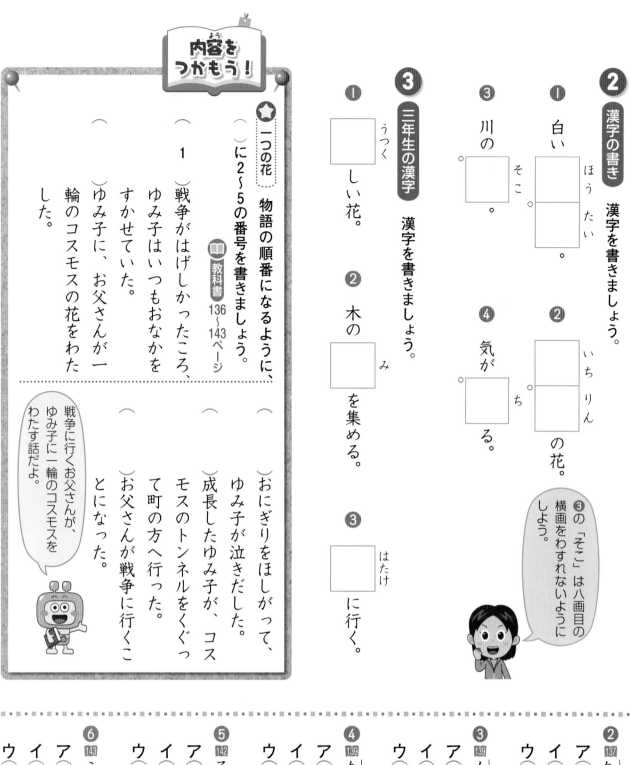

練習のワーク①

一つの花 SDGs

教科書 上134～147ページ
答え 15ページ

できるナビ
●お父さんとお母さんのつらさをとらえよう。
●ゆみ子に対する、父母《ふぼ》の思いをとらえよう。

勉強した日　月　日

おわったらシールをはろう

次の文章を読んで、問題に答えましょう。

「なんてかわいそうな子でしょうね。一つだけちょうだいと言えば、何でももらえると思ってるのね。」

あるとき、お母さんが言いました。

すると、お父さんが、深いため息をついて言いました。

「この子は一生、みんなちょうだい、山ほどちょうだいと言って、両手を出すことを知らずにすごすかもしれないね。一つだけのいも、一つだけのにぎり飯、一つだけのかぼちゃのにつけ……。みんな一つだけ。一つだけのよろこびさ。いや、よろこびなんて、一つだってもらえないかもしれないんだね。いったい大きくなって、どんな子に育つだろう。」

そんなとき、お父さんはきまって、ゆみ子をめちゃくちゃに高い高いするのでした。

それから間もなく、あまりじょうぶでないゆみ子のお父さんも、戦争に行かなければならない日がやってきました。

1 「深いため息をついて」から、お父さんのどんな気持ちが分かりますか。

直後のお父さんの会話から読み取ろう。

（　　　　）ちょうだいとしか言えずに、一つだけの（　　　　）さえももらえないかもしれないゆみ子は、大きくなって、どんな子に育つのか心配だ。

2 よく出る 「ゆみ子をめちゃくちゃに高い高いする」とありますが、このとき、お父さんはどんな気持ちでしたか。一つに○をつけましょう。

ア（　）できるかぎりのことをして、ゆみ子をよろこばせたい。

イ（　）わがままなゆみ子に対して、はらが立ってしかたがない。

ウ（　）ゆみ子には、戦争というものを心からにくんでほしい。

3 ゆみ子とお母さんが駅に行ったのは、どんな日でしたか。

（　　　　　　　　）

言葉の意味プラス
4行 ため息…がっかりしたり心配したりして、大きくはく息。
14行 じょうぶ…病気にかからず、健康である様子。　17行 おぶう…せおう。

お父さんが戦争に行く日、ゆみ子は、お母さんにおぶわれて、遠い汽車の駅まで送っていきました。頭には、お母さんの作ってくれた、綿《わた》入れの防《ぼう》空頭きんをかぶっていきました。

お母さんのかたにかかっているかばんには、包帯、お薬、配給のきっぷ、そして、だいじなお米で作った、おにぎりが入っていました。

ゆみ子は、おにぎりが入っているのをちゃあんと知っていましたので、

「一つだけちょうだい。おじぎり一つだけちょうだい。」

と言って、駅に着くまでにみんな食べてしまいました。

お母さんは、戦争に行くお父さんに、ゆみ子の泣き顔を見せたくなかったのでしょうか。

〈今西《いまにし》 祐行《すけゆき》「一つの花」による〉

4 お父さんを駅まで送っていったとき、お母さんのかばんには、どんなものが入っていましたか。四つ書きましょう。

（　　　）（　　　）（　　　）（　　　）

5 「ちゃあんと知っていました」とありますが、ゆみ子はどんなことを知っていたのですか。

お母さんのかばんに、（　　　）

6 よく出る 「おじぎり一つだけちょうだい。」と言うゆみ子に、お母さんがおにぎりをみんな食べさせてしまったのは、なぜだと考えられますか。一つに○をつけましょう。

お母さんの心の中を、作者が想像《ぞう》している部分に注目しよう。

ア（　）ゆみ子が泣いてしまうと、まわりの人のめいわくになると思ったから。

イ（　）戦争に行かなければならないお父さんに、ゆみ子の泣き顔を見せたくなかったから。

ウ（　）お父さんが戦争に行くおいわいに、ゆみ子に好きなだけ食べさせたかったから。

ものしりメモ　戦争中、兵隊に選ばれると、それをこばむことはゆるされなかったんだ。戦争に行きたくないと思っても、口に出すこともできなかったんだよ。

練習のワーク②

一つの花 SDGs

教科書 上134～147ページ
答え 15ページ

できるナビ
●お父さんの行動や会話に注目しよう。
●お父さんの、ゆみ子への思いをとらえよう。

勉強した日　月　日

おわったらシールをはろう

次の文章を読んで、問題に答えましょう。

ところが、いよいよ汽車が入ってくるというときになって、またゆみ子の「一つだけちょうだい。」が始まったのです。

「みんなおやりよ、母さん。おにぎりを……。」

お父さんが言いました。

「ええ、もう食べちゃったんですの……。ゆみちゃんいいわねえ、お父ちゃん兵隊ちゃんになるんだって、ばんざあいって……。」

お母さんはそう言って、ゆみ子をあやしましたが、ゆみ子はとうとう泣きだしてしまいました。

「一つだけ、一つだけ。」

と言って。

お母さんが、ゆみ子を一生けん命あやしているうちに、お父さんが、ぷいといなくなってしまいました。

お父さんは、プラットホームのはしっぽの、ごみすて場のようなところに、わすれられたようにさいていた、

2 よく出る 「みんなおやりよ、母さん。おにぎりを……。」と言ったとき、お父さんはどんな気持ちでしたか。一つに○をつけましょう。

ア（　）ゆみ子がうるさいので、しずかにさせたい。
イ（　）ゆみ子のわがままにはこまったものだ。
ウ（　）ゆみ子の願いをかなえてあげたい。

3 「ゆみちゃんいいわねえ、お父ちゃん兵隊ちゃんになるんだって、ばんざあいって……。」という言葉には、お母さんのどんな気持ちがこめられていますか。一つに○をつけましょう。

お母さんが、ゆみ子を一生けん命あやしたのはなぜか考えよう。

ア（　）お父さんが兵隊になれて、本当によかった。
イ（　）なんとかして、お父さんを明るく送りだしたい。
ウ（　）お父さんが戦争に行く意味をゆみ子に教えたい。

4 よく出る おにぎりをほしがって泣きだしたゆみ子に、お父さんはどうしましたか。

（　　　　　　）の花を一輪つんで、ゆみ子にあげた。

言葉の意味プラス
1行　いよいよ…とうとう。ついに。
9行　あやす…小さな子のきげんを取る。
13行　一生けん命…全力で行う様子。

コスモスの花を見つけたのです。あわてて帰ってきたお父さんの手には、一輪のコスモスの花がありました。

「ゆみ。さあ、一つだけあげよう。一つだけのお花、だいじにするんだよう……。」

ゆみ子は、お父さんに花をもらうと、きゃっきゃっと、足をばたつかせてよろこびました。

お父さんは、それを見て、にっこり笑うと、何も言わずに汽車に乗って行ってしまいました。ゆみ子のにぎっている一つの花を見つめながら……。

〈今西《いまにし》　祐行《すけゆき》「一つの花」による〉

1 ゆみ子の「一つだけちょうだい。」は、どんなときに始まりましたか。

（　　　　　）

5 お父さんは、どうするようにと言って、ゆみ子に花をあげましたか。

（　　　　　）

6 「にっこり笑う」とありますが、お父さんは何を見てにっこり笑ったのですか。

きゃっきゃっと、足を（　　　）よろこぶ（　　　）のすがた。

7 「ゆみ子のにぎっている一つの花を見つめながら……。」とありますが、お父さんは、どんな願いをこめてゆみ子に花をわたしたのだと思いますか。考えて書きましょう。

書いてみよう！

（　　　　　）

まだ小さなゆみ子をおいて、戦争に行かなければならないお父さんの気持ちを考えよう。

お父さんは、自分の思いを「一つの花」にたくしたんだね。

ものしりメモ　コスモスは、「調和」という意味の「コスモス」という言葉がもとになって名づけられた花だよ。秋にピンクや赤、白などの花をさかせるので、「秋桜《あきざくら》」ともいうよ。

まとめのテスト 一つの花

SDGs

教科書 上134～147ページ

答え 16ページ

時間20分

とく点 /100点

おわったらシールをはろう

勉強した日 月 日

次の文章を読んで、問題に答えましょう。

お母さんが、ゆみ子を一生けん命あやしているうちに、お父さんが、ぷいといなくなってしまいました。

お父さんは、プラットホームのはしっぽの、ごみすて場のようなところに、わすれられたようにさいていた、コスモスの花を見つけたのです。あわてて帰ってきたお父さんの手には、一輪のコスモスの花がありました。

「ゆみ。さあ、一つだけあげよう。一つだけのお花、だいじにするんだよう……。」

ゆみ子は、お父さんに花をもらうと、きゃっきゃっと、足をばたつかせてよろこびました。

お父さんは、それを見て、にっこり笑うと、何も言わずに汽車に乗って行ってしまいました。ゆみ子のにぎっている一つの花を見つめながら……。

それから、十年の年月がすぎました。

ゆみ子はお父さんの顔を覚えていません。自分にお父

1 コスモスの花は、どんなふうにさいていましたか。 一つ5〔10点〕

プラットホームのはしっぽの、（　　　）のようなところに、（　　　）ようにさいていた。

2 よく出る 「何も言わずに汽車に乗って行ってしまいました」とありますが、このとき、お父さんはどんな気持ちでしたか。一つに○をつけましょう。〔20点〕

ア（　）たった一つの花くらいで、泣きやんでしまうなんて、ゆみ子はおもしろいな。

イ（　）ゆみ子がよろこんでくれてよかった。自分がいなくても、幸せになってほしい。

ウ（　）かわいいゆみ子のためにも、戦争で大きな手がらをたててこよう。

チャレンジ!

3 「ゆみ子はお父さんの……知らないのかもしれません。」とありますが、ここから、どんなことが考えられますか。〔20点〕

言葉の意味プラス

16行 あるいは…もしかすると。

27行 さげる…うでにかけたり手に持ったりして、物を下にたらす。

さんがあったことも、あるいは知らないのかもしれません。

　でも、今、ゆみ子のとんとんぶきの小さな家は、コスモスの花でいっぱいに包まれています。

　そこからミシンの音が、たえず速くなったりおそくなったり、まるで何かお話をしているかのように、聞こえてきます。それはあのお母さんでしょうか。

「母さん、お肉とお魚と、どっちがいいの。」

と、ゆみ子の高い声が、コスモスの中から聞こえてきました。

　すると、ミシンの音がしばらくやみました。

　やがて、ミシンの音がまたいそがしく始まったとき、買い物かごをさげたゆみ子が、スキップをしながらコスモスのトンネルをくぐって出てきました。そして、町の方へ行きました。

　今日は日曜日、ゆみ子が、小さなお母さんになって、お昼を作る日です。

〈今西《いまにし》祐行《すけゆき》「一つの花」による〉

お父さんは戦争に行ったきり、（　　　）ということ。

4 今のゆみ子がくらす家は、どんな様子ですか。　一つ5〔15点〕

（　　　）の小さな家で、（　　　）の花で（　　　）に包まれている。

5 今のゆみ子は、どんなくらしをしていますか。（　）に合う言葉を、[　]から選んで書きましょう。　一つ5〔15点〕

（　　　）の音に包まれ、昼食に（　　　）を選べるような（　　　）くらし。

ばくだん　ミシン　肉か魚か　戦争中の　平和な

書いてみよう!

6 「ゆみ子が、スキップをしながら」とありますが、ここからゆみ子のどんな様子が伝わってきますか。考えて書きましょう。　〔20点〕

（　　　）

ものしりメモ　戦争が終わっても、すぐに食べ物がほうふになったわけではないよ。多くの兵隊が帰《き》国してきたり、作物が不《ふ》作だったりしたため、食べ物不足はしばらく続いたんだ。

きほんのワーク

きみに

教科書 ㊦見返し～1ページ
答え 16ページ

学習の目標
●詩に出てくる手紙は、何を伝えるために書かれたものかをとらえよう。
●詩に表された作者の気持ちを読み取ろう。

勉強した日　月　日

おわったら シールを はろう

次の詩を読んで、問題に答えましょう。

きみに

和合《わごう》 亮一《りょういち》

きみに　はじめて
手紙を書いた
そしてすぐに
読んでみたんだ

青い空を
吹《ふ》いていた風や
しずかな波の音や
かすかな鳥の声が
文字と
文字のあいだに
聞こえた気がした

1 この詩は、何連の詩ですか。

□連

2 作者がはじめて「きみ」に手紙を書いたのは、なぜですか。一つに○をつけましょう。

ア（　）まだ小さかった作者が、やっと字を覚えて手紙を書けるようになったから。
イ（　）ずっとわすれていた「きみ」の住所を、やっと思い出すことができたから。
ウ（　）それまでは同じ町に住んでいた「きみ」が、引っこしてしまったから。

第三連に「きみの新しい住所」とあることに注目しよう。

3 作者は、手紙を書いた後、すぐに何をしましたか。

（　　　　）

言葉の意味プラス
8行 かすかな…はっきりしないくらい、わずかな。
22行 どきどきしている…うれしさなどで、むねがときめいている。

だから
きみの新しい住所と
名前を　きちんと
書こうと思った

この町の雲や
星や　道や　朝を
紙のうえにのせるようにして
四つに折《お》って
大切に
封筒《ふうとう》にいれて
どきどきしている
この心も
おくります

4 よく出る● 作者が、手紙の文字と文字のあいだに聞こえた気がしたものは、何ですか。三つ書きましょう。

（　　　　）

（　　　　）

（　　　　）

5 よく出る● 「この町の雲や／星や　道や　朝を／紙のうえにのせるようにして」には、作者のどんな気持ちが表れていますか。一つに○をつけましょう。

手紙にどんな思いをこめているのかな。

ア（　）字が上手ではないと、「きみ」に笑われないように気をつけよう。

イ（　）自分がくらしている町の感じを、そのまましっかりと「きみ」に伝えたい。

ウ（　）「きみ」に失礼にならないように、手紙をていねいに書かなくてはいけない。

6 手紙を送るとき、作者はどんな気持ちになっていますか。はじめて書いた手紙が、相手にどう伝わるのかを考えて、

（　　　　）している。

ものしりメモ　「ミニレター」という、ふう書よりも安い料金で送れる手紙の形式があるよ。ふうとうと便せんが一つになっていて、内側《がわ》の便せん部分に文字を書いてから、ふうとうの形に折って出すよ。

きほんのワーク

くらしの中の和と洋
じょうほうのとびら　観点を立ててくらべる

教科書 下8〜21ページ
答え 17ページ

勉強した日　月　日

学習の目標
●文章のまとまりごとの内容《よう》をとらえ、まとまりどうしの関係をつかもう。
●観点を立ててくらべるポイントをつかもう。

おわったらシールをはろう

漢字練習ノート18ページ

新しい漢字

教科書 10ページ　筆順 1 2 3 4 5　◀練習しましょう。

教科書ページ	漢字	読み	画数
10	衣	イ	6画
10	置	チ　おく	13画
12	差	サ　さす	10画
13	節	セツ　ふし	13画
14	単	タン	9画

「衣」は筆順に注意しよう。

1 漢字の読み　読みがなを横に書きましょう。

①衣食住　②欧《おう》米　③置く　④点数の差　⑤調節　⑥かん単

○新しい漢字　●読みかえの漢字　◆特別な読み方

2 漢字の書き　漢字を書きましょう。

① 家具を［お］く。
② ［ちょう　せつ］する。
③ かん［たん］な計算。

②「せつ」の部首は「⺮（たけかんむり）」だよ。また、右下の「卩」の形に注意しよう。

4 言葉の意味　○をつけましょう。

① 10ページ 伝統《とう》的な日本の文化を知る。
ア（　）とてもめずらしい。
イ（　）みんなのためになる。
ウ（　）昔から受けつがれた。

② 10 古い本にもとづく話。
ア（　）付け加えた。
イ（　）したがった。
ウ（　）かくされた。

3 観点を立ててくらべる

東京〜北海道間の移動方法について、船（フェリー）と飛行機をくらべて表にまとめました。（　）に合う言葉を、[　]から選んで書きましょう。

	船（フェリー）	飛行機
①（　　）	安い。	高い。
②（　　）	長い。半日以上。	短い。二時間以内。
移動中の③（　　）	船内を自由に歩き回れる。	基《き》本的に席ですごす。

移動時間　すごし方　移動料金

どんな観点でくらべているかを考えよう。

内容《よう》をつかもう！

★くらしの中の和と洋　この文章は、何について説明していますか。[　]に合う言葉を、[　]から選んで書きましょう。　教科書10〜15ページ

●日本のくらしに入り交じっている「①[　　]」と「②[　　]」のそれぞれのよさについて。

●くらしの基本である「衣食住」のうち、「③[　　]」について。

衣　食　住
和　洋　中

和室と洋室のちがいについて、例を挙げながらそれぞれのよさについて説明しているよ。

---

3 10 欧米の文化から取り入れる。
ア（　）ヨーロッパとアメリカ。
イ（　）日本とヨーロッパ。
ウ（　）アジアとアメリカ。

4 12 部屋の使い方の差を調べる。
ア（　）すばらしさ。
イ（　）ちがい。
ウ（　）くふう。

5 13 目上の人に話しかける。
ア（　）なかが悪い人。
イ（　）身長が高い人。
ウ（　）年や立場が上の人。

6 13 多少小さいが、まだ着られる服。
ア（　）かなり。
イ（　）いくらか。
ウ（　）多くても少なくても。

7 14 何に使うか見当がつく。
ア（　）だいたいの予想。
イ（　）決まり。
ウ（　）かくにん。

ものしりメモ　日本では、「衣食住」の「食」でも、「和」と「洋」をうまく組み合わせてくらしに取り入れているよ。ごはんやみそしるといっしょに、ハンバーグやステーキのような洋風の料理を食べるよね。

練習のワーク①

くらしの中の和と洋

教科書 下 8～21ページ
答え 17ページ

勉強した日 月 日

できるナビ
●和室と洋室について、それぞれのすごし方のよさのちがいを整理して読み取ろう。

おわったらシールをはろう

※ 次の文章を読んで、問題に答えましょう。

まず、それぞれの部屋の中ですごすときのことを考えてみましょう。

わたしたちが和室ですごすとき、ざぶとんをしくかしかないかは別にして、たたみの上に直接《せつ》すわります。それに対して、洋室では、いすにこしかけてすわるのがふつうです。

和室、洋室でのすごし方には、それぞれどんなよさがあるのでしょうか。

和室のたたみの上では、いろいろなしせいをとることができます。きちんとした場では正ざをし、くつろぐときにはひざをくずしたり、あぐらをかいたりしてすわります。ねころぶこと

1 この文章では、どんなことについて考えていますか。

和室と洋室のそれぞれの部屋で（　　　）のこと。

2 和室と洋室では、どのようにすわりますか。

和室 （　　　）の上に直接すわる。

洋室 （　　　）にこしかけてすわる。

3 「和室の……できます。」とありますが、「いろいろなしせい」とは、どんなしせいですか。

●（　　　）をする。

●ひざをくずす。

●（　　　）をかく。

●（　　　）。

「きちんとした場」と「くつろぐとき」とで、しせいを変えられるんだね。

言葉の意味プラス
4行 直接《せつ》…間にほかのものがないこと。 13行 くつろぐ…ゆっくりする。 14行 くずす…楽なじょうたいにする。 18行 間かく…物と物とのきょり。 33行 じょうたい…様子。ありさま。

もできます。

人と人との間かくが自由に変えられるのもたたみのよさです。相手が親しければ近づいて話し、目上の人の場合には少しはなれて話すというように、自然にきょりの調節ができます。また、たたみの場合には、多少人数が多くても、間をつめればみんながすわれます。

洋室で使ういすには、いろいろな種類があります。くつろぐ、勉強をするなど、それぞれの目的に合わせたしせいがとれるように、形がくふうされています。ですから、長時間同じしせいですわっていても、つかれが少なくてすみます。

いすにすわっているじょうたいから、次の動作にうつるのがかん単であることも、いすのよさです。体の重みを前方にうつし、こしをうかせれば立ち上がれます。上半身の移《い》動もわずかです。

〈「くらしの中の和と洋」による〉

4 「きょりの調節」とありますが、次の場合はどのように話しますか。

親しい相手（　　　　）話す。

目上の人（　　　　）話す。

5 よく出る 「つかれが少なくてすむ」とありますが、つかれが少なくてすむのは、なぜですか。

いすには、どんなくふうがされているのかな。

いすは、それぞれの（　　　　）がとれるように、（　　　　）がくふうされているから。

6 よく出る 和室と洋室のすごし方のよさを□から二つずつ選んで、記号で答えましょう。

部屋がちがうと、すわり方とそのよさもちがうんだね。

和室（　）（　）

洋室（　）（　）

ア　人と人との間かくを自由に変えられる。
イ　長時間すわっていても、つかれが少ない。
ウ　かん単に次の動作にうつることができる。
エ　いろいろなしせいをとることができる。

ものしりメモ　たたみの材料は「いぐさ」。いぐさのかおりはリラックスに役立つよ。また、人体に有害な二酸《さん》化ちっ素《そ》をすって、空気をきれいにする効《こう》果もあるといわれているんだ。

練習のワーク②

くらしの中の和と洋

教科書 下 8〜21ページ
答え 17ページ

できるナビ
●和室と洋室について、それぞれの部屋の使い方のよさのちがいを整理して読み取ろう。

勉強した日　月　日

おわったらシールをはろう

次の文章を読んで、問題に答えましょう。

次に、部屋の使い方という点から、それぞれにどんなよさがあるか考えてみましょう。

初めてたずねた家の部屋であっても、それが洋室であれば、何に使う部屋かということは大体見当がつきます。それは、そこに置いてある家具で分かるのです。それぞれの部屋の家具は、その部屋をより使いやすくするために置かれます。例えば、食事をする、勉強をする、ねるといった目的に合わせて、テーブルやいす、勉強づくえ、ベッドが置かれます。洋室は、その部屋で何をするかがはっきりしていて、そのために使いやすくつくられているのです。

1 よく出る● この文章は、どんな点から、洋室と和室のよさをくらべていますか。

部屋の（　　　　）という点。

文章の最初の部分に注目しよう。

2 「初めてたずねた家の部屋であっても、……何に使う部屋かということは大体見当がつきます。」とありますが、何を見ると大体の見当がつくのですか。

（　　　　）

3 洋室に置かれている家具は、何をするためのものですか。

テーブルやいす（　　　　）

勉強づくえ（　　　　）

ベッド（　　　　）

言葉の意味プラス　22行 少なくとも…どんなに少なくみても。

これに対して、和室は、一つの部屋をいろいろな目的に使うことができるというよさがあります。例えば、家にお客さんがやってきて、食事をし、とまっていくことになったという場合を考えてみましょう。洋室だけしかないとすると、少なくとも食事をする部屋、とまってもらう部屋が必要になります。しかし、和室が一部屋あれば、そこでざぶとんをしいて話をし、ざたくに料理をならべて食事をし、かたづけてふとんをしくことができます。

このように見てくると、和室と洋室には、それぞれよさがあることが分かります。わたしたちは、その両方のよさを取り入れてくらしているのです。

〈「くらしの中の和と洋」による〉

4 「和室は、一つの部屋をいろいろな目的に使うことができる」とありますが、お客さんが来て食事をし、とまっていくときに、どんなことができますか。三つ書きましょう。

和室が一部屋あれば、どんなことができると説明しているかな。

（　　　）
（　　　）
（　　　）

5 よく出る● 和室と洋室の使い方にはどんなよさがありますか。□から一つずつ選んで、記号で答えましょう。

和室（　　）
洋室（　　）

ア　その部屋の目的のために使いやすくなっている。
イ　目的に関係なく、広々と使うことができる。
ウ　一つの部屋をいろいろな目的に使うことができる。

6 書いてみよう！ 筆者は、わたしたちが和室と洋室をどのようにしてくらしていると考えていますか。

（　　　）

ものしりメモ 3LDKという言葉があるね。3は3部屋あるということ。そのほかに L＝リビング（居《い》間）、D＝ダイニング（食堂《どう》）、K＝キッチン（台所）があることを表しているよ。

まとめのテスト

くらしの中の和と洋

教科書 下8～21ページ
答え 18ページ

時間 20分

とく点 /100点

おわったらシールをはろう

勉強した日 月 日

次の文章を読んで、問題に答えましょう。

次に、部屋の使い方という点から、それぞれにどんなよさがあるか考えてみましょう。

初めてたずねた家の部屋であっても、それが洋室であれば、何に使う部屋かということは大体見当がつきます。それは、そこに置いてある家具で分かるのです。それぞれの部屋の家具は、その部屋をより使いやすくするために置かれます。例えば、食事をする、勉強をする、ねるといった目的に合わせて、テーブルやいす、勉強づくえ、ベッドが置かれます。洋室は、その部屋で何をするかがはっきりしていて、そのために使いやすくつくられているのです。

これに対して、和室は、一つの部屋をいろいろな目的に使うことができるというよさがあります。例えば、家にお客さんがやってきて、食事をし、とまっていくことになったという場合を考えてみましょう。洋室だけしかないとすると、少なくとも食事をする部屋、とまっても

3 洋室のそれぞれの部屋の家具は、何のために置かれますか。〔10点〕

（　　　）

4 チャレンジ！ 次は、洋室、和室のどちらについての説明ですか。洋室ならば**ア**、和室ならば**イ**を書きましょう。一つ5〔20点〕

① （　）食事をする部屋、ねる部屋というように、何に使う部屋かが決まっている。

② （　）一つの部屋で、食事をしたり、ねたりすることができる。

③ （　）食事をしたり、ねたりするなどの目的に合わせて必要な家具を置く。

④ （　）一つの部屋の中の家具や道具を、目的に合わせて置いたりかたづけたりする。

5 よく出る● 洋室と和室のよさについてまとめました。（　）に合う言葉を書いて、表を完成させましょう。〔15点〕

らう部屋が必要になります。しかし、和室が一部屋あれば、そこでざぶとんをしいて話をし、ざたくに料理をならべて食事をし、かたづけてふとんをしくことができます。

このように見てくると、和室と洋室には、それぞれよさがあることが分かります。わたしたちは、その両方のよさを取り入れてくらしているのです。

〈「くらしの中の和と洋」による〉

1 よく出る● この文章では、どんな点から、洋室と和室のよさをくらべていますか。〔15点〕

（　　　　　　　　）

2 初めてたずねた家の部屋でも、洋室だと、どんなことが分かりますか。〔10点〕

（　　　　　　　　）

部屋の種類	よさ
洋室	部屋を使う目的がはっきりしていて、そのために使いやすくなっている。
和室	（　　　　　　　　）

6 家にお客さんがやってきた場合、和室と洋室ではどんな点がちがいますか。一つ5〔15点〕

お客さんが食事をしてとまっていく場合、和室は、（❶　　　　）で食事をしたりねたりすることができるが、洋室は（❷　　　　）と（❸　　　　）が必要になる点。

7 筆者は、和室と洋室のよさと日本人のくらしについてどう説明していますか。一つに○をつけましょう。〔15点〕

ア（　）和室よりも洋室のほうが目的に合わせて使いやすいので、日本では洋室が多く取り入れられている。

イ（　）洋室よりも和室のほうがいろいろな目的に合わせて使われるので、日本のくらしに合っている。

ウ（　）和室も洋室もそれぞれによさがあるので、日本では両方のよさをくらしに取り入れている。

ものしりメモ　西洋《せい》のげん関のドアは、悪い人が入ってくるのをふせぎやすいように内側《がわ》に開くようになっているけれど、日本では、くつをぬぐ場所が必要なので、外側に開くドアが多いよ。

きほんのワーク

「和と洋新聞」を作ろう
季《き》節の足音――秋

教科書 ㊦22〜27ページ

答え 18ページ

勉強した日 月 日

学習の目標

●新聞を作るときの手順を学ぼう。
●新聞のわり付けや見出しのくふう、記事の書き方を学ぼう。

おわったらシールをはろう

漢字練習ノート18〜19ページ

新しい漢字

教科書23ページ

筆順 1 2 3 4 5 ◀練習しましょう。

漢字	読み	画数	教科書
栄	エイ さかえる	9画	23
養	ヨウ やしなう	15画	23
塩	エン しお	13画	23
無	ム ブ ない	12画	23
産	サン うむ	11画	23
省	セイ ショウ はぶく	9画	23

○新しい漢字 ●読みかえの漢字 ◆特別な読み方

1 漢字の読み 読みがなを横に書きましょう。

① 栄養士《し》
② 塩を入れる
③ 無形文化遺《い》産
④ 農林水産省

①「養」は「やしなう」の送りがなにも注意しよう。

2 漢字の書き 漢字を書きましょう。

① （えいよう）士になる。
② （しお）からい味。
③ （むけい）文化財《ざい》。
④ 遺《い》（さん）を守る。
⑤ 農林（すいさんしょう）のデータ。

③「む」は筆順に気をつけよう。

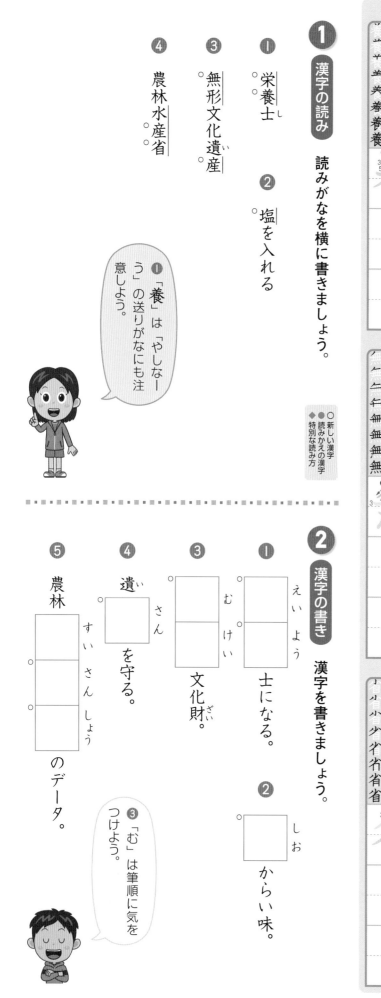

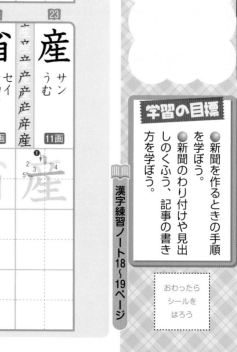

☆「和と洋新聞」を作ろう

3 新聞はどのように作りますか。新聞を作るときの順番になるように、(　)に2～5の番号を書きましょう。

(１)記事にしたいこと、記事の分量や分たんを決める。
(　)わり付けを決め、記事を清書する。

(　)インタビューをしたり資《し》料や写真を集めたりする。

(　)取材で集めた材料を、目的に合わせて整理する。

(　)記事を下書きし、見出しを考える。

4 次の新聞のわり付けを見て、問題に答えましょう。

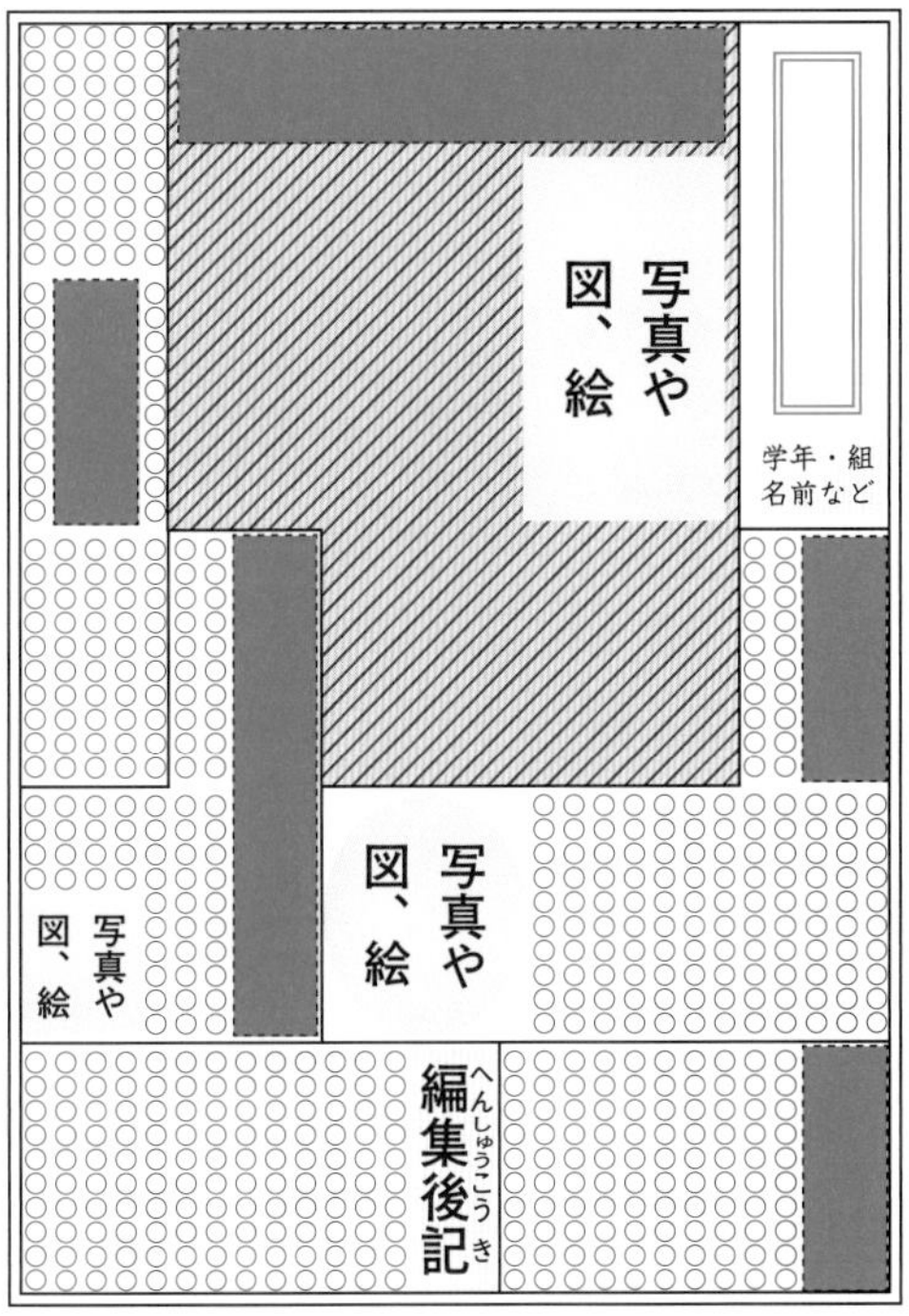

1 ■には何が入りますか。一つに○をつけましょう。
ア(　)新聞名　イ(　)見出し　ウ(　)書名

2 ▨の位置には、どんな記事を置くとよいですか。
(　　　　　　　　)

3 新聞を書くとき気をつけること一つに○をつけましょう。
ア(　)集めた材料は全て使い、できるだけたくさんのことを読み手に伝えるようにする。

イ(　)集めた材料は、わり付けをくふうして、新しい内容《よう》が新聞名の近くになるようにする。

ウ(　)集めた材料は分けたりくらべたりして整理して、読み手に分かりやすいように使う。

5 ☆季節《き》の足音――秋

次の短歌と俳句《はいく》を読んで、問題に答えましょう。

① ふりむけば鹿《しか》がぺろんとなめてゐ《い》た
　きみの鞄《かばん》がきらきら光る　荻原《おぎはら》 裕幸《ひろゆき》

② 戸を叩《たた》く狸《たぬき》と秋を惜《お》しみけり　与謝《よさ》 蕪村《ぶそん》

1 ①の短歌は、どんな様子をえがいていますか。
ふとふりむいたら、(　　　)がきみのかばんをなめていて、なめられたかばんが(　　　)光っている様子。

2 よく出る ②の俳句は、作者のどんな気持ちが表れていますか。一つに○をつけましょう。
ア(　)すぎさろうとしている秋を、おしむ気持ち。

イ(　)秋の実りに感謝《しゃ》し、冬を待ち遠しく思う気持ち。

ウ(　)秋の長くしずかな夜を、一人で楽しむ気持ち。

ものしりメモ　俳句《はいく》には、「や」「けり」「かな」などの昔の言葉（文語《ぶんご》）で作られたものと、げんざい使われている言葉（口語《こうご》）で作られたものがあるよ。どちらを使って作ってもいいんだよ。

きほんのワーク

つなぐ言葉／聞いてほしいな、こんな出来事
じゅく語の意味

教科書 下28～35ページ

答え 18ページ

勉強した日　月　日

学習の目標

●聞き手に気持ちが伝わる話し方のくふうについて学ぼう。

●つなぐ言葉や、じゅく語について学ぼう。

おわったらシールをはろう

新しい漢字

◀練習しましょう。　筆順 1 2 3 4 5

教科書ページ	漢字	読み	画数
28	照	ショウ　てる	13画
28	祝	シュク　いわう	9画
29	試	シ　こころみる	13画
29	熊	くま	14画
29	鹿	しか　か	11画
31	残	ザン　のこる	10画
31	不	フ　ブ	4画
34	冷	レイ　つめたい　ひえる　ひや　さめる	7画
34	低	テイ　ひくい　ひくめる	7画
35	満	マン　みちる	12画
35	未	ミ	5画
35	老	ロウ　おいる	6画
35	良	リョウ　よい	7画
35	陸	リク	11画
35	改	カイ　あらためる	7画

漢字練習ノート19～20ページ

1 漢字の読み

読みがなを横に書きましょう。

○新しい漢字　●読みかえの漢字　◆特別な読み方

①○照明　②○祝日　③○残る　④○不安

⑤寒○冷　⑥高○低　⑦○未●知　⑧○良好

2 漢字の書き

漢字を書きましょう。

① 練習○□□《じあい》。

② ○□□《ちゃくりく》する。

3 つなぐ言葉

文と文をつなぐ言葉を、[ ]から選んで、(　)に書きましょう。

① 風が強くなった。(　　)、雨までふり出した。

② 毎日練習した。(　　)、試合に勝った。

③ とても努力した。(　　)、失敗した。

それに	なぜなら	しかし	だから

4 聞いてほしいな、こんな出来事

次の①・②の部分は、それぞれどのように読むとよいですか。[ ]から選んで、記号で答えましょう。

その日は、給食の後で係の仕事をすることになっていたので、早く食べようと急いでいました。急いでいたせいか、手がすべって、①おわんをひっくり返してしまったのです。カシャンと音がして、入っていたシチューが全部こぼれてしまいました。みんなに注目されて、②はずかしくて、顔が上げられませんでした。

〈「聞いてほしいな、こんな出来事」による〉

①(　　)　②(　　)

ア 悲しそうに読む。
イ つまらなさそうに読む。
ウ おどろいたような感じで読む。

5 じゅく語の意味

次のじゅく語の説明に合うものを[ ]から選んで、記号で答えましょう。

① 最多(　)　② 明暗(　)　③ 消火(　)

④ 無色(　)　⑤ 投票(　)　⑥ 開始(　)

ア にた意味を表す漢字の組み合わせ
イ 意味が対《つい》になる漢字の組み合わせ
ウ 上の漢字が下の漢字の意味をくわしく説明している組み合わせ
エ 上の漢字に対して、下の漢字が「〜を」「〜に」に当たる組み合わせ
オ 上の漢字が下の漢字の意味を打ち消している組み合わせ

6

次のじゅく語と漢字の組み合わせが同じものを、[ ]から選んで書きましょう。

① 未知　② 売買

③ 熱湯　④ 乗車

軽重	新人	読書	不足

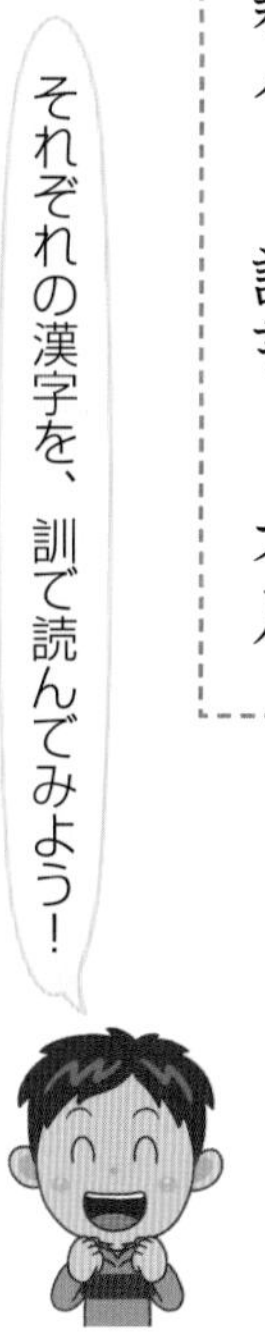

ものしりメモ　じゅく語の意味は、漢字一字一字の意味から考えることができるよ。例えば、「雨天」というじゅく語は、上の漢字が下の漢字をくわしく説明して「雨の天気」という意味になるよ。

きほんのワーク
ごんぎつね

教科書 下36～58ページ
答え 19ページ

学習の目標
●人物の言葉や行動から、気持ちの変化を読み取ろう。
●気持ちが変化するきっかけの出来事をつかもう。

勉強した日　月　日

おわったらシールをはろう

新しい漢字

▼練習しましょう。 筆順 1 2 3 4 5

教科書ページ	漢字	読み	画数
38	城	ジョウ　しろ	9画
38	辺	ヘン　あたり　べ	5画
39	菜	サイ　な	11画
44	井	い	4画
49	松	ショウ　まつ	8画
50	側	ソク　がわ	11画
52	念	ネン	8画
54	縄	なわ	15画
54	固	コ　かためる　かたい	8画

漢字練習ノート21ページ

1 漢字の読み　読みがなを横に書きましょう。

1 お城
2 辺り
3 菜種
4 ひゃくしょう家
5 井戸
6 松たけ
7 かた側
8 不思議
9 念仏《ぶつ》
10 縄
11 固める

○新しい漢字
●読みかえの漢字
◆特別な読み方

⑦「側」の部首の「亻（にんべん）」を、書きわすれないようにしよう。

3 言葉の意味　○をつけましょう。

1 39ページ いたずらばかりする。
ア（　）だけ。
イ（　）のようなことを。
ウ（　）のほかにも。

2 42ページ うまく話せなくてじれったい。
ア（　）つかれる。
イ（　）がっかりする。

2 漢字の書き

漢字を書きましょう。

1 お□《しろ》に行く。

2 □《あた》りの村。

3 □□《なたね》油。

4 □□《いど》水。

5 かた□《がわ》による。

6 □《なわ》をなう。

7 □《かた》めて置く。

1「しろ」は最後の画をわすれないようにしよう。

内容《よう》をつかもう！

★ごんぎつね　あらすじをまとめます。

物語の順番になるように、（　）に2〜6の番号を書きましょう。

教科書 38〜55ページ

（1）ごんは、いつもいたずらばかりしていた。

（　）ごんがくりや松たけを持っていっても、兵十《ひょうじゅう》は、ごんのつぐないだと気づかない。

（　）ごんはひとりぼっちになった兵十をかわいそうに思い、くりなどを運んだ。

（　）兵十は火縄じゅうでごんをうった後に、初めてごんの気持ちに気づいた。

（　）ごんは兵十のおっかあの死を知り、いたずらを後かいした。

（　）ごんは川で魚をとっている兵十にいたずらをした。

いたずら好きな「ごんぎつね」が、兵十につぐないをする話だよ。

ウ（　）いらいらする。

3 [43] 妹のかみをすく。

ア（　）かみをあらう。
イ（　）かみを切る。
ウ（　）かみをとかす。

4 [47] いせいのいいかけ声だ。

ア（　）感じがいい。
イ（　）元気がいい。
ウ（　）よくひびく。

5 [48] つぐないをする。

ア（　）あやまちのうめ合わせ。
イ（　）やられたことの仕返し。
ウ（　）感謝《しゃ》をこめたお礼。

6 [53] これはだれのしわざだろう。

ア（　）したこと。
イ（　）考えたこと。
ウ（　）言ったこと。

7 [53] それではわたしは引き合わない。

ア（　）苦労《ろう》したかいがない。
イ（　）ちっとも正しくない。
ウ（　）とてもはらが立つ。

ものしりメモ

「ごんぎつね」の作者の新美南吉《にいみなんきち》さんは、学校の先生をしながら童話や詩を書いていたんだ。「手ぶくろを買いに」など、きつねが出てくる話をたくさん書いているよ。

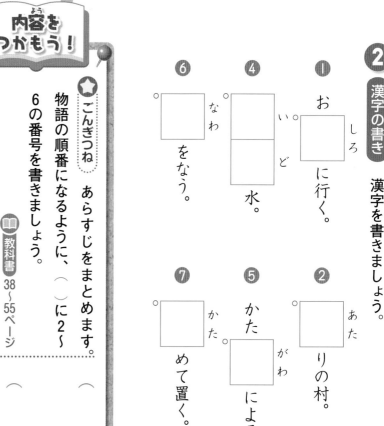

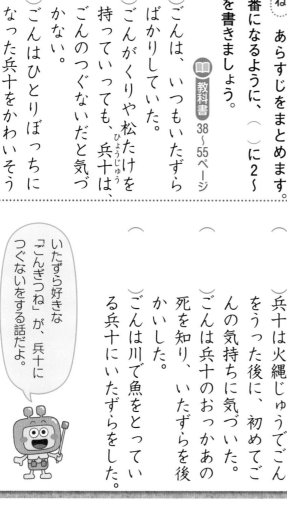

練習のワーク1

ごんぎつね

教科書 下 36〜58ページ
答え 19ページ

できるナビ
兵十《ひょうじゅう》が何をしていたのかを読み取ろう。
ごんがどんないたずらをしたのかを読み取ろう。

勉強した日　月　日

おわったらシールをはろう

次の文章を読んで、問題に答えましょう。

「兵十《ひょうじゅう》だな。」と、ごんは思いました。兵十は、ぼろぼろの黒い着物をまくし上げて、こしのところまで水にひたりながら、魚をとる、はりきりというあみをゆすぶっていました。はちまきをした顔の横っちょうに、円いはぎの葉が一まい、大きなほくろみたいにへばり付いていました。

しばらくすると、兵十は、はりきりあみのいちばん後ろの、ふくろのようになったところを水の中から持ち上げました。その中には、しばの根や、草の葉や、くさった木ぎれなどが、ごちゃごちゃ入っていましたが、でも、ところどころ、白いものがきらきら光っています。それは、太いうなぎのはらや、大きなきすのはらでした。兵十は、びくの中へ、そのうなぎやきすを、ごみといっしょにぶちこみました。そして、また、ふくろの口をしばって、水の中へ入れました。

兵十は、それから、びくを持って川から上がり、びくを土手に置いといて、何をさがしにか、川上の方へかけ

1 ごんが兵十に気づいたとき、兵十は、どこで何をしていましたか。

（　　　　）で、はりきりというあみを使って、（　　　　）をとっていた。

2 よく出る 「はちまきをした顔の横っちょうに、……へばり付いていました。」とありますが、ここから、兵十のどんな様子が分かりますか。一つに○をつけましょう。

ア（　）一生けん命な様子。
イ（　）つかれている様子。
ウ（　）あきらめている様子。

3 はりきりあみの中には、ごみのほかに何が入っていましたか。二つ書きましょう。

（　　　　）（　　　　）

4 兵十は、はりきりあみの中のものをどうしましたか。

（　　　　）

言葉の意味プラス
2行 ひたる…水などにつかる。　5行 へばり付く…はなれないように、ぴったりとくっつく。
27行 しまい…最後。　37行 横っ飛び…横の方へとぶこと。

ていきました。

　兵十がいなくなると、ごんは、ぴょいと草の中から飛び出して、びくのそばへかけつけました。ちょいと、いたずらがしたくなったのです。ごんは、びくの中の魚をつかみ出しては、はりきりあみのかかっている所より下手の川の中を目がけて、ぽんぽん投げこみました。どの魚も、トボンと音を立てながら、にごった水の中へもぐりこみました。

　いちばんしまいに、太いうなぎをつかみにかかりましたが、何しろ、ぬるぬるとすべりぬけるので、手ではつかめません。ごんは、じれったくなって、頭をびくの中につっこんで、うなぎの頭を口にくわえました。うなぎは、キュッといって、ごんの首へまき付きました。そのとたんに、兵十が、向こうから、

「うわあ、ぬすとぎつねめ。」

と、どなり立てました。ごんは、びっくりして、飛び上がりました。うなぎをふりすててにげようとしましたが、うなぎは、ごんの首にまき付いたままはなれません。ごんは、そのまま、横っ飛びに飛び出して、一生けん命に、にげていきました。

〈新美《にいみ》 南吉《なんきち》「ごんぎつね」による〉

5 よく出る　「ちょいと、いたずらがしたくなった」とありますが、ごんはどんないたずらをしましたか。一つに○をつけましょう。

この後のごんの行動に注目しよう。


ア（　）あみをこわしてえものをぬすんだ。

イ（　）びくの中のえものを残らず食べた。

ウ（　）びくの中のえものを次々とにがした。

6 ごんがうなぎの頭を口にくわえたのは、なぜですか。

（　　　　）

7 「ごんは、びっくりして、飛び上がりました。」とありますが、ごんがびっくりしたのは、なぜですか。一つに○をつけましょう。

ごんがびっくりする直前に、兵十がどなり立てているよ。


ア（　）急にうなぎが首にまき付いてきたから。

イ（　）兵十にいたずらを見つかってしまったから。

ウ（　）首にまき付いたうなぎがはなれなかったから。

8 ごんは、どんな様子でにげていきましたか。

（　　　　）

ものしりメモ　「うなぎのぼり」は、気温や人気などがぐんぐん上がる様子を表す言葉だよ。うなぎが上に向かって泳ぐ様子や、手でつかむと、すべって上へ行く様子からできた言葉といわれているよ。

練習のワーク②

ごんぎつね

教科書 下 36～58ページ　答え 20ページ

できるナビ
- いつもとはちがう兵十《ひょうじゅう》の様子を読み取ろう。
- 兵十を見たごんの気持ちを読み取ろう。

勉強した日　月　日

おわったらシールをはろう

次の文章を読んで、問題に答えましょう。

「ああ、そう式だ。」と、ごんは思いました。

「兵十《ひょうじゅう》のうちのだれが死んだんだろう。」

お昼がすぎると、ごんは、村の墓《ぼ》地へ行って、六じぞうさんのかげにかくれていました。いいお天気で、遠く向こうには、お城の屋根がわらが光っています。墓地には、ひがん花が、赤いきれのように、さき続いていました。と、村の方から、カーン、カーンと、かねが鳴ってきました。そう式の出る合図です。

やがて、白い着物を着たそう列の者たちがやってくるのが、ちらちら見え始めました。話し声も近くなりました。そう列は墓地へ入ってきました。人々が通ったあとには、ひがん花がふみ折られていました。

ごんは、のび上がって見ました。兵十が、白いかみしもを着けて、位はいをささげています。いつもは、赤いさつまいもみたいな元気のいい顔が、今日は、何だかしおれていました。

1 この場面について答えましょう。

(1) 季《き》節を漢字一字で書きましょう。

墓地の様子をえがいている部分に注目！

(2) なぜ、その季節だと分かるのですか。

（　　　　）

2 「ごんは、村の墓地へ行って、……かくれていました」とありますが、ごんが墓地でかくれていたのは、何のためですか。

（　　　　）をたしかめるため。

すぐ前のごんの言葉から考えよう。

3 「カーン、カーンと、かねが鳴ってきました」とありますが、これは何の合図ですか。

（　　　　）合図。

言葉の意味プラス

13行 かみしも…江《え》戸《ど》時代のぶしがぎ式などのときに着た服。そでのない上着と、同じ色のはかま。　14行 ささげる…両手で高く上げて持つ。　23行 とこにつく…病気でねている。

「ははん。死んだのは兵十のおっかあだ。」

ごんは、そう思いながら、頭を引っこめました。

そのばん、ごんは、あなの中で考えました。

「兵十のおっかあは、とこについていて、うなぎが食べたいと言ったにちがいない。それで、兵十が、はりきりあみを持ち出したんだ。ところが、わしがいたずらをして、うなぎを取ってきてしまった。だから、兵十は、おっかあにうなぎを食べさせることができなかった。そのまま、おっかあは、死んじゃったにちがいない。ああ、うなぎが食べたい、うなぎが食べたいと思いながら、死んだんだろう。ちょっ、あんないたずらをしなけりゃよかった。」

〈新美《にいみ》南吉《なんきち》「ごんぎつね」による〉

4 よく出る● 「死んだのは兵十のおっかあだ。」と、ごんが思ったのは、なぜですか。

●兵十が、白い（　　　）を着けて、（　　　）をささげていたから。

●兵十の、いつもは赤いさつまいもみたいな元気のいい顔が、今日は（　　　）いたから。

5 よく出る● 「あんないたずらをしなけりゃよかった」について答えましょう。

(1) 「あんないたずら」とありますが、ごんは、兵十に何をしたのですか。

（　　　　　　　　　）

(2) ごんは、このときどんな気持ちでしたか。一つに○をつけましょう。

ごんは、兵十のおっかあのことを考えて、後かいしたんだね。

ア（　）兵十は、おっかあのためにうなぎを取っていたのに、悪いことをしてしまったな。

イ（　）兵十に元気がなかったのは、きっとうなぎを食べられなくて、くやしいからだろうな。

ウ（　）いたずらをしなければ、兵十はうなぎを分けてくれたはずなのに、残念だな。

ものしりメモ　きつねは、油あげが好きだという言い伝えがあるんだ。だから、油あげが入ったうどんを、「きつねうどん」というんだね。

練習のワーク③

ごんぎつね

教科書 ㊦36～58ページ
答え 20ページ

勉強した日 月 日

できるナビ
●兵十《ひょうじゅう》に食べ物をとどけるごんの行動の理由について考え、ごんの気持ちを読み取ろう。

おわったら シールを はろう

次の文章を読んで、問題に答えましょう。

「おれと同じ、ひとりぼっちの兵十《ひょうじゅう》か。」

こちらの物置の後ろから見ていたごんは、そう思いました。

ごんは、物置のそばをはなれて、向こうへ行きかけますと、どこかでいわしを売る声がします。

「いわしの安売りだあい。生きのいい、いわしだあい。」

ごんは、その、いせいのいい声のする方へ走っていきました。と、弥助《やすけ》のおかみさんが、うら戸口から、

「いわしをおくれ。」

と言いました。いわし売りは、いわしのかごを積んだ車を道ばたに置いて、ぴかぴか光るいわしを両手でつかんで、弥助のうちの中へ持って入りました。ごんは、そのすき間に、かごの中から、五、六ぴきのいわしをつかみ出して、もと来た方へかけだしました。そして、兵十のうちのうら口から、うちの中へいわしを投げこんで、あなへ向かってかけもどりました。とちゅうの坂の上でふ

1 よく出る● 「おれと同じ、ひとりぼっちの兵十か。」とありますが、このときのごんはどんな気持ちでしたか。一つに○をつけましょう。

ごんもひとりぼっちだから、兵十の気持ちがよく分かるんだね。

ア（　）ひとりのくらしは、気楽でうらやましいな。
イ（　）きっと、おれと同じでさびしいだろうな。
ウ（　）ひとりぼっちの仲間がふえて、うれしいな。

2 「いせいのいい声」とは、だれの声ですか。

（　　　）の声。

3 「まず一つ、いいことをした」について答えましょう。

(1) 「いいこと」とは、どんなことを指していますか。

ごんが、（　　　）のうちの中へ
（　　　）こと。

(2) ごんが(1)の「いいこと」をしたのは、何のためですか。

うなぎの□□□□のため。

言葉の意味プラス
17行 とぐ…水の中でこすってあらう。 22行 どっさり…たくさんある様子。
22行 かかえる…うでいっぱいにだくようにして持つ。

り返ってみますと、兵十が、まだ、井戸の所で麦をといでいるのが小さく見えました。

ごんは、うなぎのつぐないに、まず一つ、いいことをしたと思いました。

次の日には、ごんは、山でくりをどっさり拾って、それをかかえて、兵十のうちへ行きました。うら口からのぞいてみますと、兵十は、昼飯を食べかけて、茶わんを持ったまま、ぼんやりと考えこんでいました。変なことには、兵十のほっぺたに、かすりきずがついています。どうしたんだろうと、ごんが思っていますと、兵十がひとり言を言いました。

「いったい、だれが、いわしなんかを、おれのうちへ放りこんでいったんだろう。おかげで、おれは、ぬす人と思われて、いわし屋のやつに、ひどい目にあわされた。」

と、ぶつぶつ言っています。

ごんは、「これはしまった。」と思いました。

「かわいそうに、兵十は、いわし屋にぶんなぐられて、あんなきずまでつけられたのか。」

〈新美《にいみ》 南吉《なんきち》「ごんぎつね」による〉

(3) 「まず一つ」という言葉には、ごんのどんな気持ちがこめられていますか。一つに○をつけましょう。

「まず一つ」ということは、二つ目や三つ目もあるはずだよ。

ア（　）これなら、村の人はゆるしてくれるだろう。

イ（　）これできっと、兵十にほめてもらえるぞ。

ウ（　）また、兵十のために何かしてあげよう。

4 よく出る 兵十のほっぺたに、「かすりきず」がついていたのは、なぜですか。

（　　　　　　）と思われて、

いわし屋に（　　　　　　）から。

5 「これはしまった。」とありますが、このときのごんは、どんな気持ちでしたか。一つに○をつけましょう。

ア（　）いわしを投げこんだのが自分だと分かったら、きっと兵十にしかえしをされるだろうな。

イ（　）兵十をよろこばせようと思ったのに、かえってひどい目にあわせてしまって、すまなかったな。

ウ（　）食べ物のくりなんかよりも、兵十のきずにつける薬を持ってきたほうがよかったな。

ものしりメモ　きつねは人をだますといわれるけれど、日本人は、きつねを「稲荷《いなり》」の神様の使いとしてうやまってもいるよ。だから、多くの神社にきつねのぞうが置かれているんだ。

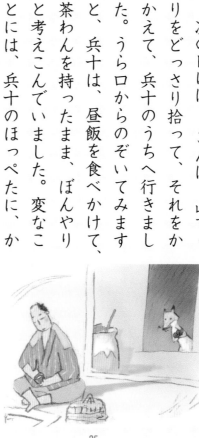

まとめのテスト　ごんぎつね

教科書　㊦36～58ページ
答え　20ページ
時間20分
とく点　/100点
おわったらシールをはろう
勉強した日　月　日

次の文章を読んで、問題に答えましょう。

その明くる日も、ごんは、くりを持って、兵十《ひょうじゅう》のうちへ出かけました。兵十は、物置で縄をなっていました。それで、ごんは、うちのうら口から、こっそり中へ入りました。

そのとき、兵十は、ふと顔を上げました。と、きつねがうちの中へ入ったではありませんか。こないだ、うなぎをぬすみやがったあのごんぎつねめが、またいたずらをしに来たな。

「ようし。」

兵十は立ち上がって、なやにかけてある火縄じゅうを取って、火薬をつめました。

そして、足音をしのばせて近よって、今、戸口を出ようとするごんを、ドンと、うちました。ごんは、ばたりとたおれました。兵十はかけよってきました。うちの中を見ると、土間に、くりが固めて置いてあるのが目につきました。

3　ごんを見つけたとき、兵十はごんが何をしに来たと思いましたか。〔10点〕

（　　　　）

4　よく出る　「ようし。」と言ったとき、兵十はどんな気持ちでしたか。一つに○をつけましょう。〔10点〕

ア（　）今日こそやっつけてやろう。
イ（　）そろそろ仲直りをしよう。
ウ（　）くりのお礼をしてあげよう。

5　兵十は火縄じゅうを持ってごんに近よった後、どうしましたか。〔10点〕

（　　　　）

6　「びっくりして」とありますが、兵十がおどろいたのは、何を見て、どんなことに気づいたからですか。一つ5〔15点〕

見たもの　（　　　　）に固めて置いてある（　　　　）。

言葉の意味プラス　2行　縄をなう…わらをより合わせて縄を作る。　10行　なや…物置小屋。　12行　しのばせる…気づかれないようにする。　15行　土間…家の中でゆかではなく地面のままになっている所。

「おや。」

と、兵十は、びっくりして、ごんに目を落としました。

「ごん、おまえだったのか。いつも、くりをくれたのは。」

ごんは、ぐったりと目をつぶったまま、うなずきました。

兵十は、火縄じゅうをばたりと、取り落としました。青いけむりが、まだ、つつ口から細く出ていました。

〈新美《にいみ》 南吉《なんきち》「ごんぎつね」による〉

1 「その明くる日」に、ごんが兵十のうちへ出かけたのは、何をするためですか。〔10点〕

（　　　　）

2 ごんが、兵十のうちへ出かけたとき、兵十はどこで何をしていましたか。一つ5〔10点〕

（　　　　）で（　　　　）をなっていた。

気がついたこと

（　　　　）

7 よく出る 「ぐったりと目をつぶったまま、うなずきました」とありますが、このときのごんはどんな気持ちでしたか。一つに○をつけましょう。〔10点〕

ア（　）自分をうった兵十が、にくい。

イ（　）やっと分かってくれて、うれしい。

ウ（　）いたずらが見つかって、くやしい。

8 書いてみよう! うなずいたごんを見た兵十の気持ちを、兵十になったつもりで、考えて書きましょう。〔10点〕

（　　　　）

9 チャレンジ! 本当のことが分かった後の、兵十の気持ちが行動に表れている文を書きましょう。〔15点〕

（　　　　）

ものしりメモ 火縄じゅうが日本に入ってきたのは、1543年、鹿児島《かごしま》県の種子島《たねがしま》だといわれているよ。その後、武器《ぶ》のほか、けものなどをうつりょうじゅうとして使われるようになったよ。

きほんのワーク

漢字を使おう7／言葉相談室　人物のせいかくと行動を表す言葉

言葉の意味と使い方

教科書 下59～65ページ

答え 21ページ

学習の目標

●人物のせいかくと行動を表す言葉を学ぼう。

●いろいろな意味を持つ言葉について、文の中での意味をとらえよう。

勉強した日　月　日

おわったらシールをはろう

漢字練習ノート22～23ページ

新しい漢字

▼練習しましょう。

筆順 1 2 3 4 5

教科書ページ

教科書ページ	漢字	読み	画数
59	賀	ガ	12画
60	静	セイ　しず　しずか　しずまる	14画
61	周	シュウ　まわり	8画
63	孫	ソン　まご	10画
65	梅	バイ　うめ	10画

1 漢字の読み　読みがなを横に書きましょう。

○新しい漢字　●読みかえの漢字　◆特別な読み方

① 毛筆

② 年賀状《じょう》

③ 答案

④ 正直

⑤ 船旅

⑥ 黄金の仏像《ぶつぞう》

⑦ 晴天

⑧ 羽子板

⑨ 景色

⑩ もの静か

⑪ 周り

⑫ 孫

⑬ 梅の実

2 漢字の書き　漢字を書きましょう。

① □□《ねんが》状を書く。

② もの□《しず》かな人。

③ 池の□《まわ》りを歩く。

④ □《うめ》の花。

3 三年生の漢字　漢字を書きましょう。

① □□《こうふく》な時間。

② □《かる》いお皿。

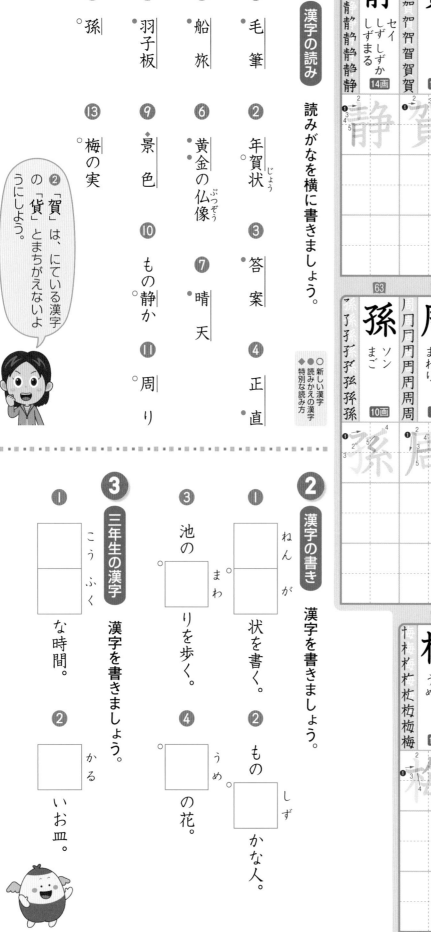

4 次の人物のせいかくを表す言葉と、にている意味の言葉のグループを下から選んで、•—•で結びましょう。

① たのもしい •　　• ア　ほがらか・大らか・明るい

② 陽気 •　　• イ　おだやか・おとなしい

③ もの静か •　　• ウ　心強い・たよりになる

5 次のせいかくから考えられる行動を□から選んで、記号で答えましょう。

① 母はせっかちな人だ。（　　）

② 山下さんは、のん気な人だ。（　　）

ア　この間も、こまっている新入生を助けていた。
イ　学習発表会当日も、ゆったりとかまえている。
ウ　思い立ったことは、すぐに行動にうつしたがる。

6 次の文の□には、人物のせいかくを表す言葉が入ります。——の行動に合ったせいかくを表す言葉を、□から二つ選んで書きましょう。

西本《にしもと》さんは、□な人だ。学校では、低学年の子に、いつもえがおで話しかけている。

（　　）（　　）

温和　　きちょうめん　　ほがらか　　弱気

言葉の意味と使い方

7 次の「道」という言葉は、それぞれの文の中でどんな意味で使われていますか。合うものを□から選んで、記号で答えましょう。

① 家から学校までの道を歩く。（　　）

② 道に外れた行いをしてはいけない。（　　）

③ しょうらいは音楽の道に進みたい。（　　）

④ 両国の和解《かい》の道をさぐる。（　　）

ア　人や車が行《い》き来《き》するところ。道路。
イ　せんもんの分野。
ウ　人として守るべき正しい行い。
エ　方法。やり方。

8 次の——線と同じ意味を持つ言葉はどれですか。一つに○をつけましょう。

① わたしのゆめは、小説家になることだ。

ア（　）昨日《きのう》、わたしは王様になるゆめを見た。
イ（　）ゆめをかなえるために、毎日勉強している。
ウ（　）こわいゆめのせいで、あせだくで飛び起きた。

② 解決のために、よい手を考える。

ア（　）打つ手が何もなく、負けてしまった。
イ（　）やる作業が多すぎて、手が足りない。
ウ（　）外から帰ったら、必ず手をあらおう。

ものしりメモ　一語で二つ以上の意味を表す言葉のことを、「多義語《たぎご》」というよ。日本語には多義語が多く、使われる機会や分野の多い基本《き》的な語は、それだけ言葉の意味も広がりを持っているんだ。

きほんのワーク

百人一首に親しもう

教科書 ㊦66～71ページ

答え 21ページ

勉強した日　月　日

学習の目標
- 様子や気持ちを考えて、百人一首を読もう。
- 短歌の形式や覚え方について学ぼう。

おわったら シールを はろう

新しい漢字

教科書66ページ

70

季　キ　8画

札　サツ　ふだ　5画

71

唱　ショウ　となえる　11画

◀練習しましょう。

筆順 1 2 3 4 5

札　礼

形のにている漢字に注意しよう。

漢字練習ノート23ページ

1 漢字の読み

読みがなを横に書きましょう。

① 季節　② 絵札　③ 暗唱

○新しい漢字　●読みかえの漢字　◆特別な読み方

2 漢字の書き

漢字を書きましょう。

① 暑い［　　］《きせつ》。

② ［　　］《えふだ》の短歌を読む。

③ ［　　］《あんしょう》する。

①「き」は、にた漢字の「委」とまちがえないようにしよう。

3

次の説明の（　）に合う言葉を、［　］から選んで書きましょう。

●「百人一首」は、昔の有名な（　　）を百首集めたもので、今でも、かるたの形で親しまれている。

●短歌は、五・七・五・（　　）の（　　）音で表される詩で、（　　）以上前に生まれた。

●昔の人は、（　　）や自然、人生、人を思う心などを短歌によんだ。

季節　短歌　三十一　七・五　七・七　千年

4

短歌の説明をした図の、（　）に合う言葉を［　］から選んで、記号で答えましょう。

三十一音をどう分けるのかな。

（①）
五　七　五
嵐《あらし》吹《ふ》く　三室《みむろ》の山の　もみぢ（じ）葉は
龍田《たった》の川の　錦《にしき》なりけり
七　七
（②）

①（　　）　②（　　）

ア　上《かみ》の句《く》　イ　下《しも》の句

5

「百人一首」の札の説明について、合うものを下から選んで、•—•で結びましょう。

① 絵札•　•取り札•　•ア　短歌全体と歌をよんだ人の絵がかかれている。

② 字札•　•読み札•　•イ　七・七の部分（下の句）が書かれている。

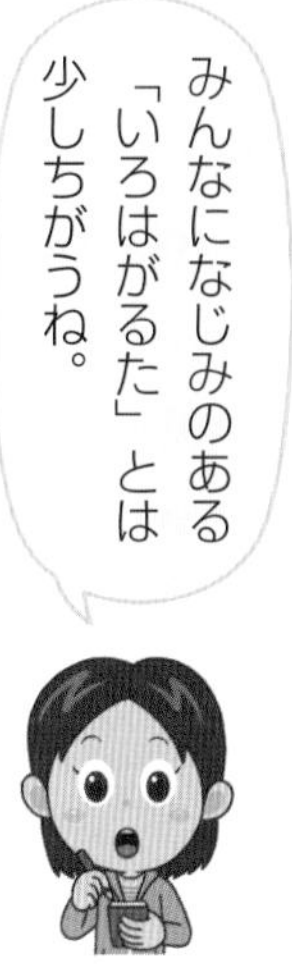

みんなになじみのある「いろはがるた」とは少しちがうね。

6

上の句と下の句を、•—•で結びましょう。

① 田子《たご》の浦《うら》に　うち出《い》でて見れば　白妙《しろたえ》の•
② 奥山《おくやま》に　紅葉《もみじ》踏《ふ》み分け　鳴く鹿の•
③ 久方《ひさかた》の　光のどけき　春の日に•
④ 人はいさ　心も知らず　古里《ふるさと》は•

•ア　しづ（ず）心《ごころ》なく　花の散るらむ（ん）
•イ　富士《ふじ》の高嶺《たかね》に　雪は降《ふ》りつつ
•ウ　花ぞ昔の　香《か》ににほ（お）ひ（い）ける
•エ　声聞く時ぞ　秋は悲しき

どんな風景をよんだものか考えよう。

7

「百人一首」の短歌を覚える方法について、合うものには○、合わないものには×をつけましょう。

ア（　）よまれた風景を想像《ぞう》して短歌全体を覚える。
イ（　）絵札は見ずに、字札だけを見て覚える。
ウ（　）上の句と下の句の言葉を組み合わせて覚える。

ものしりメモ　短歌を数えるときには「首《しゅ》」を使うよ。百人の有名な歌人の短歌を、一人一首ずつ集めたことから「百人一首」というんだ。小倉《おぐら》百人一首は、800年近く前に作られたよ。

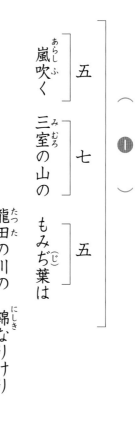

まとめのテスト

百人一首に親しもう

教科書 ㊦66～71ページ
答え 22ページ

時間 20分

とく点 /100点

おわったらシールをはろう

勉強した日 月 日

次の百人一首の短歌を読んで、問題に答えましょう。

㋐ 嵐吹《あらしふ》く三室《みむろ》の山のもみぢ（じ）葉は
龍田《たつた》の川の錦《にしき》なりけり　能因法師《のういんほうし》

三室山のもみじの葉がはげしい風にふき散らされ、ふもとの龍田川の水面は、美しい錦の織物《おりもの》のようだなあ。

㋑ 春過《す》ぎて夏来《き》にけらし白妙《しろたえ》の
衣《ころも》ほすて（ちょう）ふ天《あま》の香具山《かぐやま》　持統天皇《じとうてんのう》

春がすぎて夏が来たらしい。真っ白な衣服をほすという、天の香具山に。

㋒ 田子《たご》の浦《うら》にうち出《い》でて見れば白妙《しろたえ》の
富士《ふじ》の高嶺《たかね》に雪は降《ふ》りつつ　山部赤人《やまべのあかひと》

田子の浦に出てながめると、真っ白な富士山の高いみねに、雪がさかんにふっている。

㋓ 奥山《おくやま》に紅葉《もみじ》踏《ふ》み分け鳴く鹿の
声聞く時ぞ秋は悲しき　猿丸大夫《さるまるだゆう》

里から遠くはなれた山の中で、もみじをふみ分けて鳴く鹿の声を聞くときこそ、秋はいっそう悲しいと感じられる。

1 ㋐の短歌は、どんな様子をよんでいますか。　一つ5〔10点〕

色とりどりの（　　　）が、川の水面にたくさんうかび、（　　　）のように色あざやかに流れている様子。

2 よく出る● ㋑の短歌は、どの季節をよんでいますか。漢字一字で書きましょう。〔10点〕

□

3 ㋒の短歌では、田子の浦に出てながめたとき、どんな景色が見えましたか。〔15点〕

（　　　）

4 よく出る● ㋓の短歌では、何が聞こえていますか。〔15点〕

（　　　）

言葉の意味プラス
4行 錦《にしき》の織物《おりもの》…金や銀のほか、さまざまな色の糸でおった美しい織物。
10行 みね…山のちょう上。　25行 のどかな…のんびりした。

お

花の色はうつりにけりないたづ《(ず)》らに
　わが身よにふるながめせしまに
小野《おのの》小町《こまち》

さくらの花の色も、わたしの美しさも、すっかり色あせてしまったよ。春の長い雨がふり続き、わたしも物思いにしずんでいた間に。

か

君がため春の野に出《い》でて若菜《わかな》つむ
　わが衣手《ころもで》に雪は降《ふ》りつつ
光孝天皇《こうこうてんのう》

き

久方《ひさかた》の光のどけき春の日に
　しづ《(ず)》心《ごころ》なく花の散るらむ《(ん)》
紀友則《きのとものり》

日の光ものどかな春の日に、どうして落ち着いた心もなく、さくらの花は散っているのだろう。

く

人はいさ心も知らず古里《ふるさと》は
　花ぞ昔の香《か》ににほ《(お)》ひ《(い)》ける
紀貫之《きのつらゆき》

あなたの心はどうだか分からないが、昔なじみのこの地では、梅の花は昔のままのかおりでさきにおっている。

〈「百人一首に親しもう」による〉

5 おの短歌は何と何を重ねてよんでいますか。（　）に合う言葉を短歌の中から書きぬきましょう。 一つ5〔10点〕

色あせていくさくらの（　　）と（　　）の美しさのおとろえを重ねている。

6 かの短歌の内容《よう》を説明しているのはどちらですか。合うほうに○をつけましょう。〔15点〕

ア（　）春の野原に出かけて、あなたのために春の野草をつむわたしのそでに、雪がふってくる。

イ（　）春の野原に出かけて、美しいさくらの花を見ていると、花びらが雪のように散ってきた。

7 書いてみよう! きの短歌はどんな気持ちをよんでいますか。〔15点〕

（　　　　）

8 くの短歌では、何と何をくらべていますか。一つ5〔10点〕

変わってしまうかもしれない（　　）と、昔から変わらない梅の花の（　　）。

ものしりメモ　日本に昔からある、音の数が決まった歌を和歌《わか》といって、短歌はその一つだよ。和歌の中には五音と七音の組み合わせで、長く続けてよんでいく歌もあって、それは長歌《ちょうか》というよ。

きほんのワーク

ブックトークをしよう
漢字を使おう8／季節の足音——冬

教科書 ㊦72～77ページ

答え 22ページ

勉強した日 月 日

学習の目標
- ブックトークのしかたを学ぼう。
- 短歌や俳句《はいく》を味わい、冬を表す言葉を知ろう。

おわったらシールをはろう

新しい漢字

教科書ページ

教科書ページ	漢字	読み	画数	筆順
76	岡	おか	8画	岡 岡 円 冈 冈 冈 岡 岡
76	府	フ	8画	府 府 府 府 府 府 府 府
76	億	オク	15画	億 億 倍 倍 倍 億 億 億
76	兆	チョウ	6画	兆 兆 兆 兆 兆 兆
76	令	レイ	5画	令 人 今 今 令

◀練習しましょう。

筆順 1 2 3 4 5

漢字練習ノート24ページ

1 漢字の読み

読みがなを横に書きましょう。

① 岡山県 ② 雪合戦 ③ 都道府県 ④ 一億人 ⑤ 二兆円 ⑥ 帰省 ⑦ 省令

○新しい漢字 ●読みかえの漢字 ◆特別な読み方

2 漢字の書き

漢字を書きましょう。

① □□《おかやま》県に行く。
② 京都□《ふ》の人口。
③ □《おく》万長者。
④ 一□《ちょう》円。

3 三年生の漢字

漢字を書きましょう。

① □□《てつどう》の旅。
② □□《こうそく》道路。
③ 電車が□《さ》る。
④ 反対□□《ほうこう》。
⑤ □□《れっしゃ》のきっぷ。
⑥ □□《にもつ》を運ぶ。

ブックトークをしよう

4 次の説明の（　）に合う言葉を、［　］から選んで書きましょう。

ブックトークでは、食べ物、仕事、スポーツなど、（　　　）にそって、物語や図かんなどさまざまな種類の中から、数さつの本を取り上げ、その（　　　）をしょうかいする。

［ みりょく　本　テーマ ］

5 ブックトークで注意することをまとめました。それぞれどの話のときに当てはまりますか。［　］から選んで、記号で答えましょう。

1 次にしょうかいする本の種類や特ちょうにつながる言葉を入れるようにする。（　）

2 最後に、聞き手に読んでもらえるようなよびかけをするなど、話し方をくふうする。（　）

3 しょうかいする本のテーマと、何さつしょうかいするかを話す。（　）

4 あらすじやどんな本かを説明し、本のみりょくが伝わるようにする。（　）

［ ア 初めの言葉　イ 本のしょうかい　ウ まとめの言葉　エ 次の本につなぐ言葉 ］

季節の足音――冬

6 次の短歌を読んで、問題に答えましょう。

しらしらと氷かがやき千鳥《ちどり》なく
釧路《くしろ》の海の冬の月かな　石川《いしかわ》 啄木《たくぼく》

1 「氷かがやき」とありますが、氷はどこでかがやいているのですか。

（　　　）の（　　　）。

2 この短歌は、どんな様子をえがいていますか。

冬の（　　　）に照らされて（　　　）が白くかがやき、（　　　）が鳴いている釧路の海の様子。

7 よく出る 次の俳句《はいく》の――の説明として合うものはどれですか。一つに○をつけましょう。

雪の原犬沈没《ちんぼつ》し躍《おど》り出《い》づ(ず)　川端《かわばた》 茅舎《ぼうしゃ》

ア（　）犬が、寒さでねてしまった様子。
イ（　）人が、雪にうもれた様子。
ウ（　）犬が、雪にうもれた様子。

「雪の原」で「沈没」したんだよ。

ものしりメモ
「千鳥《ちどり》」は冬の季語だよ。水辺にすむ小形の鳥で多くの種類がいて、夜にすんだ声で鳴くよ。ジグザグに向きを変えて歩くことから、人がふらふら歩くことを「千鳥足」というよ。

きほんのワーク

数え方を生み出そう
漢字を使おう9

教科書 下 78～91ページ
答え 23ページ

学習の目標
- 日本語の数え方の特ちょうを知ろう。
- 数え方についての筆者の考えを読み取ろう。

勉強した日 月 日

おわったらシールをはろう

漢字練習ノート25ページ

新しい漢字

教科書 86ページ

漢字	読み	画数	ページ
建	ケン たてる	9画	86
希	キ	7画	91
梨	なし	11画	91
芸	ゲイ	7画	91
茨	いばら	9画	91
欠	ケツ かく	4画	91

筆順 1 2 3 4 5 ◀練習しましょう。

1 漢字の読み　読みがなを横に書きましょう。

① ●歩み　② ○建物　③ ●新た　④ ○希望　⑤ ○梨
⑥ ●丸薬　⑦ ○手芸　⑧ ○茨の道　⑨ ○欠場

○新しい漢字　●読みかえの漢字　◆特別な読み方

2 漢字の書き　漢字を書きましょう。

① 高い［たてもの］。
② ［きぼう］を持つ。
③ ［なし］を食べる。
④ ［しゅげい］をする。

4 言葉の意味　○をつけましょう。

(1) 80ページ おそらくそのように言うだろう。
ア（　）全く。
イ（　）絶《ぜっ》対に。
ウ（　）きっと。たぶん。

(2) 81 話し手の考え方をとらえる。
ア（　）理解《かい》する。
イ（　）助ける。
ウ（　）ひていする。

⑤ □《いばら》の人生。

⑥ □□《けつじょう》する。

③ 三年生の漢字

漢字を書きましょう。

① 人を□《たす》ける。

② □《かな》しい顔。

③ □□《いしゃ》と話す。

④ □□《はなぢ》を出す。

⑤ □□《しんぱい》する。

⑥ むねが□《くる》しい。

内容《よう》をつかもう！

★数え方を生み出そう

□に合う言葉を、[ ]から選んで書きましょう。 教科書80〜86ページ

●家を「一軒《けん》」、にぎりずしを「一貫《かん》」と数えるように、□は、いろいろな□を持って生み出せる。受けつがれてきた言い方だけではなく、新しいものを生み出せるという言葉の□に目を向けることが大切である。

じゅうなんさ　数え方　発想

③ 81 不思議に感じるかもしれない。
ア（　）ことがほとんどだ。
イ（　）かのうせいがある。
ウ（　）ような気がする。

④ 83 新しい数え方を生み出す。
ア（　）新たなものを作る。
イ（　）人から聞いて知る。
ウ（　）頭の中で思いうかべる。

⑤ 84 ものの見方をせばめる。
ア（　）決める。
イ（　）ゆったりする。
ウ（　）せまくする。

⑥ 86 昔から受けつがれる。
ア（　）やり方を変える。
イ（　）後に続けていく。
ウ（　）人にたのむ。

⑦ 86 じゅうなんさに目を向ける。
ア（　）かたく守っている様子。
イ（　）場に合わせて変わる様子。
ウ（　）少しもみだれない様子。

ものしりメモ 動物の数え方には、基《き》本的なルールがあるよ。一部の例外はあるけれど、人間より大きな動物は「頭《とう》」、人間より小さな動物は「匹《ひき》」で数えるんだ。

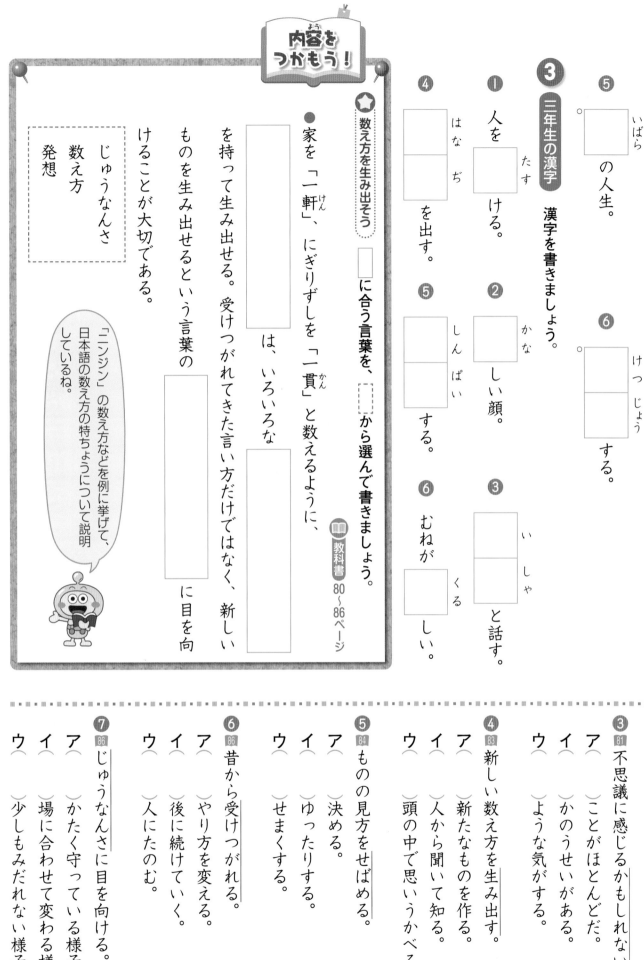

練習のワーク

数え方を生み出そう

教科書 ㊦78～91ページ
答え 23ページ

できるナビ
●日本語のニンジンの数え方と、アメリカの子どもたちの数え方のちがいをとらえよう。

勉強した日　月　日

おわったらシールをはろう

次の文章を読んで、問題に答えましょう。

日本語では、物を数えるときに数だけを使うのではなく、数の後ろに「本」や「台」などの言葉を付けて表します。このような数え方をすることによって、それがどんな物であるのか、話し手はそれをどうとらえているのかということを、相手に伝えることができます。

でも、なぜあなたはニンジンを見たとき、まずその細長さに注目したのでしょう。ニンジンには、細長いというだけでなく、かたくてオレンジ色をしているという特ちょうもあります。また、人によっては好ききらいがあるでしょう。日本語を使って生活しているわたしたちは、そういった細長さ以外の特ちょうや好ききらいには注目することなく、ニンジンを「一本」と数えているのです。

これはあたりまえのように感じるかもしれません。しかし、日本語を外国語として勉強している人たちにとっては、大きなおどろきなのです。わたしはアメリカで、日本語を勉強している小学生に数え方を教えたことがあ

1 物を数えるとき、「本」や「台」などの言葉を付けることによって、どうすることができますか。

数える物が、（　　　　）であるのか、話し手はそれを（　　　　）ということを、相手に伝えることができる。

2 ニンジンは「一本」と数えますが、これはどんな特ちょうに注目した数え方ですか。

（　　　　）に注目した数え方。

3 よく出る 「日本語を……大きなおどろきなのです」とありますが、日本語で生活しているわたしたちのどんな数え方が、「大きなおどろき」なのですか。一つに○をつけましょう。

ア（　）ニンジンの特ちょうの一つだけに注目した数え方。
イ（　）ニンジンを好きかきらいかをもとにした数え方。
ウ（　）ニンジンの色や形とは全く関係のない数え方。

日本語を使って生活しているわたしたちは、「あたりまえ」だと感じているよ。

言葉の意味プラス
8行 特ちょう…特に目立っている部分。
13行 あたりまえ…当然そうであること。
18行 ふだん…いつも。

ります。子どもたちは授《じゅ》業でしばらく日本語を学んできましたが、ふだんは外国語で生活しています。ある日、わたしはかれらにニンジンの数え方を聞いてみました。正しい答えは「一本」なので、それを期待していたのですが、上がった声は意外なものでした。子どもたちからは、

「ニンジンはかたくてガリガリかじらなくちゃいけないから『一ガリ、二ガリ』です。」

「ちがいます。オレンジ色をしているから、ニンジンは『一オレンジ、二オレンジ』だと思います。」

「ぼくはニンジンが好きだから『一好き、二好き』がいいと思う。」

と、びっくりするような新しい数え方が飛び出したのです。アメリカの子どもたちは、ニンジンを見たときに、細長いということだけでなく、ほかの特ちょうに注目したり、好きかきらいかということを考えたりして、自分たちで数え方を生み出していたのです。

〈飯田《いいだ》 朝子《あさこ》「数え方を生み出そう」による〉

4 「それを期待していた」とありますが、筆者はアメリカの小学生にどんなことを期待していたのですか。一つに○をつけましょう。

「それ」は、前にある内容《よう》を指すよ。

ア（　）ニンジンの新しい数え方を生み出すこと。

イ（　）ニンジンを「一本」と数えること。

ウ（　）ニンジンの数え方が分からないこと。

5 アメリカの小学生のニンジンの数え方についてまとめました。（　）に合う言葉を書いて、表を完成させましょう。

数え方	理由
一ガリ、二ガリ	ニンジンはかたくてガリガリかじらなくてはいけないから。
一オレンジ、二オレンジ	❶（　）
一好き、二好き	❷（　）

6 よく出る アメリカの小学生のニンジンの数え方がさまざまだったのは、なぜですか。

（　）ということ以外の特ちょうに注目したり、（　）ということを考えたりして、（　）から。

ものしりメモ

「本」と数えるのは、細長い形をしたものだけではないよ。けん道やじゅう道で完全にわざが決まることも、「一本」という数え方をしているんだ。

まとめのテスト

数え方を生み出そう

教科書 ㊦78～91ページ
答え 23ページ
時間 20分
とく点 /100点
おわったらシールをはろう
勉強した日 月 日

次の文章を読んで、問題に答えましょう。

日本語の数え方は約五百種類もあるといわれています。それらの多くは、物の形に注目したり、生物と無生物で別の言い方をしたり、乗り物や道具などを表すときに用いたりする言葉です。例えば、えん筆などの細長い物なら「一本」、紙や板のように平べったい物なら「一枚《まい》」、ネコのように小さな動物なら「一匹《ぴき》」、石のような無生物なら「一個《こ》」、自動車などの乗り物なら「一台」といったぐあいに使い分けています。これらは、わたしたちが数える物をどう見ているかを決める役わりを果たしています。

日本語を正しく使うために正しい数え方を身につけることは、とても大切です。しかし、それはわたしたちのものの見方をせばめてしまうこともあります。ニンジン

1 よく出る 次の数え方は、それぞれどんな数え方といえますか。記号で答えましょう。 一つ3〔15点〕

ア 生物と無生物を区別した数え方。
イ 物の形に注目した数え方。
ウ 乗り物や道具などを表すときの数え方。

(1) 一本（　） (2) 一枚（　） (3) 一匹（　）
(4) 一個（　） (5) 一台（　）

2 よく出る 日本語における数え方の使い分けは、どんな役わりを果たしていますか。〔15点〕

（　　）

3 正しい数え方を身につけることによって、どんなこともあると筆者はのべていますか。 一つ5〔15点〕

ニンジンやえん筆を（　）と数えるときに、（　）という特ちょうにしか目が行かなくなるように、（　）をせばめてしまうこともある。

言葉の意味プラス
5行 平べったい…うすくて平らな。 10行 ぐあい…やり方。
21行 手ざわり…手でふれたときの感じ。 36行 発想…新しい考えを思いつくこと。

を見てもえん筆を見ても、それらを「本」と数えるときには、細長いという特ちょうにしか目が行かなくなるのです。

改めて気づくのは、日本語の数え方には、色やにおい、かたさや手ざわり、温度、味、古さ、好ききらいなどを表すものがほとんどないということです。もし、こういった特ちょうを表す数え方が生まれたら、日本語はもっと便利で表情《じょう》ゆたかになるかもしれません。数え方は、今あるものを正しく覚えて使うだけでなく、新しく生み出すことだってできるのです。そんなことができるのかと思うかもしれませんが、日本語の歩みの中では、めずらしいことではありません。

例えば、馬のように大きな動物を数える「一頭」は、明治《めいじ》時代に新しく生まれたものです。海外の本に書かれていた、動物を数える「ヘッド」という言葉を、日本の学者たちがヒントにしたのです。「ヘッド」は、英語で「頭」の意味で、動物の頭数《とうすう》を数えるときにせん門家たちが使っていました。それまでの日本語では、馬でもネコでも「一匹」と数えていたので、動物の大きさのちがいを数え方で区別するのは、新しい発想でした。

〈飯田《いいだ》 朝子《あさこ》「数え方を生み出そう」による〉

4 日本語に「色やにおい、……好ききらいなど」を表す数え方が生まれたら、日本語はどうなるかもしれないと筆者は考えていますか。〔15点〕

（　　）

5 「そんなこと」について答えましょう。

(1) 「そんなこと」とは、どんなことですか。〔15点〕

書いてみよう！

（　　）

(2) 「そんなこと」ができた例として、文章中ではどんなことが挙げられていますか。一つ5〔10点〕

明治時代に、（　　）を数える（　　）という数え方が生まれたこと。

チャレンジ！

6 文章の内容《よう》と合っているのはどれですか。一つに○をつけましょう。〔15点〕

ア（　）わたしたちは、日本語を正しく使うために、新しい数え方を生み出さなければいけない。

イ（　）日本語は約五百種類の数え方があるが、その全てを正しく身につける必要はない。

ウ（　）日本語の数え方を正しく使うだけでなく、新しい数え方を生み出せることにも目を向けたい。

ものしりメモ 同じイモでも、ジャガイモは丸い形をしているから1個《こ》、サツマイモは細長い形をしているから1本と数えるよ。これも、物の形に注目した数え方だね。

きほんのワーク

じょうほうのとびら　理由をぎんみする
自分なら、どちらを選ぶか

教科書　㊦92～99ページ

答え　24ページ

学習の目標
●自分の考えの理由をぎんみして、読み手がなっとくする文章の書き方を学ぼう。

勉強した日　月　日

おわったらシールをはろう

1　じょうほうのとびら　理由をぎんみする

「学校のおすすめスポットとして、新入生に校内のビオトープをしょうかいしたい。」という考えの理由をぎんみします。なっとくできるものには○、理由があいまいなものには△、理由がまちがっているものには×をつけましょう。

ビオトープとは、池などをつくって、植物やこん虫などが生息できるかんきょうを整えた場所のことだよ。

ア（　）市内の公民館《みん》には大きなビオトープがあり、その場所が話題になっているから。

イ（　）校内のビオトープのあるところはとても静かで、わたしが好きな場所だから。

ウ（　）池にはメダカがいて、季節によってホタルやトンボが飛びかうなど、自然を楽しめるから。

エ（　）友達がよくその場所にいて、みんな楽しくすごしているみたいだから。

オ（　）雑《ざっ》草がたくさん生えていて、長そでを着ていないと虫にさされたりするから。

2　自分なら、どちらを選ぶか

二つのちらしを見て、問題に答えましょう。

1　二つのちらしの特ちょうをまとめます。次の表の（　）に合う言葉を□から選んで、記号で答えましょう。　教科書 95ページ

書かれている内容《よう》や、使われている絵や写真、色合いなどをくらべてみよう。

	【ちらし①】	【ちらし②】
目立つ文字	いちご祭り	いちごが、君を待っている
使用図版《はん》	いちごや、いちごを使ったデザートの（❶　　）	いちごの（❷　　）
色づかい	やさしい	（❸　　）
（❹　　）	親しみやすい	おしゃれな感じ
書かれている内容	開さい日・時間・場所	
	いちごを使ったデザートがあること	

ア　見た目　　イ　あざやか　　ウ　絵　　エ　写真

2 次は、どちらのちらしがよいか発表したものです。それぞれ、ちらし①・②のどちらがよいとしていますか。

林　わたしは、いちご祭りでじっさいにどんなものが食べられるかが分かるちらしのほうがよいです。

大木　ぼくは、いんしょう的なキャッチコピーを使ったおしゃれなちらしのほうがよいと思います。

林（　　　）

大木（　　　）

3 次は、自分の意見をまとめるときの文章の組み立て例です。（　）に合う言葉を、[　]から選んで書きましょう。

始め	（ ❶ ） →ぼくは……と考えます。 →わたしは……と思います。
中	（ ❷ ）やくわしい説明 ・なぜなら……からです。 ・例えば……です。
終わり	まとめ ・ぼくは……と考えます。 ・わたしは……と思います。

理由　結果　考え

❶（　　　）

❷（　　　）

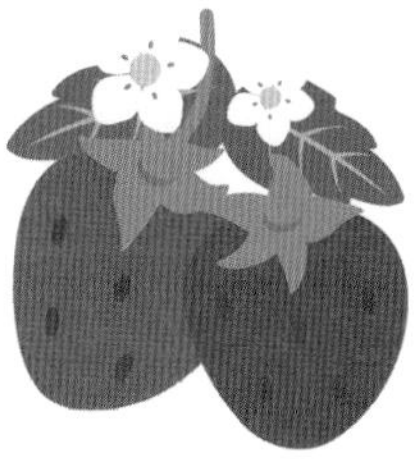

4 次の、森さんが書いた文章の一部を読んで、問題に答えましょう。

谷川町のいちご祭りのちらし

谷川小学校

4年1組　森　風花

始め　30周年をむかえる谷川町商店街のいちご祭りのちらしは、①のほうがよいと考えます。

中　理由の一つ目は、①のほうが、色づかいがやさしく、親しみやすい見た目だということです。商店街会長の竹田さんの手紙には、町外に住む人たちにも来てもらいたいと書いてありました。いちご祭りのことを知らない人たちにとっては、親しみやすさはとても大切だと思います。……

〈「自分なら、どちらを選ぶか」による〉

(1) よく出る 「始め」の部分には、どんなことが書かれていますか。

（　　　）

（　　　）という考え。

(2) 理由の一つ目はどんなものでしたか。

（　　　）見た目だということ。

(3) ①のちらしが親しみやすい見た目であることは、だれにとって大切な特ちょうですか。

（　　　）

ものしりメモ　ちらしとは、1まいの紙に印刷された広告《こく》のことだよ。世界で最初に書かれた手書きのちらしは、ローマ帝《てい》国時代の本屋の店先に、はられたものといわれているよ。

きほんのワーク

調べたことをほうこくしよう

教科書 下100～106ページ

答え 25ページ

学習の目標

●アンケート用紙の作り方を知ろう。

●調べたことをほうこくするときのくふうをとらえよう。

勉強した日 月 日

おわったら シールを はろう

新しい漢字

教科書105ページ

仲《なか》 6画

仲 仲 仲 仲 仲 仲

筆順 1 2 3 4 5

◀練習しましょう。

○新しい漢字 ●読みかえの漢字 ◆特別な読み方

「仲」の部首は「イ（にんべん）」だよ。「人＋中」で、人と人との間がらを表すよ。

1 漢字の読み 読みがなを横に書きましょう。

① 仲間

2 漢字の書き 漢字を書きましょう。

① [なかま]を見つける。

3 調べたことをほうこくするときの順番になるように、（　）に1～4の番号を書きましょう。

（　）アンケートの結果を整理してまとめる。

（　）調べてほうこくすることを決める。

（　）話す組み立てを考え、練習をする。

（　）アンケートを作って調べる。

（5）調べたことをほうこくする。

4 アンケート用紙を作るときは、どんな点に注意するとよいですか。（　）に合う言葉を、[　]から選んで書きましょう。

漢字練習ノート26ページ

●何についてのアンケートなのかをはっきりさせる。

●集めた答えを、（　）や年れいなどに分けてくらべたいときは、当てはまる人に答えてもらう。

●考えや思いの（　）を聞きたいときは、いくつかの段《だん》階をしめしておく。

●予想される主な（　）を挙げて、選べるようにしておく。予想していなかった回答を集めるために、（　）も付ける。

●いろいろな回答が出てくると考えられるときは、（　）に回答を書いてもらう。

度合い	回答	
その他	男女	自由

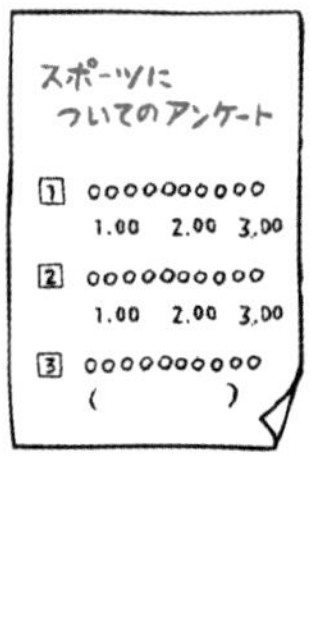

5 次のほうこくとグラフを読んで、問題に答えましょう。

わたしたちは、スポーツについて調べました。なぜ、調べたかというと、最近、室内で遊ぶことが多く、外で体を動かすことが少なくなっていると思ったからです。調べた結果を、「スポーツに対する考え」「スポーツの習かんがある人に聞いたこと」「スポーツの習かんがない人に聞いたこと」という三つのまとまりに分けてほうこくします。㋐

まず、「スポーツに対する考え」についてです。一つ目に、「スポーツは好きですか。」という質《しつ》問をしました。㋑好きな人は十九人、きらいな人は六人、どちらでもない人は七人で、好きな人が三分の二ぐらいいました。……三つ目に、「学校の体育以外で、スポーツをしていますか。」という質問をしました。結果は、このグラフを見てください。㋒

〈「調べたことをほうこくしよう」による〉

1 スポーツは好きですか。

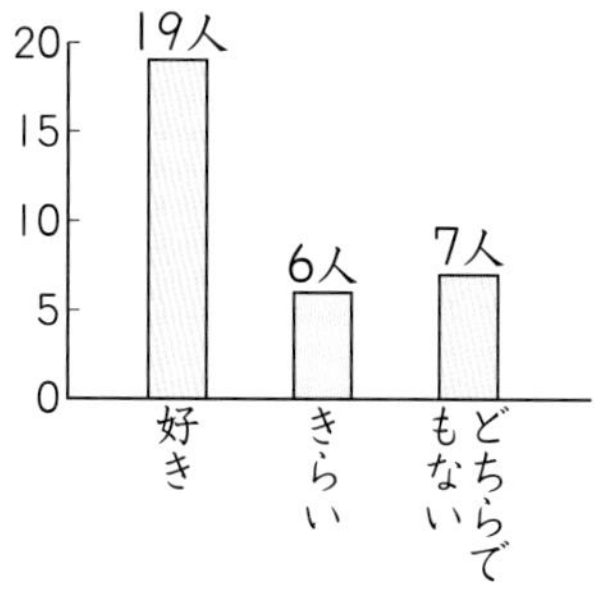

3 学校の体育以外で、スポーツをしていますか。

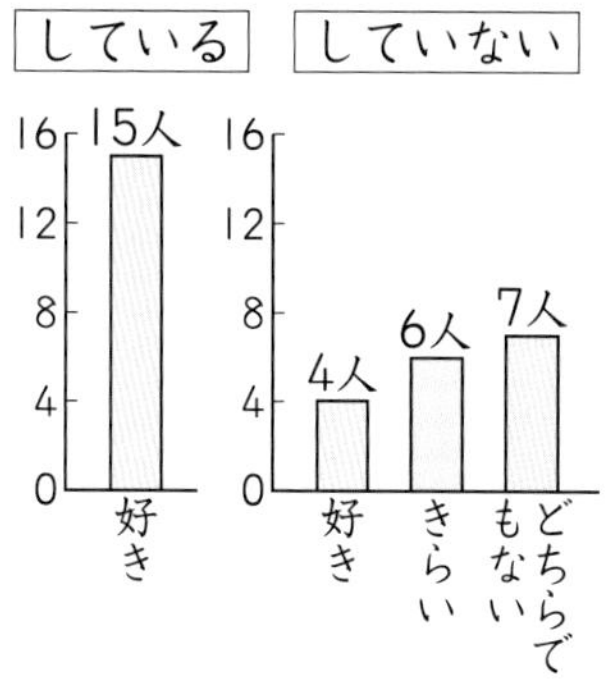

1 このほうこくは、どんな組み立てで話していますか。一つに○をつけましょう。

ア（　）最初に、アンケートの結果から考えたことをのべている。

イ（　）アンケートの結果を言葉で説明した後に、グラフを見せている。

ウ（　）最初に、いくつかのまとまりに分けてほうこくすることをのべている。

2 1のグラフを見せるときは、どこで見せればよいですか。文章中の㋐～㋒から選んで、記号で答えましょう。

（　）

3 よく出る● 3のグラフから分かるのは、どんなことですか。（　）に合う言葉を考えて書きましょう。

1のグラフの結果は、3のグラフの結果にどう関係しているかな。

スポーツが（　　）と答えた人は、学校以外でもスポーツをしている人が（　　）ということ。

4 3のグラフの結果は、調べる前に立てた予想とほとんど同じ結果でした。それをほうこくするとき、どのように言えばよいですか。一つに○をつけましょう。

ア（　）予想とはちがって、……。

イ（　）予想していたとおり、……。

ウ（　）例えばこのように、……。

ものしりメモ アンケートという言葉は、フランス語が由来で、英語ではないんだよ。英語ではアンケートではなく、別の言葉（「クエスチョネア」など）を使っているんだ。

きほんのワーク

漢字を使おう10 同じ読み方の漢字

教科書 ㊦107～109ページ
答え 25ページ

勉強した日 月 日

学習の目標
- 同じ読み方をする漢字の言葉の意味を考えよう。
- 同じ読み方をする漢字を正しく使い分けられるようになろう。

漢字練習ノート26～27ページ

おわったらシールをはろう

新しい漢字

練習しましょう。 筆順 1 2 3 4 5

教科書ページ	漢字	読み	画数
107	徳	トク	14画
107	径	ケイ	8画
107	鏡	キョウ かがみ	19画
107	牧	ボク	8画
107	各	カク	6画
107	氏	シ	4画
108	労	ロウ	7画
109	極	キョク	12画
109	昨	サク	9画
109	副	フク	11画
109	臣	シン ジン	7画
109	課	カ	15画
109	械	カイ	11画

1 漢字の読み

読みがなを横に書きましょう。

○新しい漢字 ●読みかえの漢字 ◆特別な読み方

① 人徳
② 口径
③ 望遠鏡
④ 各地
⑤ 氏名
⑥ 苦労
⑦ 南極
⑧ 機械

2 漢字の書き

漢字を書きましょう。

① □□《ぼくじょう》へ行く。
② □□□《ふくだいじん》の家。

③ 三年生の漢字　漢字を書きましょう。

① □□□《ほうそうきょく》がある。

② □□《けんきゅう》をする。

④ ☆同じ読み方の漢字　正しい漢字を、[ ]から選んで書きましょう。

① □外な行動をする。
　庭□外で遊ばない。
　[以　意]

② □事を手伝う。
　□事に気をつける。
　[火　家]

③ 年が□ける。
　まどを□ける。
　[開　明]

④ 赤ちゃんが□く。
　木の上で鳥が□く。
　[泣　鳴]

⑤ こわれた車が□る。
　けがが□る。
　[直　治]

⑤ 次の――を、漢字で書きましょう。送りがなが必要な場合は、送りがなも書きましょう。

① 友達ときょうりょくする。
　きょうりょくなてきと戦う。

② 今年の夏はあつい。
　おふろの湯があつい。

③ まだ時間がはやい。
　弟は走るのがはやい。

④ 長いきかん旅行に行く。
　交通きかんを使う。

⑤ 体重をはかる。
　時間をはかる。

ものしりメモ　ちがう漢字で音読みが同じものを「同《どう》音《おん》異《い》字《じ》」、ちがう漢字で訓読みが同じものを「同訓異字」というよ。漢字には、同音異字がとても多いね。

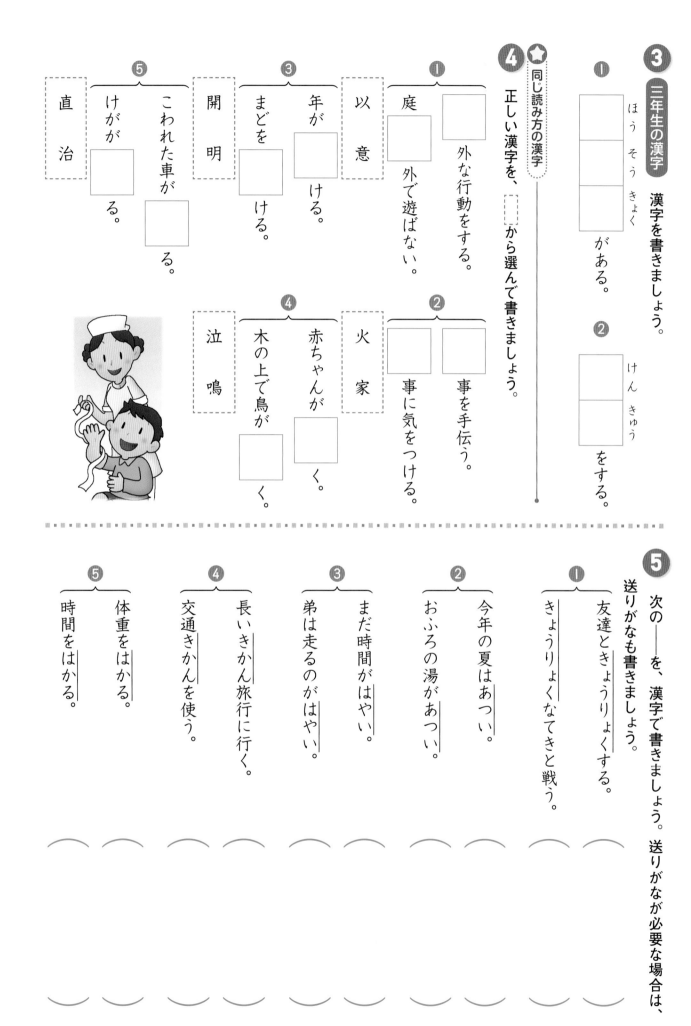

きほんのワーク

世界一美しいぼくの村 SDGs

教科書 下110〜126ページ

答え 26ページ

勉強した日 月 日

学習の目標

●登場人物の置《お》かれたじょうきょうを想像《ぞう》して読もう。
●家族やパグマンの村を思うヤモの気持ちを読み取ろう。

おわったらシールをはろう

新しい漢字

教科書 113ページ

教科書	漢字	読み	画数
113	香	か かおり かおる	9画
113	民	ミン	5画
116	勇	ユウ いさむ	9画
119	信	シン	9画

筆順 1 2 3 4 5

◀練習しましょう。

漢字練習ノート27ページ

「勇」は、「いさ-ましい」という読み方も覚えよう。

1 漢字の読み 読みがなを横に書きましょう。

① ◆果物
② ○香り
③ ○民族
④ ○勇気
⑤ ○信じる

○新しい漢字 ●読みかえの漢字 ◆特別な読み方

2 漢字の書き 漢字を書きましょう。

① あまい ○□《かお》り。
② ○□□《みんぞく》どうしの争い。
③ ○□□《ゆうき》を出す。
④ 相手を ○□《しん》じる。

②「みん」はにている漢字の「氏」とまちがえないようにしよう。

4 言葉の意味 ○をつけましょう。

① 112ページ 見わたすかぎりの草原。
ア（　）見えるところは全部。
イ（　）見たことのないような。
ウ（　）見えないところも全て。

② 113 民族どうしで戦う。
ア（　）仲のよい人々。
イ（　）文化などが同じ人々。
ウ（　）てきの人々。

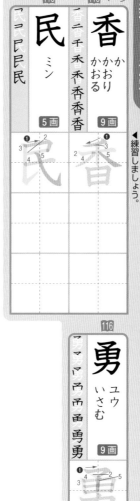

③ 言葉のちしき

（　）に合う言葉を、□から選んで書きましょう。

① 姉は、夕方までに（　）帰ってくるだろう。

② 今日は、一日中（　）本を読んでいた。

③ わたしは、母に気づかれないように（　）部屋を出た。

そっと	ずっと	きっと

内容《よう》をつかもう！

☆ 世界一美しいぼくの村　物語の内容をまとめます。（　）に合う言葉を□から選んで、記号で答えましょう。

教科書 112〜123ページ

1 物語の場所

（①　）にあるパグマンの村。①では、（②　）どうしの戦争が何年も続いている。

2 登場人物

・父さん…町で果物を売っている。

・ヤモ……父さんの手伝いで、町で（③　）を売ることになった。

・兄さん…（④　）になって、戦いに行っている。

ア　さくらんぼ	イ　兵隊
ウ　アフガニスタン	エ　民族

物語の最後では、戦争で村がはかいされてしまっていたね。

③ 114 にぎやかな声が聞こえる。

ア（　）人が多く活気がある。

イ（　）人が少なくさびしそうな。

ウ（　）大声でどなるような。

④ 115 人の行きかう広場に行く。

ア（　）行くのはきけんな。

イ（　）買い物ができる。

ウ（　）行ったり来たりする。

⑤ 116 商品が所せましとならんでいた。

ア（　）せまい場所に。

イ（　）きちんと整理されて。

ウ（　）すきまなくたくさん。

⑥ 118 さくらんぼが飛ぶように売れた。

ア（　）人気がある様子。

イ（　）ねうちがない様子。

ウ（　）高く売れる様子。

⑦ 121 そっとつぶやく。

ア（　）はっきりした声で言う。

イ（　）うれしそうな声で言う。

ウ（　）小さな声で言う。

ものしりメモ　「世界一美しいぼくの村」は、アフガニスタンのある村で、本当にあった話をもとに作られた物語だよ。アフガニスタンには、パグマンのような村がたくさんあるんだ。

練習のワーク①

世界一美しいぼくの村 SDGs

教科書 下110～126ページ
答え 26ページ

できるナビ
父さんとはなれて、一人で果物を売ることになったヤモの、気持ちの変化を読み取ろう。

勉強した日　月　日

おわったらシールをはろう

次の文章を読んで、問題に答えましょう。

人の行きかう大きな広場で、いよいよ店開きです。

「父さんはこの広場ですももを売るから、ヤモは、町の中を回ってさくらんぼを売ってごらん。」

「ぼく、一人で？」

「ポンパーがついているさ。ポンパーは、町中知らない所はないんだから。」

しかたなくヤモは、ポンパーに引っぱられるようにして屋根付きバザールに行きました。色とりどりの小さな店が、所せましとならんでいます。買い物をする人。お茶を飲む人。

（こんな所で売れるかな？）

ヤモは、心配になりました。勇気を出してよんでみました。

「さくらんぼ！　パグマンのさくらんぼ！」

でも、だれもふり向いてくれません。ヤモは、がっかりして、道ばたにすわりこみました。すると、小さな女

1 よく出る　父さんとヤモは、それぞれどこで何を売ることにしましたか。

父さん…広場で（　　　　）を売る。

ヤモ…町の中で（　　　　）を売る。

2 仕事をまかされたとき、ヤモはどんな気持ちでしたか。一つに○をつけましょう。

ア（　）一人前になったようでうれしい。

イ（　）一人でできるかどうか不安だ。

ウ（　）仕事をおしつけられていやだ。

ヤモは「ぼく、一人で？」と聞き返しているね。

3 次の場面での、ヤモの気持ちを書きましょう。

❶「パグマンのさくらんぼ！」とよんでも、だれもふり向いてくれなかったとき。

（　　　　）

❷ 小さな女の子が、さくらんぼを買ってくれたとき。

（　　　　）

言葉の意味プラス
8行 色とりどり…いろいろな色がある様子。
16行 道ばた…道のはし。
21行 うんと…たくさん。

の子がやってきて、

「パグマンのさくらんぼ、ちょうだい！」

と言いました。ヤモはうれしくなって、うんとおまけをしてやりました。

「ぼうや、わたしにもおくれ。」

女の子の後ろから、足のない人が言いました。

「昔、パグマンの近くで果物を作ってたんだ。なつかしいな。」

ヤモは、びっくりしてたずねました。

「おじさんは、戦争に行ってたの？」

「ああ、そうだよ。おかげで足をなくしてしまってね。」

ヤモは、どきっとしました。ハルーン兄さんの顔が思いうかびました。おじさんは、さくらんぼを口に入れると、大きな声で言いました。

「ううむ、あまくて、ちょっとすっぱくって、やっぱりおいしいなあ！　パグマンのさくらんぼは世界一だ。」

女の子とおじさんのおかげで、ヤモのさくらんぼは、飛ぶように売れました。

〈小林《こばやし》豊《ゆたか》「世界一美しいぼくの村」による〉

③ 足のないおじさんが、昔、パグマンの近くで果物を作っていたと知ったとき。

（　　　　　　　　）（　　　　　　　　）

4 よく出る● 「ヤモは、どきっとしました。」とありますが、なぜですか。一つに○をつけましょう。

ア（　）おじさんの足がないことに、そのとき初めて気づいたから。

イ（　）言ってはいけないことを言ってしまったと思ったから。

ウ（　）戦争に行っている兄さんのことが、急に心配になったから。

5 「パグマンのさくらんぼは世界一だ。」というおじさんの言葉には、どんな気持ちがこめられていますか。一つに○をつけましょう。

ア（　）さくらんぼを世界中に広めたいという気持ち。

イ（　）パグマンの村を心から愛する気持ち。

ウ（　）落ちこんでいるヤモをはげまそうという気持ち。

さくらんぼをほめることで、パグマンのすばらしさを表しているんだね。

ものしりメモ　「バザール」はペルシア語で「市場」のこと。英語ではマーケット、フランス語ではマルシェ、スペイン語ではメルカドというよ。どこの国でも食料や生活用品が買える重要な場所だよ。

練習のワーク②

世界一美しいぼくの村 SDGs

教科書 下 110〜126ページ
答え 26ページ

できるナビ
食堂《どう》で、ヤモやお父さんがどんな話をしたのかを読み取ろう。

勉強した日 月 日

おわったらシールをはろう

次の文章を読んで、問題に答えましょう。

ヤモは、まだ半分以上も売れ残ったすももの前にいる父さんの所へ行きました。

「父さん！　みんな売れちゃった！」

「そうか！　それじゃ、ひと休みして、ご飯を食べに行こうか。」

父さんは、となりのおじさんに店番をたのみました。おいしそうなにおいのするチャイハナ（食堂《どう》）で、ヤモは、父さんとおそい昼ご飯を食べながら、バザールであったことを話しました。

「戦争で足をなくしたおじさんも買ってくれたんだよ。パグマンのさくらんぼは、世界一だって。父さんと食べようと思って取っといたんだ。」

ヤモは、ひとにぎりのさくらんぼを取り出しました。

「よく売れたようですな。」

となりで二人の話を聞いていたおじさんが、声をかけてきました。

1 ヤモが父さんの所へもどってきたときのことについて答えましょう。

(1) 父さんのすももの売れ方はどうでしたか。

（　　　　）

(2) ヤモと父さんは、その後、どこに何をしに行きましたか。

（　　　　）

2 バザールでさくらんぼを買ってくれたおじさんは、パグマンのさくらんぼのことを何と言っていましたか。

ヤモが父さんに話している内容《よう》に注意しよう。

パグマンのさくらんぼは、（　　　　）だ。

3 よく出る● 「父さんと食べようと思って取っといたんだ。」という言葉から、ヤモがどんな少年だと分かりますか。一つに○をつけましょう。

言葉の意味プラス
4行 ひと休み…何かをしているとちゅうで少し休むこと。　13行 ひとにぎり…かたほうの手でにぎったくらいの、わずかな量。　35行 ひと仕事…ちょっとした仕事をすること。

「いやあ、このヤモのおかげですよ。何しろ、上のむすこが戦争に行ってましてね。」

「それは、心配ですな。南の方の戦いは、かなりひどいというし。」

「来年の春には帰ると言ってたんですがね。」

ヤモはお茶を飲みながら、父さんたちの話を聞いていました。ハルーン兄さんならだいじょうぶ、きっと春には元気に帰ってくると、ヤモは信じています。でも、何だかむねがいっぱいになってきました。

そんなヤモを見て、父さんが言いました。

「後でびっくりすることがあるよ。」

「え？　何、何。教えて。」

「さあ、その前にもうひと仕事。残りのすももを売ってしまわなくちゃ。」

ヤモは、最後に残ったさくらんぼを大切に食べると、おじさんにさよならを言って、チャイハナを出ました。

〈小林《こばやし》 豊《ゆたか》「世界一美しいぼくの村」による〉

ア（　）よくばりで食いしんぼうな少年。

イ（　）父親思いの心やさしい少年。

ウ（　）言いつけを守る真面目な少年。

4 ハルーン兄さんは、どうしていますか。

（　　　　）に行っている。

5 ヤモは、ハルーン兄さんについて、どうなることを願っていますか。

父さんたちの話を聞きながら、ヤモが思ったことから分かるよ。

（　　　　）

6 よく出る 「何だかむねがいっぱいになってきました」とありますが、それはなぜですか。

ハルーン兄さんのことが、とても（　　　　）になったから。

7 「後でびっくりすることがあるよ。」と言ったとき、父さんはどんな気持ちでしたか。一つに○をつけましょう。

ア（　）早く仕事を終わらせたい。

イ（　）ヤモを元気づけたい。

ウ（　）戦争はつらくていやだ。

ものしりメモ　「すもも」という名前は、ももよりすっぱいことからついたといわれているよ。「すももも桃《もも》も桃のうち」という早口言葉があるよね。

まとめのテスト

世界一美しいぼくの村 SDGs

教科書 ㊦110～126ページ
答え 27ページ

時間 20分

とく点 /100点

おわったらシールをはろう

勉強した日 月 日

次の文章を読んで、問題に答えましょう。

ヤモはお茶を飲みながら、父さんたちの話を聞いていました。ハルーン兄さんならだいじょうぶ、きっと春には元気に帰ってくると、ヤモは信じています。でも、何だかむねがいっぱいになってきました。

そんなヤモを見て、父さんが言いました。

「後でびっくりすることがあるよ。」

「え？　何、何。教えて。」

「さあ、その前にもうひと仕事。残りのすももを売ってしまわなくちゃ。」

ヤモは、最後に残ったさくらんぼを大切に食べると、おじさんにさよならを言って、チャイハナを出ました。

広場のモスクから、おいのりの声が流れてきます。ヤモは、すももを売りながら、ずっと父さんの言ったことを考えていました。

ようやく、すももも全部売れました。

「さて、それじゃあ、びっくりする所に行くとするか。」

1 ヤモがハルーン兄さんのことをとても心配している気持ちは、どんなところから分かりますか。〔10点〕

（　　　　）

2 ヤモはすももを売るとき、どんなことを考えていましたか。〔10点〕

父さんの言っていた（　　　　）とは何だろうということ。

3 「びっくりする所」について答えましょう。

(1) よく出る 「びっくりする所」とは、どこでしたか。〔10点〕

（　　　　）

(2) そこで父さんはどうしましたか。〔10点〕

（　　　　）

4 よく出る ヤモが大よろこびで村に帰ってきたのは、なぜですか。一つに○をつけましょう。〔10点〕

言葉の意味プラス

17行 横切る…一方から反対側へ行く。　18行 もうける…商売をして利益《えき》を出す。とくをする。　36行 はかいする…こわす。

父さんは、まっすぐ広場を横切っていきます。

そこは羊の市場でした。父さんは、もうけたお金を全部使って、真っ白な子羊を一頭買いました。ヤモのうちの初めての羊。こんなきれいな羊は、村のだれも持っていません。

「さあポンパー、家へ帰ろう。羊を見たら、きっとみんなおどろくよ。」

ヤモは、大よろこびで村へもどってきました。たった一日いなかっただけなのに、とてもなつかしいにおいがします。

「パグマンはいいな。世界一美しいぼくの村。」

ヤモは、そっとつぶやきました。

「ハルーン兄さん、早く帰っておいでよ。うちの家族がふえたんだよ。」

ヤモは、父さんにたのんで、白い子羊に「バハール（春）」という名前をつけようと思いました。でも、春はまだ先です。

その年の冬、村は戦争ではかいされ、今はもうありません。

〈小林《こばやし》豊《ゆたか》「世界一美しいぼくの村」による〉

ア（　）みんながおどろくような羊が手に入ったから。

イ（　）バザールで働いたことをじまんできるから。

ウ（　）びっくりするくらいたくさんもうけたから。

5 「とてもなつかしいにおい」をかいで、ヤモはどんな気持ちになりましたか。一つに○をつけましょう。〔10点〕

ア（　）村には兄さんがいないので、さびしい。

イ（　）また、あのにぎやかな町に行きたい。

ウ（　）住みなれた自分の村に帰ってきて、うれしい。

6 ヤモは、パグマンをどんな村だと思っていますか。〔10点〕

□□□□□□村。

7 「バハール（春）」という名前には、ヤモのどんな気持ちがこめられていますか。考えて書きましょう。〔15点〕

書いてみよう！

（　　　　　　　　）

チャレンジ！

8 「その年の冬、村は戦争ではかいされ、今はもうありません。」から、何が伝わってきますか。一つに○をつけましょう。〔15点〕

ア（　）希望をもって力強く生きていくことの大切さ。

イ（　）美しい村や家族をこわしてしまう戦争の悲しさ。

ウ（　）美しい村をはかいした、てきに対するにくしみ。

ものしりメモ　パグマンの村とヤモのお話は、絵本になっているよ。「せかいいち　うつくしい　ぼくの村」「ぼくの村に　サーカスがきた」「せかいいち　うつくしい村へ　かえる」の３さつだよ。

きほんのワーク

漢字を使おう11　都道府県の漢字

教科書　㊦127ページ

答え　27ページ

学習の目標

- 都道府県の漢字を覚えよう。
- 特別な読み方をする漢字を覚えよう。

勉強した日　月　日

おわったら シールを はろう

漢字練習ノート28ページ

新しい漢字

（教科書ページ　127）

潟	かた	15画
岐	［キ］	7画
阜	フ	8画
栃	とち	9画
埼	さい	11画
奈	ナ	8画
滋	［ジ］	12画
阪	［ハン］	7画
媛	［エン］	12画
佐	サ	7画
崎	さき	11画

◀練習しましょう。

1　漢字の読み

読みがなを横に書きましょう。

○新しい漢字　●読みかえの漢字　◆特別な読み方

1. 宮城
2. 新潟
3. 富山
4. 岐阜
5. 茨城
6. 栃木
7. 群馬
8. 埼玉
9. 千葉
10. 神奈川
11. 滋賀
12. 大阪
13. 奈良
14. 鳥取
15. 愛媛
16. 佐賀
17. 長崎
18. 熊本
19. 大分
20. 鹿児島

特別な読み方をするものは、漢字をひとまとまりの言葉として、覚えてしまおう。

都道府県名を書きましょう。

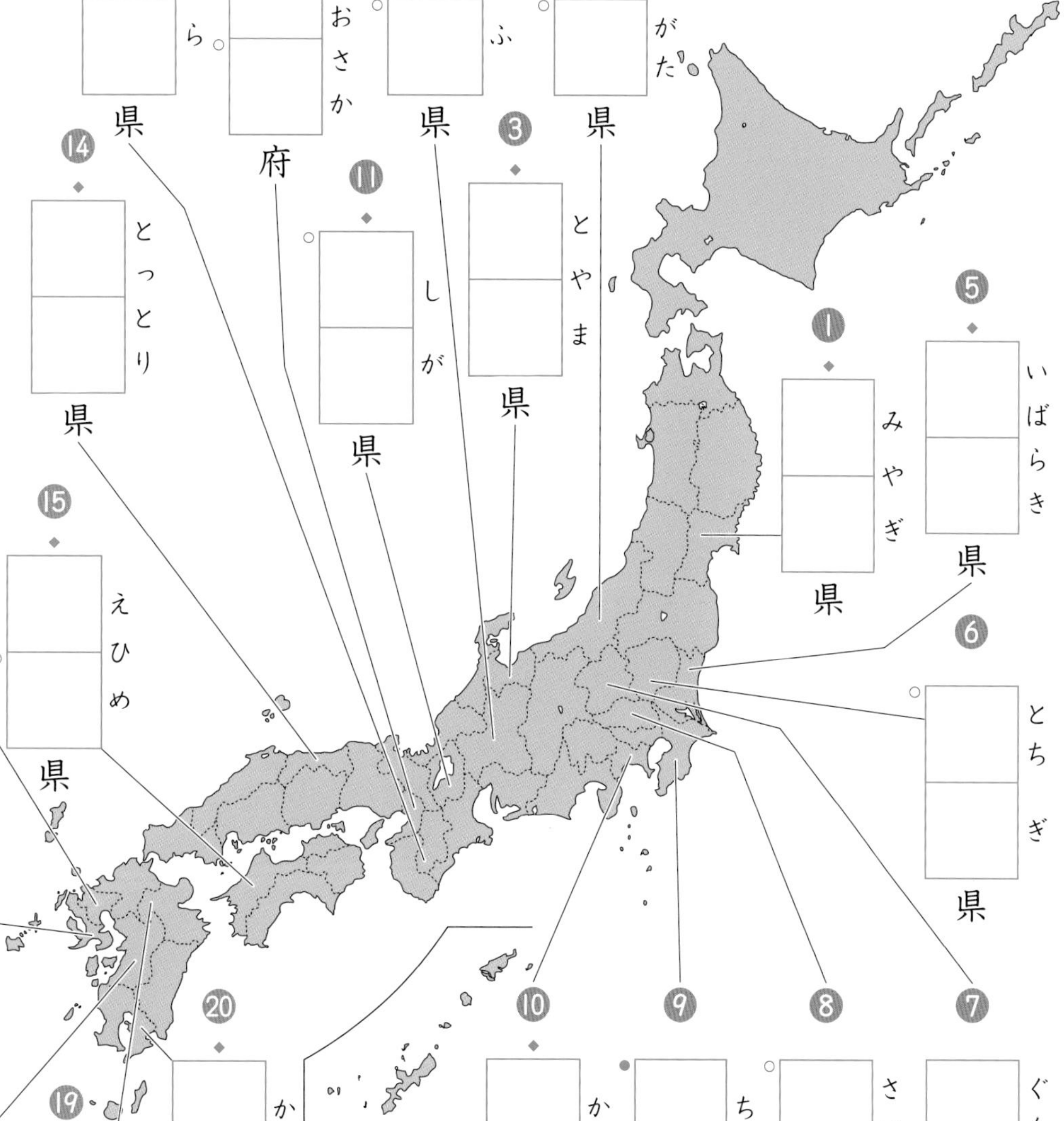

1. みやぎ　□□県
2. にいがた　□□県
3. とやま　□□県
4. ぎふ　□□県
5. いばらき　□□県
6. とちぎ　□□県
7. ぐんま　□□県
8. さいたま　□□県
9. ちば　□□県
10. かながわ　□□□県
11. しが　□□県
12. おおさか　□□府
13. なら　□□県
14. とっとり　□□県
15. えひめ　□□県
16. さが　□□県
17. ながさき　□□県
18. くまもと　□□県
19. おおいた　□□県
20. かごしま　□□□県

場所といっしょに漢字を覚えよう。

ものしりメモ 都道府県には、それぞれシンボルとなる花や木などがあるよ。例えば東京都なら、花はソメイヨシノ、木はイチョウが、都のシンボルとして定められているんだ。

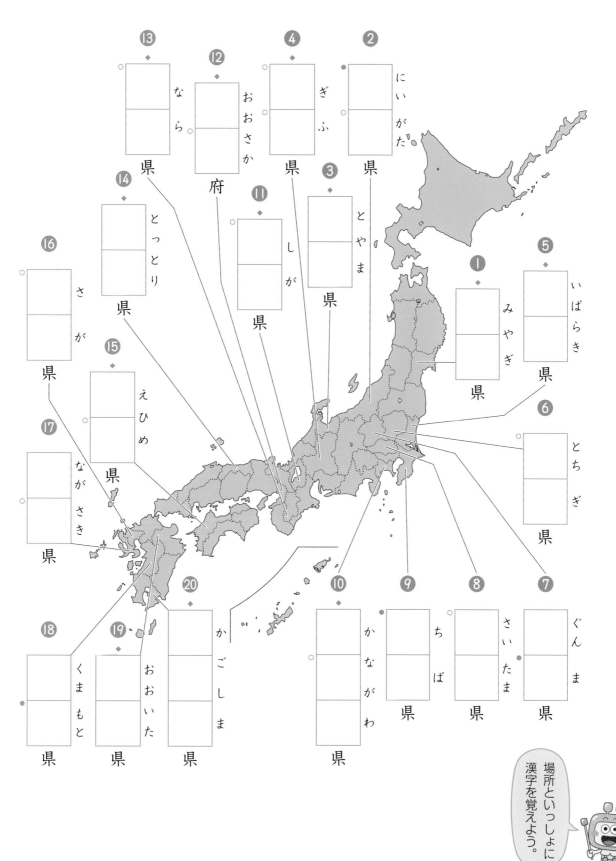

まとめのテスト

世界一美しい村へ帰る　SDGs

教科書 ㊦134～141ページ　答え 28ページ

時間 30分

とく点　/100点

おわったらシールをはろう

勉強した日　月　日

1 次の文章を読んで、問題に答えましょう。

〔ヤモの友達《ともだち》のミラドーは、アフガニスタンの戦争《せんそう》が終わると知って、パグマンの村に帰ることにしました。〕

次の日の朝早く、ミラドーは東へ向かう列車に乗りこみました。かたにかけた黒いかばんの中には、ヤモへのおみやげがつまっています。ヤモに会うときのことを思うと、心がうきうきしました。

列車からバスに乗りついで、小さな町に着きました。バスもこの町で終点です。ここから先は歩くしかありません。

村をすぎ、森をぬけ、おかをこえて歩きました。

ミラドーは、雨がふり、風がふいても、歩き続《つづ》けました。ヤモのことを思うと、自然《ぜん》に足が前に出ます。平原の真ん中にある町を通り、山へ向かう

1 ミラドーのかばんに入っていたのは、何でしたか。〔6点〕

（　　　　　　　　）

2 よく出る● ミラドーは、東へ向かう列車に乗りこんだとき、どんな気持ちでしたか。〔6点〕

ヤモに会うときのことを思って、

（　　　　　　　　）

3 ミラドーは、どのようにしてパグマンの村に向かいましたか。一つ4〔8点〕

列車から（　　　　）に乗りつぎ、小さな町に着いた後は、ひたすら（　　　　）。

4 「そんなミラドー」とは、どんなミラドーですか。一つに○をつけましょう。〔8点〕

ア（　）村に帰れるので、うれしそうにしているミラドー。

イ（　）きびしい道のりを一人で歩いているミラドー。

ウ（　）つかれ果てて歩けなくなっているミラドー。

言葉の意味プラス　5行 乗りつぐ…別の乗り物に乗りかえる。　15行 ひたすら…一生けん命に。　22行 心細い…不安な気持ち。　34行 一から…始めから。　36行 こだま…音がはね返ってくること。

道を進みます。ミラドーは、ひたすら歩き続けました。

そんなミラドーを見て、牛の世話をしている女の子がしぼりたてのミルクをくれました。羊かいの少年は、

「この先はあぶないよ。兵隊《へいたい》や山ぞくがいるし、暗くなるとオオカミも出るよ。気をつけてね。」

と言って、ミラドーに自分のつえをくれました。

日がくれると、辺《あた》りは急に寒くなります。ミラドーはつかれて、心細くなってきました。おなかもぺこぺこです。遠くにたき火の明かりが見えました。

「こわい人たちだったら、どうしよう。」

ミラドーは、おそるおそるたき火に近づきました。すると、

「寒かっただろう。さあ、火に当たりなさい。」

「おなかがすいているでしょう。パンとスープがありますよ。」

男の人と女の人が、温かく声をかけてくれました。ミラドーはほっと安心して、急に力がぬけました。

「おじさんたちはどこへ行くの。」

「わたしたちはこれから自分の村へ帰るんだよ。戦争で、何もかもなくしてしまったからね。畑を作って、また、一からやり直しさ。」

男の人はそう答えると、月に向かって笛をふき始めました。その音色《ね》は、遠くの山にこだましていきました。

〈小林《こばやし》 豊《ゆたか》「世界一美しい村へ帰る」による〉

5 ミラドーを見た人たちは、ミラドーに何をあげましたか。 一つ6〔12点〕

牛の世話をしている女の子（　　）

羊かいの少年（　　）

6 よく出る たき火をしていた男の人と女の人が温かく声をかけてくれたので、ミラドーはどんな様子になりましたか。〔8点〕

（　　）

7 たき火をしていた男の人と女の人は、どこへ行くところでしたか。〔8点〕

（　　）

チャレンジ!

8 この文章から、ミラドーのどんな気持ちが分かりますか。一つに○をつけましょう。〔8点〕

ア（　）村は遠すぎて帰り着けるかどうか心配だ。

イ（　）人のやさしさにあまえてばかりではいけない。

ウ（　）遠くきびしい道だけれど、早く村に帰りたい。

（問題は次のページに続きます。）

ものしりメモ　戦争がはげしくなり、住む場所を追われた人々を「なん民」というよ。自分の国からはなれて不自由な生活を長く続けている人たちは、世界中にたくさんいるんだ。

2 次の文章を読んで、問題に答えましょう。

〔ミラドーが村に帰ると、村は何もかもこわされて、だれもいませんでした。次の日、ミラドーは町へ行きました。〕

町は人でいっぱいでした。なつかしいにおいがあちこちからします。でも、知っている人はだれもいません。

ミラドーは、町の通りで笛をふき始めました。笛の音《ね》に引きつけられて、人々が集まってきます。人がきの中にロバの耳が見えました。そして、

「真っ赤な頭のさくらんぼ、取ったか、食べたか、食べずに死んだか。」

と、なつかしい歌声が聞こえました。ミラドーが声のした方を見ると、そこには、ヤモが立っていました。

「ヤモ！」

「お帰り、ミラドー！」

二人は、別《わか》れた日と同じように、ほっぺたとほっぺたをくっ付《つ》けて、しっかりとだき合いました。

二人は、作物の種《たね》の入った荷物をかついで、村へ帰ります。春、村は緑でいっぱいになるでしょう。

世界一美しい村は、今も、みんなの帰りを待っています。

〈小林《こばやし》 豊《ゆたか》「世界一美しい村へ帰る」による〉

1 ミラドーが町に着いたときのことについて答えましょう。

(1) 町はどんな様子でしたか。 一つ4〔8点〕

あちこちから（　　　）がした

が、（　　　）はだれもいなかった。

(2) 町に着いたミラドーは、まず何をしましたか。また、それに対して、人々はどうしましたか。 一つ6〔12点〕

❶ ミラドーがしたこと。

（　　　）

❷ 人々がしたこと。

（　　　）

2 よく出る 「なつかしい歌声」とは、だれの声でしたか。〔6点〕

（　　　）

3 「春、村は緑でいっぱいになるでしょう。」とありますが、なぜですか。考えて書きましょう。〔10点〕

書いてみよう！

（　　　）

実力判定《はんてい》テスト

夏休みのテスト②

時間30分

教科書 上14～111ページ　答え 29ページ

●勉強した日　月　日

名前

とく点　/100点

おわったらシールをはろう

1 ――の漢字の読みがなを書きましょう。　一つ2〔20点〕

① 地いきの自然（　）を守る。

② べん当箱（　）をぬので包（　）む。

③ ポットに熱湯（　）を注（　）ぐ。

④ 山登りのとちゅうで悪天候（　）にみまわれる。

⑤ 愛（　）するペットのけがを病院で治（　）す。

⑥ 便利（　）だとひょうばんの道具を借（　）りる。

⑦ おじは駅前の楽器（　）店で九月から働（　）く予定だ。

2 □に漢字を書きましょう。　一つ2〔20点〕

① 毎日こつこつがんばるのが□□《じょうたつ》のコツだ。

② □□《そうこ》のそうじをする。

③ あつ□《や》きたまごを食べる。

④ □□《ひつじゅん》に気をつけて書く。

⑤ □《もっと》もよい□□《けっか》になる。

⑥ □□《けんこう》食品は□□《しゅるい》がほうふだ。

⑦ □□《しっぱい》を重ねてついに□□《せいこう》する。

3 「位」という漢字を漢字辞典でさがすときの調べ方をまとめましょう。　一つ4〔20点〕

●「（　）さく引」で調べるときは、音読みでは「（　）」のところをさがします。

●「部首さく引」で調べるときは、部首の画数が（　）画のところで、部首である「（　）」をさがします。

●「総《そう》画さく引」で調べるときは、総画数が（　）画のところをさがします。

4 次の人物の行動につながる、気持ちを表す言葉を、[　]から選んで書きましょう。　一つ4〔8点〕

さか上がりができず、（　）毎日練習を続けた。

ある日、気づいたら、くるっと回っていて、（　）「やったあ」とさけんでいた。

[うれしくて　くやしくて　あきらめて]

5 次の言葉をローマ字で書きましょう。　一つ4〔20点〕

① 公園

② 山脈《みゃく》

③ らっこ

④ 発表

⑤ 原因《いん》

6 次の文を、主語と述語《じゅつ》のつながりが正しくなるように書き直しましょう。ただし、主語の形は変えずに書きましょう。　一つ6〔12点〕

① わたしのしゅみは、ピアノをひきます。

（　）

② なぜなら、わたしは音楽が大好きです。

（　）

実力判定《はんてい》テスト 夏休みのテスト①

時間30分

●勉強した日　月　日

教科書 上14～111ページ　答え 29ページ

名前

とく点　/100点

おわったらシールをはろう

文章を読んで、答えましょう。

愛美《まなみ》は、友達のともかちゃんにさそわれて、「お花ばたけ」というざっか店に行った。ともかちゃんはラブレターを書くための便せんを選んだ。

ともかちゃんは、二十分くらいなやんで、青い便せんとふうとうのレターセットを選んだ。下のすみにヤドカリとヒトデの絵がかいてある。ヤドカリの貝は白い水玉もようだった。

「ねっ、このイルカのもようのよりヤドカリのほうがかわいいよね。」

「うん、こっちのほうがかわいい。」

愛美がそう言うと、ともかちゃんは、むねにレターセットをかかえてにこっと笑った。すごくうれしそうなえがおだった。

「ねっ、愛美ちゃんは買わない？」

「え？」

「愛美ちゃんは、手紙だれかに書いたりしない？」

＊楽《らく》くんの顔がうかぶ。朝の光の中で、笑ってた顔だ。

あっ、書きたい。ほおのところが、きゅっとひきしまるぐらい強く思った。

「ラブレターでなくてもいいんだよ。あっ、わたしと仲良《なかよ》しレターしてみる？」

愛美は、頭を横にふった。

楽くんに書きたい。楽くんにだけ書いてみたい。

愛美は、棚《たな》の一番上にある便せんを手にとった。さっきから、気になっていた便せんだった。

白い紙で右すみに金色のふちどりで、走る馬がかいてある。馬のふちどりだけで、目も口も書いてなかった。でも、たてがみが後ろになびいて、「あっ、この馬、全力で走ってるんだ。」とわかった。

この便せんで、楽くんにラブレターを書きたい。

＊楽くん＝愛美と同じクラスの男の子。

〈あさの　あつこ「ラブ・レター」による〉

1 ともかちゃんが選んだレターセットの便せんは、どんなものでしたか。　一つ10〔20点〕

下のすみに、（　　　）の貝のヤドカリと（　　　）の絵がかいてあるもの。

2 「にこっと笑った」とありますが、ともかちゃんはこのときどんな気持ちでしたか。一つに○をつけましょう。〔20点〕

ア（　）愛美とおそろいのレターセットを買えて、うれしい気持ち。

イ（　）ほしいレターセットがすぐに決まって、よかったという気持ち。

ウ（　）とても気に入ったレターセットが見つかって、満足《まん》した気持ち。

3 「手紙だれかに書いたりしない？」ときかれて、愛美は何を思いうかべましたか。〔10点〕

朝の光の中で笑っていた、□□□□□。

4 「頭を横にふった」とありますが、愛美はこのときどんな気持ちでしたか。一つに○をつけましょう。〔10点〕

ア（　）ともかちゃんに手紙を書くのは絶対《ぜっ》にいやだという気持ち。

イ（　）手紙を書きたい相手が見つからないという気持ち。

ウ（　）手紙は楽くんにだけ書きたいという気持ち。

5 「走る馬がかいてある」とありますが、馬が走っていると分かったのは、なぜですか。〔20点〕

絵の馬のたてがみが、□□□□□□□いたから。

6 愛美は、便せんで何を書きたいと思ったのですか。〔20点〕

（　　　　　　　　）

実力判定《はんてい》テスト

冬休みのテスト①

時間30分

名前	
とく点	/100点

教科書 上112～147ページ、下8～77ページ

答え 30ページ

●勉強した日　月　日

おわったらシールをはろう

☆文章を読んで、答えましょう。

クジラは、海にすんでいますが、生物の分類からいうと魚類ではなく、ほ乳《にゅう》類です。ほ乳類というのは、肺《はい》で呼吸《こきゅう》をし、赤ちゃんを乳《ちち》で育て、体温がいつも一定の生き物のことをいいます。人間もほ乳類に分類されます。

ほ乳類は、さらに、いくつかのグループに分類されます。

クジラは、クジラ目に属《ぞく》し、さらに、「ヒゲクジラ」と「ハクジラ」に分かれます。「ヒゲクジラ」は体長が三十メートルにもなるシロナガスクジラなど大型《がた》のクジラです。いっぽう「ハクジラ」は、小さめのクジラです。一般《ぱん》に、体長が四メートル前後以上のものをクジラ、それより小さなものをイルカとよんでいます。

クジラは、ほ乳類ですから、肺で呼吸をします。つまり、人間と同じように、息をすってはくという行為《こうい》をつねに行っているのです。クジラの潮吹《しおふ》きは、この呼吸と関係があります。

息をはくとき、鼻孔《びこう》にたまっている海水がふき上がることがあります。また、湿《しっ》気の多いあたたかい息がいきおいよくふき出したとき、周囲《い》の空気に冷やされて水滴《てき》になることがあります。これが、クジラの潮吹きの正体です。

潮の高さは、三～四メートルにもなります。

クジラは、ほ乳類にもかかわらず、海面にうかんで泳ぐだけでなく、海のなかにももぐることもできます。いったいどれくらいのあいだもぐっていることができるのでしょうか。

ふつうは五分から十分くらいですが、マッコウクジラは、一時間以上ももぐっていたという記録があります。

〈白鳥《しらとり》 敬《けい》「子どもの頭を育てる　科学のなんでだろう？」による〉

1 クジラは何に分類されますか。正しいほうに○をつけましょう。〔10点〕

ア（　）魚類

イ（　）ほ乳類

2 ほ乳類とは、どのような生き物ですか。ほ乳類の説明として正しくないもの一つに○をつけましょう。〔15点〕

ア（　）赤ちゃんを乳で育てる。

イ（　）体温がいつも一定である。

ウ（　）いつも海にすんでいる。

エ（　）肺で呼吸をする。

3 クジラを次のように二種類に分けるとき、❶・❷に入るクジラの分類を書きましょう。一つ10〔20点〕

大型のクジラ	❶（　）
小さめのクジラ	❷（　）

4 どのようなものを「イルカ」とよんでいますか。〔15点〕

クジラ目に属していて、体長が（　）もの。

5 「潮吹きの正体」とは、どのようなものですか。二つに○をつけましょう。一つ10〔20点〕

ア（　）鼻孔にたまった海水が、息といっしょにふき上がったもの。

イ（　）口から入った海水のうち、いらないものをはき出したもの。

ウ（　）湿気の多いあたたかい息が冷やされて、水滴になったもの。

エ（　）からだの中の水をふき上げて、自分の場所を知らせるもの。

6 クジラは、ふつう、どれくらいもぐっていられますか。〔20点〕

（　）

実力判定《はんてい》テスト

冬休みのテスト②

●勉強した日　月　日

教科書 上112〜147ページ、下8〜77ページ
答え 30ページ

時間30分

名前

とく点　/100点

おわったらシールをはろう

1 ——の漢字の読みがなを書きましょう。　一つ2〔20点〕

① 念仏《ぶつ》をとなえる。（　）（　）
② 短い詩を暗唱する。（　）（　）
③ 情《じょう》景を思いうかべる。（　）（　）
④ 電車が多くの貨物をのせる。（　）（　）
⑤ 飛行機が着陸するための照明がつく。（　）（　）（　）（　）
⑥ 公園の周りの道は街灯が多い。（　）（　）（　）
⑦ お城の開門を待つ人々が群集している。（　）（　）（　）

2 □に漢字を書きましょう。　一つ2〔20点〕

① 庭に落ち葉が□《つ》もる。
② □□《ろうぼく》がたおれる。
③ 赤ちゃんの□《な》き顔。
④ 文章を□□《かいぎょう》したら読みやすくなった。
⑤ 作品の仕上がりに□□《ふまん》が□《のこ》る。
⑥ □《まご》に□□《せんそう》の話をする。
⑦ 体調は□□《りょうこう》なので□□《とほ》で下山する。

3 □に合う漢字を書いて、それぞれ後の（　）の意味を表すことわざや故《こ》事成語を完成させましょう。　一つ4〔16点〕

① □の上にも□年
（何事もしんぼう強く行えば、成功する。）

② □□の□わり
（とても親しいつきあいのたとえ。）

4 次の——がくわしく説明している言葉に、〰〰を引きましょう。　一つ3〔12点〕

① 妹が、部屋で　本を　読む。
② 家の　ねこが、元気な　赤ちゃんを　産んだ。
③ 黒い　小さな　犬が、こちらを　ふり向く。
④ 夜空の　星が　ちかちかと　美しく　かがやく。

5 （　）に合う言葉を、□から選んで書きましょう。　一つ4〔12点〕

① 父はとても努力した。（　）、ゆめがかなった。
② 天気予報《ほう》は晴れだった。（　）、雨がふった。
③ 朝食にたまごを食べた。（　）、ハムも食べた。

しかし　それに　だから

6 次のじゅく語と漢字の組み合わせが同じものを□から選んで、記号で答えましょう。　一つ4〔20点〕

① 寒冷（　）
② 苦楽（　）
③ 右折（　）
④ 着席（　）
⑤ 未完（　）

ア 勝敗　イ 運動　ウ 青空
エ 無力　オ 通学

実力判定《はんてい》テスト

学年末のテスト②

時間 30分

名前

とく点　　/100点

おわったらシールをはろう

教科書 上14〜147ページ、下8〜131ページ

答え 31ページ

●勉強した日　　月　　日

1 ――の漢字の読みがなを書きましょう。　一つ2〔20点〕

❶ 栃木（　　）県のいちごを食べる。

❷ 母に手芸（　　）を習う。

❸ 副大臣（　　）の話を聞く。

❹ 答案用紙に氏名（　　）を書く。

❺ 機械（　　）を使って建物（　　）をこわす。

❻ 民族（　　）どうしがたがいに信（　　）じ合う。

❼ 勇気（　　）がある仲間（　　）たち。

2 □に漢字を書きましょう。　一つ2〔20点〕

❶ □□□《ほうかご》の練習に参加する。

❷ □□《さくや》の強風で、木がたおれた。

❸ 弟の□□《きぼう》をかなえる。

❹ 試合を□□《けつじょう》する。

❺ □《なし》のあまい□《かお》りがただよう。

❻ □□《なんきょく》大陸横だんは□《いばら》の道だ。

❼ □□《ぼくじょう》を□□□《ぼうえんきょう》でながめる。

3 （　）に合う、文と文をつなぐ言葉を□から選んで、記号で答えましょう。　一つ4〔12点〕

❶ わたしの姉は、読書が好きだ。（　）、本をたくさん持っている。

❷ 今日は、早くねよう。（　）、運動会の前の日だからだ。

❸ ぼくは、あまいものが好きだ。（　）、ケーキやプリンなどだ。

ア 例えば　イ なぜなら　ウ だから

4 読み方が同じで意味のちがう言葉を漢字で書きましょう。　一つ3〔18点〕

❶ 歯科□□《いいん》

❷ 学級□□《いいん》

❸ □□《かんしん》な行い。

❹ □□《かんしん》を持つ。

❺ ゆめから□《さ》める。

❻ お茶が□《さ》める。

5 形のにている漢字に気をつけて、正しい漢字を書きましょう。　一つ3〔24点〕

❶ □□《かくえき》停《てい》車。

❷ □《きゃく》をもてなす。

❸ □□《えふだ》を読む。

❹ お□《れい》を言う。

❺ □□《きろく》する。

❻ □□《みどりいろ》の葉。

❼ □□《しつぎょう》する。

❽ □□《ゆみや》を持つ。

6 □に共通して入る部首を□から選んで、記号で答えましょう。　一つ3〔6点〕

❶ □戋　□魚　□青（　）

❷ □恵　□圣　□寺（　）

ア 亻　イ 彳　ウ 氵　エ 言

実力判定《はんてい》テスト

学年末のテスト①

時間 30分

名前

とく点　　/100点

教科書 上14～147ページ、下8～131ページ

答え 31ページ

おわったらシールをはろう

●勉強した日　月　日

☆ 文章を読んで、答えましょう。

今日は、春になる日といわれる立春。ミカとよしみちゃんは、春の足音が聞こえるかもしれないと先生に教わった。

白いいきをはきはき、よしみちゃんがげんかんに立っていました。

「いまね、春の足音をきいたよ。公園のそばを歩いていたら、きこえたの。」

「ひとの足音じゃないの。」

「ちがうよ。ピーンピーンピーンて、水がおちるような音。」

「じゃあ、水道から水がたれてたのよ。」

「ううん、あれは春の足音だとおもうな。だって、からだがぽかぽかしてきて、春になるんだなあっておもったもの。」

よしみちゃんの顔をみていると、ミカもその音をきいてみたくなりました。

ふたりは、かけ足で公園にやってきました。

よしみちゃんは、足をとめて、空をあおぎ、耳をすますしぐさをしました。

ミカも、耳にしんけいをあつめます。

かすかな音がきこえてきました。

水道からおちる水てきより、もっと高くてすんだ音です。

まるで、空から小さなガラスのかけらがおちてくるようなかんじ……。

その音をきいていると、からだがぽかぽかあたたかくなってきました。

「ね、これって春の足音じゃないかしら。」

よしみちゃんが、ミカの顔をのぞきこみます。

「うん、きっとそうだよ。そうか、春って、こんな足音がするんだ。」

ミカも、うれしくなってきました。

〈那須《なす》 正幹《まさもと》「春の足音」による〉

1 「春の足音をきいたよ」とありますが、よしみちゃんは、どこで、どんな音を聞いたのですか。　一つ10〔20点〕

（　　　　）で、ピーンピーンピーンと（　　　　）ような音を聞いた。

2 1で、よしみちゃんが言っていた「春の足音」を、ミカは何の音だと思いましたか。〔10点〕

（　　　　）

3 よしみちゃんとミカは、公園で、どのように「春の足音」を聞きましたか。　一つ10〔20点〕

よしみちゃん　空をあおぎ、□□□□□しぐさをした。

ミカ　耳に□□□□をあつめた。

4 「かすかな音」とありますが、どんな音ですか。　一つ10〔20点〕

水道からおちる水てきより、（　　　　）音で、空から（　　　　）がおちてくるようなかんじがする音。

5 「これって春の足音じゃないかしら」とありますが、よしみちゃんがそう思ったのは、なぜですか。〔20点〕

（　　　　）

6 「ミカも、うれしくなってきました。」とありますが、ミカがうれしくなったのは、なぜですか。一つに○をつけましょう。〔10点〕

ア（　）寒い冬が終わって、もうすぐ春が来ることが分かったから。

イ（　）よしみちゃんといっしょに公園で遊ぶことができたから。

ウ（　）春の足音を自分もたしかに聞くことができたと感じたから。

実力判定《はんてい》テスト

4年生の漢字202字を書こう！

漢字リレー①

時間30分

□に漢字、□に漢字と送りがなを書きましょう。

名前

答え 32ページ

おわったらシールをはろう

●勉強した日 月 日

1 [1]《うめ》の花がさく。
2 十さい[2]《い》下の小学生。
3 気持ちを[3]《さっ》する。
4 [4]《とち》木県のいちご。
5 けがが[5][6]《かんち》する。
6 かれ葉が[7]《ちる》。
7 [8]《なし》の皮をむく。
8 かぜで[9][10]《けっせき》する。
9 [11]《えい》語を勉強する。
10 山田[12]《し》とお会いする。
11 [13][14]《えひめ》県のみかん。
12 [15][16]《なたね》油を使う。
13 クイズの[17]《し》会者。
14 野生の[18]《しか》を見る。
15 大[19]《おおさか》駅に着く。
16 自分にとって[20][21]《とくべつ》な日。
17 [22]《じ》童文学を読む。
18 [23]《おく》万長者の話。
19 にぎり[24]《めし》
20 [25]《しお》味のスープ。

□字/25字 クリア！

▶書けた漢字の数を書こう。

21 授《じゅ》業[26][27]《さんかん》の日。
22 [28]《か》物列車が通る。
23 とんぼが[29]《とぶ》。
24 体そうが日[30]《か》だ。
25 [31]《まつ》の木を植える。
26 [32]《かならず》家に帰る。
27 [33][34]《じゅんい》が上がる。
28 草の[35]《め》が出る。
29 実けんに[36][37]《せいこう》する。
30 名前を[38]《おぼえる》。
31 入った[39]《ひょう》を数える。
32 [40]《ふく》委員長
33 [41][42]《へいたい》の人形。
34 本を[43]《かりる》。
35 道路の交通[44]《ひょう》識《しき》。
36 日本[45]《かく》地の話題。
37 駅の[46][47]《かいさつ》を通る。
38 池の[48]《まわり》を走る。
39 商店[49]《がい》を歩く。
40 新[50]《がた》県の米。

□字/25字 クリア！

41 京都[51]《ふ》出身の人。
42 [52][53]《しけん》を受ける。
43 [54][55]《しが》県にある湖。
44 誕《たん》生日を[56]《いわう》。
45 ばくだいな[57]《とみ》をえる。
46 今日の[58][59]《さいてい》気温。
47 ガス[60]《かん》の交かん。
48 新しい大[61]《じん》。
49 楽しそうに[62]《わらう》。
50 [63]《あたり》が暗くなる。
51 体内の消化[64][65]《きかん》。
52 今年の[66]《すえ》の予定。
53 昔の[67]《せき》所。
54 ざっしの[68][69]《ふろく》。
55 町の様子が[70]《かわる》。
56 言うことを[71]《しん》じる。
57 谷川の[72]《きよい》流れ。
58 みんなで[73]《きょう》力する。
59 会[74]《ぎ》を開く。
60 [75]《はた》をふる。

□字/25字 クリア！

61 [76][77]《いるい》をたたむ。
62 太陽が[78]《てる》。
63 国語[79][80]《じてん》を引く。
64 魚を[81]《やく》。
65 [82]《いさましい》すがた。
66 [83][84]《でんたつ》事こうを聞く。
67 [85][86]《きせつ》がうつる。
68 命[87]《れい》にしたがう。
69 山に[88]《くま》が出る。
70 助けを[89]《もとめる》。
71 鳥が水を[90]《あびる》。
72 [91][92]《いばらき》県の海で泳ぐ。
73 考えを[93]《とく》。
74 [94]《い》戸の水をくむ。
75 [95]《れい》をあげて話す。
76 [96]《りく》で生活する動物。
77 赤ちゃんが[97]《なく》。
78 むだを[98]《はぶく》。
79 [99]《かがみ》を見る。
80 [100]《とも》に行動する。

□字/25字 クリア！

実力判定《はんてい》テスト

4年生の漢字202字を書こう!

漢字リレー②

時間30分

□に漢字、○に漢字と送りがなを書きましょう。

名前

書けた数 全部で /202字

答え 32ページ

おわったらシールをはろう

●勉強した日 月 日

81 [101][102]《はつまご》の顔を見る。

82 紙を(103)《おる》。

83 (104)《つめたい》水。

84 [105][106]《ぎふ》県の温せん。

85 (107)《たたかい》に勝つ。

86 大[108]《ぐん》がせめてくる。

87 [109]《わ》になっておどる。

88 [110][111]《ほうたい》をまく。

89 この川は(112)《あさい》。

90 かい犬が(113)《おいる》。

91 [114]《くん》で読む漢字。

92 自[115]《ぜん》の中でくらす。

93 つばめが[116]《す》を作る。

94 羊が(117)《むれる》。

95 米を[118]《くら》にしまう。

96 社長をほ[119]《さ》する。

97 [120][121]《しっぱい》をくやむ。

98 テストの[122][123]《けっか》。

99 [124]《ぐん》部に住む。

100 [125]《はく》物館に行く。

字/25字 クリア!

▶書けた漢字の数を書こう。

101 [126][127]《ぎょふ》の利をえる。

102 [128][129]《やくそく》を守る。

103 円の半[130]《けい》の長さ。

104 道の右[131]《がわ》を歩く。

105 美しい風[132]《けい》。

106 大学を[133]《そつ》業する。

107 [134][135]《せっきょく》性《せい》がある人。

108 家を(136)《たてる》。

109 [137]《たん》なるまちがい。

110 [138][139]《おきなわ》県の県花。

111 頭が(140)《かたい》人。

112 花びんを(141)《おく》。

113 [142]《さい》玉県の出身。

114 木[143]《ざい》を切る。

115 中学校の生[144]《と》。

116 [145][146]《ねんがん》がかなう。

117 走る速さに[147]《さ》が出る。

118 何[148]《ちょう》円もの大金。

119 [149]《なか》がよい二人。

120 春らしい気[150]《こう》。

字/25字 クリア!

121 [151][152]《しずおか》県のお茶。

122 [153]《まと》に矢をいる。

123 長[154]《さき》県の教会。

124 [155][156]《みんげい》品を買う。

125 じゅもんを(157)《となえる》。

126 [158]《さく》夜は雨だった。

127 電[159]《とう》の明かり。

128 [160][161]《なら》県の神社。

129 インクで紙に(162)《する》。

130 [163]《しるし》をつける。

131 社会道[164]《とく》を守る。

132 [165][166]《ろうどう》にはげむ。

133 二十さい[167][168]《みまん》の人口。

134 国が(169)《さかえる》。

135 子を(170)《やしなう》。

136 [171]《ぼく》草を食べる。

137 ぬまの[172]《そこ》にすむ生物。

138 さとうを(173)《くわえる》。

139 [174]《きゅう》食を食べる。

140 [175]《りょう》理がすきだ。

字/25字 クリア!

141 研究に(176)《つとめる》。

142 [177][178]《きぼう》をもつ。

143 [179][180]《けんこう》な体。

144 [181][182]《ほうあん》を提《てい》出する。

145 かさは[183][184]《ふよう》だ。

146 車を[185][186]《りょうさん》する。

147 洋服を(187)《えらぶ》。

148 [188]《きょ》手をして発表する。

149 花の(189)《かおり》。

150 心に(190)《のこる》こと。

151 (191)《すき》な色。

152 作品作りを[192][193]《きょうそう》する。

153 大型《がた》の[194][195]《きかい》。

154 雲の(196)《ない》空。

155 かぜで[197]《ねつ》が出る。

156 [198][199]《べんり》な道具。

157 人体に[200]《がい》がある。

158 [201][202]《れんぞく》して行う。

字/27字 クリア!

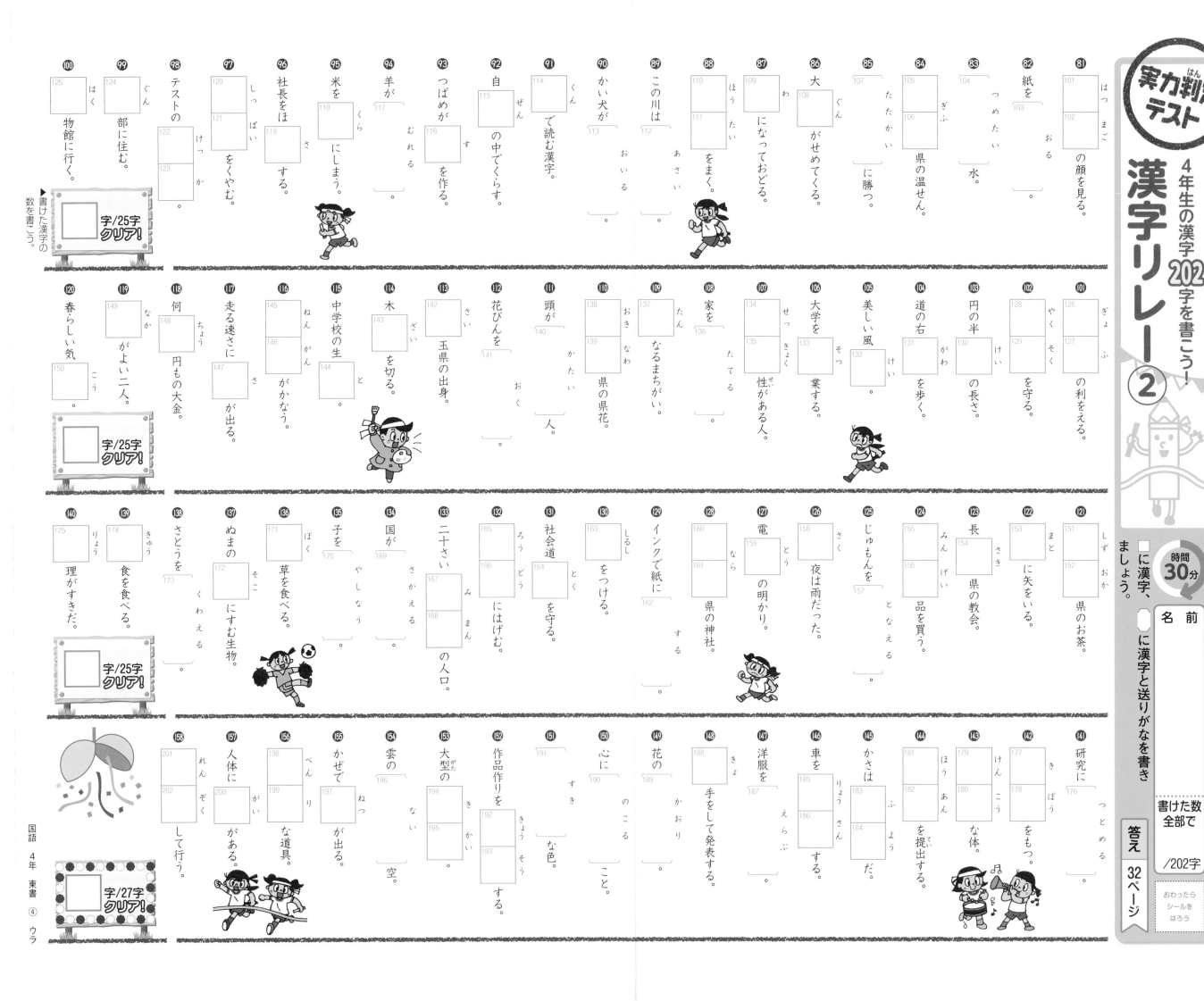

教科書ワーク
答えとてびき

「答えとてびき」は、とりはずすことができます。

東京書籍版 国語4年

使い方

まちがえた問題は、もういちどよく読んで、なぜまちがえたのかを考えましょう。正しい答えを知るだけでなく、なぜそうなるかを考えることが大切です。

水平線 もしも、こんなことができるなら

2・3ページ きほんのワーク

❶
1 水平線・四
2 イ
3 空
4 ほんとうの強さ
5 イ

❷ ❶ウ ❷ア ❸エ

てびき

❶ 1 この詩では、どの連《れん》も「水平線がある」で始まり、連の中の二行目と四行目で同じ言葉がくり返されています。同じ言葉がくり返されることでリズムが生まれ、作者の強い気持ちがつたわってきます。

2 「ある」という言葉のくり返しによって、水平線の広がりやたしかさがつたわってきます。「しっかりした」感じがします。

3 直後の「空とはちがうぞ」に注目します。空と水面が、はっきりと見える水平線で区別《べつ》できる様子が分かります。

4 「ほんとうの強さみたいに」とあります。どこまでもつづく水平線を見て、作者はしっかりした強さを感じています。

5 「一直線に」「はっきりと」「どこまでも」などの言葉から、どこまでもつづく水平線の広さと力強い感じがつたわってきます。

❷ ❶は、直後で広田さんが「空を自由にとんでみたいから」と答えているので、なぜタカになりたいと思ったのか、理由をたずねていると分かります。❷は、直前で「わたしも」「空をとびたいと思って」と、林さんが広田さんと同じように考えていたことをつたえています。❸は、タカ＝かっこいい・カナリア＝かわいらしい、という、それぞれの鳥をえらんだ意見のちがいを見つけてつたえています。空を自由にとびたいという考えは同じですが、えらんだ鳥のしゅるいがちがうという点に注目しましょう。

こわれた千の楽器

4・5ページ きほんのワーク

❶ ❶がっき ❷そうこ ❸す ❹さ ❺はたら ❻しつれい ❼つつ ❽たと ❾めいあん ❿つづ ⓫へんか ⓬つた

❷ ❶楽器 ❷働 ❸包 ❹名案 ❺変化

❸ ❶イ ❷ア ❸ア ❹ウ ❺イ ❻ア ❼ウ

✪ **内容《よう》をつかもう！**
（順《じゅん》に）（1）→5→4→3→2→（6）

6・7ページ 練習のワーク❶

1 ウ
2 えんそう・できない〈または できるはずがない〉

3 ❶ウ　❷イ　❸ア　❹エ
4 こわれてしまっている
5 イ
6 ア
7 ビオラ
8 例もう一度えんそうをするために、みんなで力を合わせてがんばろう（という気持ち）。

てびき

2 はじめのうち、楽器たちは「えんそうがしたい。」「でも、できないなあ。」と言い合っています。

3 それぞれの言葉の直後に注目し、だれが言った言葉かとらえましょう。
❶「ホルンが、すみの方から言いました。」
❷「トランペットも横から言いました。」
❸「やぶれたたいこが言いました。」
❹「ビオラが言いました。」

4 「できない」と言っているたいこの言葉に注目しましょう。「こんなにこわれてしまっていて、できるはずがない」と言っています。

5 ビオラは、「できるかもしれない」と言った後、「きっとできる」と言い直しています。「〜かもしれない」はかのうせいがひくいですが、「きっと」には「かならず」という強い気持ちがこめられています。「できる」としんじる気持ちをこめて読みましょう。

6 「それなら」というのは、ビオラの言葉を受けています。ビオラは、「こわれた十の楽器で、一つの楽器になろう」と、提《てい》案しています。一つ一つの楽器はこわれていて十分ではないけれど、足りないところをたくさんの楽器でおぎない合えば、えんそうができるはずだと考えたのです。この意見に、ピッコロが「名案だわ」と言い、もっきんも「それならぼくにもできるかもしれない。」とさんせいしたのです。

7・8 ビオラが「いや、できるかもしれない。いやいや、きっとできる。」と言ったのがきっかけです。この言葉でみんな勇《ゆう》気が出てきて、えんそうができるのではないかと、きぼうを持ち始めたのです。

8・9ページ 練習のワーク❷

1 練習
2 ア
3 どこ…楽器倉庫の上
何…きれいな音〈[または]音楽〉
4 (1) 楽器倉庫
(2) 千の楽器〈[または]楽器たち〉・えんそう
5 イ
6 例うっとりと聞きほれていた。

てびき

1 さいしょの行に「楽器たちは、それぞれ集まって練習を始めました。」とあります。

2 「できた。」「できた。」と言ったときの楽器たちの様子に注目しましょう。「おどり上がってよろこびました。」とあります。「おどり上がる」は、いきおいよくとび上がることです。思わずとび上がるほどよろこんでいる様子を表しているので、音読では、うれしい気持ちをこめて読みましょう。こわれていてなかなか音が出なかったのに、毎日毎日練習してやっと音が出たので、よろこびもとても大きいのです。

3 「ある夜のこと」とある部分に注目しましょう。月が「楽器倉庫の上」を通りかかったときに、音楽が流れてきました。月はその音楽を「きれいな音」と言っています。

4 「それは、前にのぞいたことのある楽器倉庫からでした。」とあります。そして月が楽器倉庫の中をのぞくと、「千の楽器がいきいきと、えんそうに夢《む》中」だったのです。

5 「おたがいに足りないところをおぎない合って、音楽をつくっているのです。」とあります。「おぎない合う」は、「おぎなう」と「合う」が合わさってできた言葉です。「おぎなう」は、足りないところがなくなるようにつけくわえることです。こわれて出ない音をみんなでつけくわえ合って、一つの音楽をつくっているのです。

6 「月は、うっとりと聞きほれました。」とあります。「うっとり」は、心が引きつけられ、ぼうっとしている様子です。「聞きほれる」も、ただ「聞く」のではなく、心がうばわれている様子を表しています。月が、楽器たちがみんなでつくりあげた音楽に心から感動して、幸せな気持ちになっていることを読み取りましょう。

10・11ページ まとめのテスト

1 イ
2 おどり上がって
3 きれいな音〈または音楽〉・だれがえんそうしている
4 例千の楽器がいきいきと、えんそうに夢中だった。
5 ウ
6 例おたがいに足りないところをおぎない合って、音楽をつくっている。
7 ア
8 例本当に美しい、すばらしい音楽だなあ。

てびき

1 「レとソは鳴ったぞ。」という言葉もあります。楽器たちは、自分の出せる音をたしかめ、出せない音はおぎない合って、練習をしているのです。ミの音は出るから自分で出すけれど、ファの音は出せないから、ファを出せる楽器にたのんでいるのです。

2 こわれていてなかなか音が出なかったので、やっと音が出たときの楽器たちのよろこびは、とても大きかったのです。

3 月の言葉に注目しましょう。「だれがえんそうしているんだろう。」と言って近づいています。

4 月が楽器倉庫に近づいてみると、「そこでは、千の楽器がいきいきと、えんそうに夢《む》中でした。」とあります。

5 ここでの「こわれた楽器」とは、こわれて音が出せないとあきらめていた楽器のことです。「おたがいに足りないところをおぎない合って」とあるので、こわれたところが直ったわけではないことが分かります。一つ一つの楽器ができることをせいいっぱいやって、りっぱにえんそうしている様子が読み取れます。

6 「おたがいに足りないところをおぎない合って、音楽をつくっているのです。」とあります。一つ一つの楽器は、それぞれ出ない音があるけれど、出ない音をみんなでおぎない合って、りっぱな音楽をつくっているのです。

7 直後に「うっとりと聞きほれました。」とあります。月は、聞こえてくる音楽に心から感動しているので、しみじみと音読するとよいでしょう。

8 終わりの二行に月の様子が書かれています。月は「うっとりと聞きほれ」ています。ときどき思い出して光の糸をふき上げているのは、みんなの音楽が月の心にひびいているからです。月は、楽器たちがみんなでつくりあげた美しい音楽に心から感動し、よろこびにひたっているのです。

漢字を使おう1／図書館へ行こう きせつの足音――春

12・13ページ きほんのワーク

❶ ❶か ❷ただ ❸もと ❹きろく ❺じりつ ❻みずか ❼どりょく ❽しぜん ❾ぶんるいほう ❿りょう
❷ ❶記録 ❷分類法
❸ ❶君・学級委員
❹ 十〈または10〉
❺ ❶ウ ❷イ ❸ア
❻ ❶2 ❷4 ❸8 ❹9
❼ ❶ア ❷ウ ❸エ ❹イ
❽ ❶イ ❷ウ

てびき

❺ 図書館の本の「せ」には、本を仕分けるためのラベルがついています。❶の、シリーズものや分冊《さつ》などの本の巻《かん》冊数を表す数字は、ラベルのいちばん下にあり、「巻冊記号」といいます。❷の作者や筆者の名前のさいしょの一文字を表すのは、ラベルの真ん中にあるカタカナで、「図書記号」といいます。❸の日本十進《にほんじっしん》分類法による分類を表す数字は、ラベルのいちばん上の三けたの数字で、「分類記号」といいます。

❻ ❶「住んでいる地いきの歴史《れきし》」など、地いきや歴史に関《かん》することは、「2歴史」に分類されます。❷「犬の種《しゅ》類」は、動物の種類に関することなので、「4自然科学」に分類されます。❸「漢字のなり立ち」のように、言葉に関することは、「8言語」に分類されます。❹「宮沢賢治《みやざわけんじ》の詩集」のように、詩や物語をさがしたいときは、「9文学」の分類からさがします。

❼ おくづけは、本のうら表紙の見返しの近くにあることが多く、たいていの場合は、書名、

発行年、作者や筆者、出版《ぱん》社（発行所）の順で書かれています。

❽ ❶五音・七音・五音・七音・七音の三十一音でできた短い詩のことを短歌といいます。きせつを表す言葉を入れる決まりはありませんが、ここでは「春」が春を表す言葉です。かい犬の名前が「はる」なのでしょうか。作者が「春だね」ときせつを感じて言ったひと言で、名前を呼《よ》ばれたとかんちがいした犬がやってくるという日常《じょう》のひとこまをよんでいます。❷ふつう、俳句《はいく》は五音・七音・五音からできていますが、この俳句は五音・八音・七音になっています。このように、決まりよりも音数が多い俳句を「字余《あま》り」といいます。声に出して読むと、「そこのけそこのけ」のくり返しがリズム感を生み出し、次の「御馬《おうま》が通る」まで、字余りを感じさせない俳句になっています。きせつを表す言葉は「雀《すずめ》（の子）」です。すずめの子に、そこをどいたどいた、お馬さんが通るよ、とやさしくよびかけている俳句です。小さなものに対する作者のやさしさがあふれています。

話を聞いて質問《しつ》しよう
漢字辞典の使い方

14・15ページ きほんのワーク

❶ ❶べつ ❷さんか ❸め ❹ししょ ❺じてん ❻な ❼せつめい ❽れん ❾ひつじゅん ❿おんくん ⓫しゅるい ⓬なお

❷ ❶筆順 ❷便利

❸ 1 ウ 2 イ

❹ 1 (1) 氵・三〈または3〉 (2) ❶少ない ❷五

2 十四〈または14〉

3 （順序《じょ》なし）シュ〈またはしゅ〉・たね

てびき

❸ 話を聞いてメモを取るときは、かじょう書きで、分かりやすく書きます。メモを見て、聞いていて分からなかったことや聞き落としたこと、もっと知りたいことなどを質問します。1は、メモに「もう一どきく」とあるところが分からなかったことだと考えられます。

❹ 漢字辞典では、一つ一つの漢字について、漢字の読み方、成り立ち、意味などを調べることができます。国語辞典は、言葉が五十音順にならんでいますが、漢字辞典の多くは、部首ごとに漢字がならんでいます。

1 (1) 「治」の部首は「氵（さんずい）」で、三画になります。

(2) ❷「治」の四画目は止めずに一気に書くので気をつけましょう。

3 「種」には「シュ」という音と、「たね」という訓があります。音訓さく引には、どちらも出ています。

ヤドカリとイソギンチャク
漢字を使おう2

16・17ページ きほんのワーク

❶ ❶かんさつ ❷じっけん ❸だいこうぶつ ❹と ❺かんけい ❻はく ❼けっか ❽きかい ❾りょう ❿ねっとう ⓫せいしょ ⓬しみず ⓭ぎょせん ⓮みょうちょう ⓯がいちゅう

❷ ❶飛 ❷機会

❸ ❶服・着 ❷宿題・様子

❹ ❶ウ ❷イ ❸ア ❹イ ❺ア ❻ウ

内容《よう》をつかもう！ ア○ イ× ウ○ エ× オ○

18・19ページ 練習のワーク❶

1 ヤドカリ・イソギンチャク・貝がら

2 イソギンチャクをつけていないヤドカリ。

3 あわててあしを引っこめ（てしまっ）た。

4 ウ・エ

5 はりが飛び出す

6 しびれ

7 てきから身を守る

8 問い…[1] 問いに対する答え…[5]

てびき

1 [2]だん落に「このことを調べるために、次のような実験をしました。」とあります。「このこと」という「こそあど言葉」が何を指ししめしているかをしっかりかくにんしましょう。[1]だん落の内容《よう》を指しています。

2 [3]だん落から、イソギンチャクをつけていないヤドカリが、タコに貝がらをかみくだかれて、食べられてしまったことが分かります。

3 [4]だん落に、イソギンチャクをつけているヤドカリを水そうに入れたときのことが書かれています。タコはヤドカリをつかまえようとしてあしをのばしますが、イソギンチャクにふれそうになると、「あわててあしを引っこめてしまいます」とあります。

4 [4]だん落の最《さい》後に、イソギンチャクをつけているヤドカリがタコに近づいたときのことが書かれています。「タコは後ずさりしたり、水そうの中をにげ回ったりします」と書かれているので、ウとエが正解《かい》です。

5 イソギンチャクのしょく手の仕組みは、[5]だん落に書かれています。「何かがふれるとはりが飛び出す仕組み」とあります。

6 [5]だん落から、イソギンチャクは、しょく手のはりで魚やエビをしびれさせて、えさにすることが分かります。

7 タコは、イソギンチャクがはりでさすことを知っているので、イソギンチャクには近づきません。だから、イソギンチャクを自分の貝がらにつけておけば、タコが近づいてこないので、ヤドカリは食べられずにすむのです。

8 「問い」とは、「〜でしょうか。」などの形で問いかけている文です。[1]だん落に「なぜ、〜でしょうか。」という文があります。問いに対する答えは、ヤドカリがいくつものイソギンチャクを貝がらにつけている理由が説明されているだん落をさがします。

20・21ページ 練習のワーク❷

1 石などについたベニヒモイソギンチャク。

2 (1) (順に) 2→1→3

(2) しょく手・気持ちよさそう・はり

3 ❶魚やエビ ❷待つ ❸移動 ❹ふえる ❺食べのこし

4 [例]いろいろな場所に移動することができるので、えさをとる機会がふえ、ヤドカリの食べのこしをもらうこともできる。

5 問い…[2] 問いに対する答え…[3]

てびき

1 [1]だん落から、「石などについたベニヒモイソギンチャク」を水そうに入れていることが分かります。

2 (1) [1]だん落の「すぐ近づいてきて、……自分の貝がらの上におしつけるのです。」の部分が、ヤドカリがイソギンチャクを見たときの行動です。

(2) ヤドカリは、手あらな方法でイソギンチャクを自分の貝がらにつけますが、その間、イソギンチャクがさからう様子はありません。その様子が、[1]だん落の最《さい》後の二つの文に書かれています。

3 ベニヒモイソギンチャクのえさのとり方は、[3]だん落に書かれています。イソギンチャクは自分で動くことはほとんどないので、えさが近くまで来ないときは、がまんして待つしかありません。しかし、ヤドカリについていれば、ヤドカリといっしょに移《い》動できるので、えさをとる機会がふえます。また、ヤドカリの食べのこしをもらうこともできます。

4 ヤドカリについていると、移動できるので、えさをとる機会がふえ、さらに、ヤドカリの食べのこしをもらえます。これがイソギンチャクにとっての利益《えき》になります。

5 「〜でしょうか。」という言葉に注意して問いの文をさがします。問いは、イソギンチャクはヤドカリの貝がらにつくことで、何か利益があるのかということです。その答えは次の[3]だん落に書かれています。

22・23ページ まとめのテスト

1 [例]なぜ、ヤドカリは、いくつものイソギンチャクを貝がらにつけているのかということ。

2 おなかをすかせたタコ。

3 (1) [例]長いあしですぐヤドカリをつかまえ、貝がらをかみくだいて食べてしまう。

(2) (順に)
・あわててあしを引っこめてしまう。
・後ずさりしたり、水そうの中をにげ回ったりする。

4 何かがふれるとはりが飛び出す仕組み(になっている)。

5 はり・えさにする
6 ウ
7 てきから身を守ること（ができる）。
8 ア

てびき

1 「このこと」の内容《よう》は、①だん落に書かれています。なぜ、ヤドカリが、いくつものイソギンチャクを貝がらにつけているのかを調べるために実験をしたのです。

2 実験の内容については、③・④だん落でくわしく説明されています。③だん落を読むと、「おなかをすかせたタコ」がいる水そうにイソギンチャクをつけていないヤドカリを放したことが分かります。

3 (1) ③だん落に注目します。タコはヤドカリが大好物なので、ヤドカリを見つけたらすぐに食べてしまうのです。

(2) ④だん落に注目します。タコは大好物のヤドカリをつかまえようとしますが、イソギンチャクをさけています。

4 ⑤だん落の一文目に注目します。「イソギンチャクのしょく手は、何かがふれるとはりが飛び出す仕組みになっています」と書かれています。

5 「このこと」の直前の部分に注目しましょう。タコや魚が知っている「このこと」とは、イソギンチャクがしょく手からはりを出し、そのはりで魚やエビをしびれさせてえさにするということです。

6 タコは、イソギンチャクのはりにさされるとしびれることを知っています。さされてしびれるとえさにされてしまうので、それをさけるためにイソギンチャクに近づこうとしないのです。

7 ⑤だん落の最後《さい》の一文に注目します。「ヤドカリは、イソギンチャクを自分の貝がらにつけることで、てきから身を守ることができるのです」と書かれています。イソギンチャクをつけていると、タコや魚が近よってこなくなるため、ヤドカリは身を守ることができるのです。

8 まず、①だん落には「～でしょうか。」という問いかけがあります。次に、②～④だん落で、実験について、くわしい説明をしています。最後に⑤だん落で、さいしょの問いかけについての答えをまとめています。

じょうほうのとびら 引用する わたしのクラスの「生き物図かん」

24・25ページ **きほんのワーク**

❶ ❶ざいりょう ❷かんせい
❷ ❶材料 ❷完成
❸ そのまま・出典
❹ ウ
❺ 1 パンダ
2 例パンダは竹やささばかり食べるのか
3 ❶ウ ❷イ ❸ア
4 （一）→4→2→5→3

てびき

❸ 引用とは、自分の考えや文章を分かりやすくするために、ほかの人が書いた文章などを、そのまま使うことです。引用したときには、どこにのっている文章なのか分かるように、正しく出典を書きます。

❹ 引用するときには、自分の文章と区別するために、かぎ（「　」）をつけたり、だん落を変えて字を下げたりします。また、引用部分は、句読点、漢字などは、そのまま書きます。「ひらがなに直して」とあるアは、元の言葉を変えているのでまちがいです。また、引用するときはひつような部分だけを書くので、「文章全体を書き写して」とあるイはまちがいです。また、引用だと分かるように書くひつようがあるので、「自分の意見として」もまちがいです。

❺ 2 リーフレットを作るときに大切なことは、何をいちばん伝えたいかという中心を決めることです。「調べたことのメモ」には「本当は、竹やささいがいのものも食べられます。」とあり、中ページの「組み立てメモの例」には「なぜ、竹やささばかり食べるのか。」という問いがあるので、この問いを調べたときのメモだと分かります。

3 組み立てメモの例の中ページが、リーフレットで伝えたいことの中心となります。だん落どうしの関係が分かりやすくなるように、問い、調べて分かったこと、引用部分、取材、問いの答え、自分の考えなどに分けて組み立てを考えます。❶は「……食べるのか。」という問いになっています。
❷は「調べたことのメモ」と同じ内容《よう》の「本当は、竹やささいがいのものも食べられる。」とあるので、本からの引用部分だと分かります。❸は「……を感じた。」とあるので、自分の考えだと分かります。

4 組み立てメモを作ったら、内容に合う絵や写真をえらび、表紙・中ページ・うら表紙の配置を考え、下書きします。そのあと、文章を見直して、清書します。

走れ／漢字を使おう3 言葉相談室 人物の気持ちと行動を表す言葉

26・27ページ きほんのワーク

❶ ❶てつだ ❷そう ❸やくそく ❹せき ❺にい ❻わら ❼とく ❽や ❾もっと ❿がんねん ⓫けんこう ⓬じょうたつ ⓭じなん ⓮せきどう ⓯なか

❷ ❶競 ❷初 ❸旗

❸ ❶投 ❷期待

❹ ❶ア ❷イ ❸ア ❹ウ ❺イ ❻イ

☆ 内容《よう》をつかもう！ （順に）（一）→5→2→6→3→4

28・29ページ 練習のワーク❶

1 お母ちゃん

2 かたで息をしながら

3 イ

4 特製のお弁当・お店で売ってるのと同じ
〈または いつもと同じ〉

5 イ

6 例約束を守らないお母ちゃんなんてきらいだ。

てびき

1 けんじたちの番が来たときに、けんじは「保護《ほご》者席をちらりと見た」とあります。お母ちゃんが来てくれたかどうかをたしかめたのです。それから「すぐにまっすぐ前をにらんだ」とあります。お母ちゃんは来ていないけれど、とにかく走るしかないという気持ちが伝わってきます。

2 「かたで息をする」とは、かたを上下に動かしながら、苦しそうにはあはあと息をすることを表しています。お母ちゃんは急いで来たので、息が切れていることが分かります。

3 けんじは走る直前まで、お母ちゃんが来ているかどうかを気にしていました。一等になるところを見てほしかったのに、お母ちゃんが間に合わなかったことがふまんなのです。「下を向いて、返事をしない」という様子から、強いふまんを持っていることが分かります。

4 けんじは「特製《せい》のお弁《べん》当作って」とお母ちゃんにたのんでいました。お母ちゃんは、肉やたまごをぜいたくに使ったごうかなお弁当を作ったのですが、けんじは、今日はお店のメニューとはちがう、自分のためだけのお弁当を作ってほしかったのです。

5 お母ちゃんは、けんじに「お店で売ってるのと同じ」と言われて、自分が作ってきた特製弁当は、けんじがほしがっていたものとはちがっていたことに気づきました。お母ちゃんはけんじによろこんでもらえず、がっかりしているのです。

6 けんじが走るときにお母ちゃんは間に合わなかったし、お弁当もけんじが楽しみにしていたのとはちがっていました。けんじはますますがっかりして、その気持ちが、お母ちゃんへのいかりとなってばくはつしたのです。「短きょり走は見に来てくれないしお弁当はお店のものと同じだし、お母ちゃんなんてきらいだ。」など具体的に書いても、「約束を守ってくれなくてひどい。」などでも正解《かい》です。

30・31ページ 練習のワーク❷

1 (1) とまどっていた。
(2) だまって、おにぎりを食べ始めた。

2 イ

3 (1) ❶けんじ ❷のぶよ （❶・❷は順序《じょ》なし）
❸例おうえん
(2) ウ

4 わりばし（の紙のふくろ）・けんじ

5 お母ちゃん

6 ウ

てびき

1 すぐ後に「のぶよがとまどっている間に」とあります。のぶよは、けんじのさみしい気持ちがよく分かります。同時に、自分たちのために働いてくれているお母ちゃんの立場も分かるので、どちらにも味方できず、どうしていいのか分からなくなっているのです。一方、お母ちゃんは何も言わず、ゆっくりとおにぎりを食べ始めたのです。

2 お母ちゃんはけんじに対して、おこった様子は見せていません。けんじをよろこばせられなかったことをざんねんに思い、仕事がいそがしくていつもさみしい思いをさせていることをすまないと思いながら、しずかにおにぎりを食べています。お母ちゃんが、だまって何も言わないでいる様子から、つらい気持ちをがまんしていることが感じられます。

3 (1) 「けんじ、一等賞《しょう》だ！」「のぶよ、行け！」はどちらも、おうえんの言葉です。仕事がいそがしくて、ゆっくりおうえんもできないお母ちゃんは、わりばしの紙のふくろにおうえんの気持ちをこめてメッセージを書いたのです。

(2) わりばしのふくろに書かれた言葉を見たのぶよは、そのわりばしを「ぎゅっとにぎって」、お母ちゃんの言葉をけんじに見せに行きます。ぎゅっとにぎった様子から、のぶよがお母ちゃんの気持ちをしっかりと受け止めていることが分かります。

4 わりばしのふくろに書かれた言葉で、お母ちゃんのあいじょうを感じたのぶよは、お母ちゃんがいそがしい中でも、自分たちのことを思ってくれているのだということを、けんじにも伝えようと思ったのです。

5 顔を水てきだらけにして、水をがぶ飲みしているけんじの様子からは、お母ちゃんへのいかりがおさまらないことが読み取れます。

6 けんじは、お母ちゃんの書いた文字をしばらくにらんでいました。ここから、けんじは、お母ちゃんの言葉からお母ちゃんの気持ちを感じ取っていたことが分かります。しかし、お母ちゃんのいる場所にはもどらず、二年生の席にかけていってしまいました。お母ちゃんの気持ちは分かっても、かんたんにゆるす気持ちにはなれなかったのです。

32・33ページ まとめのテスト

1

1 イ

2 重い

3 例さみしい

4 （順序《じょ》なし）けんじ・お母ちゃん

5 例体にからみついていたいろんな思いが、するするとほどけていったから。
〈または いろいろなやんでいた気持ちが消えたから。〉

6 例家族のおうえんにはげまされて、せいいっぱい走れたから。

7 ア

2

❶ウ　❷イ　❸ア

てびき

1

1 「のぶよの心ぞうの音が、だんだん高くなる。」とあります。心ぞうの音が高くなるのは、きんちょうが高まっているからです。自分の走る番が間近になって、きんちょうはどんどん高まっているのです。

2 「体を前におし出した」からは、無理《む》に体を運ぶ様子が分かります。「お母ちゃん、ショックだっただろうな。……わたしだって」というように、心が重くなっているので、「体が重い」と感じているのです。

3 「けんじもさみしくて……」とあり、そのすぐ後で「わたしだって本当は……。」とあるので、のぶよもけんじと同じ気持ちだということが分かります。本当はのぶよもけんじと同じように、お母ちゃんがいそがしいためにさみしく感じていたのです。

4 「姉ちゃん」とよんでいるので、これは弟のけんじの声です。もう一つの声は「のぶよ」とよんでいるので、お母ちゃんの声だと分かります。

5 「体にからみついていたいろんな思いが、するするとほどけていった」とあります。気持ちが重かったせいで、体も重く感じていたのぶよですが、二人のおうえんのおかげで、気持ちが軽くなり、体も軽くなったのです。体が軽くなったので、どこまでも走れる気がしたのです。

6 お母ちゃんとけんじにおうえんされ、のぶよは気持ちよく走り切ることができました。のぶよがゴールしたときの様子は「とう明な空気の中に、体ごと飛びこんだ。」とあり、とてもすがすがしい気持ちでゴールしたことが分かります。満《まん》足できる走りができたので、順位はラストでも、ほこらしく感じたのです。

7　のぶよは走りながら、家族のことを思いやっていました。お母ちゃんの気持ちを思いやり、けんじの気持ちも分かってあげています。そして、自分のさみしい気持ちは表に出しません。自分がさみしいと言ったら、お母ちゃんがこまることが分かっているからです。これらから、のぶよは家族思いで、心のやさしい人物だと分かります。

2　人物の気持ちを表す言葉を答えましょう。
❶は初めてのつりで「うまくつれるか」不安になっている様子から、ウ「きんちょうした」が当てはまります。❷❸は「失敗」「成功」をヒントに、それぞれの気持ちを表す言葉を選びます。

山場のある物語を書こう
漢字を使おう4

34・35ページ　きほんのワーク

❶ ❶ともだち　❷きょうかん　❸えいご　❹ぶ　❺あくてんこう　❻かざぐるま　❼お　❽しきし

❷ ❶結末　❷愛

❸ ❶神社　❷開　❸飲　❹終

❹ イ

❺ 1 ウ
2 かっこ悪い・よさ
3 ア

てびき

❹ 物語の山場は、いちばん大きな変化が起こる場面です。山場の場面では、ある出来事をきっかけに、人物の気持ちが変化する様子などがえがかれます。

❺ 1・2　イワシの気持ちが大きく変化している場面はウの部分です。イワシは自分のことを「かっこ悪い」と思っていましたが、熱たい魚に会ってイワシの美しさを教わったことで、「イワシにはイワシのよさがある」と感じたのです。

3　物語は、組み立てメモなどを作り、どこにどんなことを書くかをあらかじめ考えてから書くようにします。山場の部分では、何をきっかけに、何が変わったのかがはっきりと分かるように書きましょう。人物の気持ちなどを書き表すことで、変化がより分かりやすくなります。

ローマ字の書き方

36・37ページ　きほんのワーク

❶ ふたとお

❷ 子音・母音

❸ ❶ひこうき　❷おとうさん　❸くしゃみ　❹ひゃくえん　❺がっき　❻きっぷ　❼ぜんいん

❹ ❶suitô　❷benkyô　❸kyonen　❹ryokan　❺nappa　❻gakkô　❼ten'in　❽kon'ya

❺ （それぞれ順序《じょ》なし）
❶tuki・tsuki
❷syakai・shakai
❸sinkansen・shinkansen

❻ ❶ア　❷イ

てびき

❸・❹ ローマ字には、書き方に決まりがあります。
・「ひこうき」、「すいとう」のようなのばす音は、「a・i・u・e・o」の上に「^」を付けて書きます。
・「くしゃみ」「きょねん」の「しゃ」や「きょ」などの音は、「y」を入れて三文字で書きます。
・「がっき」「なっぱ」などの小さい「っ」のようなつまる音は、すぐ後の文字を二つ重ねて書きます。
・「ぜんいん」「こんや」などのように、「ん」を表す「n」の次に「y」や「a・i・u・e・o」が来るときは、次の文字と「n」の間に「'」を入れます。

❺ 「tu」と「tsu」、「sya」と「sha」、「si」と「shi」のように、ローマ字には二通りの書き方をするものがあります。

❻ ローマ字で人名や地名を書くときは、「Suzuki Satoru」や「Okinawa」のように、初めの文字を大文字で書きます。地名を書くときは、「OKINAWA」のように、全てを大文字で書くこともあります。

広告《こく》を読みくらべよう

38・39ページ きほんのワーク

❶ ❶こう ❷もくてき ❸ひつよう ❹いんさつ ❺えら

❷ ❶目的 ❷必要 ❸印刷 ❹選

❸ ウ

❹ イ・ウ

❺ イ

❻ 順・強調・写真や図

てびき

❸ 広告《こく》などに使う言葉は、なるべく多くの人の目にとまるように、短くて印象《しょう》にのこるような言葉にしています。これをキャッチコピーといいます。

❹ 広告は、できるだけ多くの人に商品を買ってもらうために作られるものです。商品の特ちょうやすぐれているところを伝えるために、デザインやキャッチコピーにくふうがこらされています。

❺ 広告にのせられている写真は、伝えたいことや伝える相手に合わせたものが使われています。体温計の広告に子どもの写真を使うことで、体温計を使う子どもやその家族に、子どもの熱をはかるときに役立つ体温計であることを分かりやすく伝えることができます。

❻ たとえ同じ商品の広告であっても、伝える相手や伝えたい内容《よう》によって作り方はことなります。広告のデザインや強調されている部分には、広告を作った人の意図がこめられているのです。

40・41ページ まとめのテスト

1

1 特ちょう・多くの人

2 写真・デザイン

3 (1) 相手に合わせたメッセージ（を伝えること）。

(2) 例同じ商品でも、相手によってちがう広告を作ること。

4 例広告の目的や作り手の意図（を考える）。

2

1 広告1…家族・使いやすい
広告2…子ども・すばやくはかれる

2 ア2 イ1 ウ1 エ3 オ2 カ3

てびき

1

1 広告《こく》は、その商品の特ちょうやすぐれているところを多くの人に伝えるために、さまざまなくふうがこらされています。

2 文章中に、「特に、印刷されたポスター……動かない広告は、キャッチコピー、写真の選び方や使い方、色やデザインなどにくふうがこらされています」とあります。

3 (1)・(2) 文章中に、「より買いたいと思ってもらうためには、相手に合わせたメッセージを伝えることが大切」とあります。その商品を売ろうとする相手に合わせた広告を作ることで、より買いたいと思ってもらうことができるのです。

4 広告は、商品を売るために作られるものであり、一つずつに作り手の意図がこめられています。広告を作る人は、売る商品や、その商品を売る相手のことを考えながら、その意図に合わせて表し方をくふうしているのです。

2

1 【広告1】は、健康そうな家族の写真を使うことで、商品が家族の健康に役立つようなイメージをあたえることができます。【広告2】は、熱でつらそうにしている子どもの写真を使うことで、商品がすばやく熱をはかれ、子どもにとってやさしい体温計であることを分かりやすく伝えることができます。このように、同じ体温計の広告でも、伝えたい内容《よう》によって使われる写真がちがうことがあります。

2 【広告1】は主に家族に関してのこと、【広告2】は主に子どもに関してのことが書かれています。エやカのような、体温計の機能《のう》については、両方の広告に書かれています。

きせつの足音――夏／言葉相談室　述《じゅつ》語の形、だいじょうぶ？／本は楽しむもの

42・43ページ　きほんのワーク

❶ 1 ①蟻〈またはあり〉　②金魚
2 ①うなずき〈またはうなづき〉・（順序《じょ》なし）西・東　②茶碗〈または茶わん〉・金魚

❷ ①ななみさんは、もう　家に　帰りました。
②北海道では、多くの　雪が　ふった。

❸ ①イ　②イ

❹ 例なぜなら、わたしはケーキが大好きだからです。

❺ 1 イ
2 文化・ふしぎさ〈またはふしぎなこと〉
3 ふしぎさ・感じる
4 例分かりやすくとき明かして、楽しませてくれるもの。

てびき

❶ 1 ①短歌には季《き》語を入れる決まりはありませんが、「蟻《あり》」は夏の生き物を表す言葉として使われます。②「金魚」は夏の季語です。

2 ①「事ありげ」とは事情《じょう》やわけがありそうな様子という意味です。蟻と蟻が出会ってすれちがう様子を、「うなづきあひて」と、まるで人がうなずき合うようにたとえています。さらに、何かわけがありそうな様子で西へ東へと走っていると、蟻のすがたをユーモラスにえがいています。②「貰《もら》ひ来る」とあることから、どこかから金魚をもらってきたことが分かります。この俳《はい》句《く》からは、茶碗《わん》の中でゆらゆら泳ぐ金魚のすがたを想像《ぞう》することができます。

❸ ①の主語「しゅみは」のように、物事を表す言葉が主語になる場合、述《じゅつ》語に「こと」「もの」「ところ」などがないと、うまくつながりません。この場合は、「兄のしゅみは、本をよむことです。」と、「こと」を入れます。他にも「兄のしゅみは読書です。」などということもできます。②の文も主語は「いいところは」なので、「姉のいいところは、やさしいところです。」とすると、主語に合った述語の形となります。

❹ 「なぜなら」など理由を説明する言葉があるときは、「なぜなら、わたしはケーキが大好きだからです。」のように「から」「ので」などの理由を表す言葉を入れる必要があります。

❺ 1 ほうきやテレパシーが使える魔《ま》法の世界はふしぎな物語の世界です。それと同様に、わたしたちの住むこの世界も、飛行機でどこへでも行けたり、インターネットなどで世界中と結ばれていたりする「ふしぎなことだらけ」の世界なのだと、のべています。

2 第二だん落の最初の文に『科学って何だろう。』と考えると、……人間の作り上げてきた文化の一つ」とあります。また、第一だん落の最後に「科学は、……ふしぎさをはっきりと見せてくれます。」とあります。

3 第二だん落で、筆者は、大人と子どものちがいにふれています。「大人になると、……。でも、子どもには、……」とくらべてのべているところから読み取りましょう。

4 最後の文で、筆者は「科学の本」とはどんなものかを書いています。

ふしぎ／よかったなあ

44・45ページ　きほんのワーク

❶ 連

❷ ①ウ　②ア　③イ　④ウ
⑤ア　⑥イ

❸ 1 四〈または4〉
2 わたしはふしぎでたまらない、
3 銀・白く・ひとりで（ぱらりと）
4 イ

てびき

❸ 1 「連」とは詩の中のまとまりのことで、連と連の間は、ふつうは一行空いています。

2 四つの連の最初の行が、全て「わたしはふしぎでたまらない、」と、同じ表現《げん》になっています。

3 雨は第一連、かいこは第二連、夕顔は第三連に書かれています。

4 第一連～第三連の内容《よう》を第四連でまとめています。作者がふしぎだと思うことについて、だれもがわらって「あたりまえだ」

といっているとあります。そこから、「どうしてほかの人はふしぎに思わないのだろう」という作者の気持ちが分かります。世界はふしぎにみちているのに、わたしたちはそれをあたりまえだと思ってしまって、そのふしぎに気づいていないのです。作者は自分の感じ方を正しいとしんじているので、アの「わらわないでほしい」やウの「はずかしい」「勉強したい」は合いません。

46・47ページ まとめのテスト

1 四〈または4〉
2 よかったなあ・いてくれて
3 草や木
4 ア
5 イ
6 何が…草や木
何を…（順序《じょ》なし）鳥・けもの・虫・人
7 例そこにいてくれて
8 ウ

てびき

2・3 「よかったなあ　草や木が／……いてくれて」という形がくり返されています。

4 「よかったな」ではなく「よかったなあ」となっているところから、「よかった」ということをしみじみと感じていることが伝わってきます。

5 たくさんある草や木が、それぞれ違《ちが》っているとは、それぞれがこせいを持っているということです。

7 第三連までの「草や木が／……いてくれて」という形に合わせて考えます。

8 「よかったなあ　草や木が／……いてくれて」とくり返されていることから、作者が、草や木がいてくれて本当によかったと心から思っていることが分かります。自然のすばらしさに心から感謝《しゃ》しているのです。

お願いやお礼の手紙を書こう

48・49ページ きほんのワーク

❶ ❶ねが ❷そうふ ❸きょうりょく
❷ ❶願 ❷協力
❸ ❶エ ❷イ ❸ウ ❹ア
❹ 1 イ
2 ❶前文・イ ❷本文・エ ❸末文・ウ ❹後付け・ア
3 ア・ウ

てびき

❸ ❷相手の名前は、ふうとうの表がわの真ん中に、大きく書きます。❸❹ふうとうのうらがわには、自分の住所と名前を書きます。

❹ 1 「先日は、しりょうを送ってくださり、ありがとうございました。」から、お礼の手紙であることが分かります。

2 前文（書きだしのあいさつ）→本文（用件《けん》）→末文（結びのあいさつ）→後付け（日付や名前）の順で書きます。

3 手紙を書くときは、目的に合わせて、用件をはっきりと書きましょう。書いた手紙は、まちがいがないか、失礼な言い方はしていないか、しっかり読み直す必要があります。また、手紙のはじめには「すずしくなってきましたが、お元気ですか。」のように、きせつに合わせたあいさつを書きます。

ことわざ・故《こ》事成語を使おう

50・51ページ きほんのワーク

❶ ❶つ ❷ぎょふ ❸まじ
❷ ❶積 ❷漁夫
❸ ウ
❹ ❶一石二鳥 ❷後の祭り ❸灯台もと暗し
❺ ❶オ ❷エ ❸ア ❹ウ ❺イ
❻ 昔・中国
❼ イ
❽ ❶ウ ❷エ ❸イ ❹ア

てびき

❸ 「ことわざ」は、生活に役立つちえや、教えなどをふくんだ短い言葉です。覚えやすく、おもしろい表現《げん》やたとえが使われていて、「なるほど」と思う内容《よう》が多く、昔から多く

の人に使われてきました。ことわざを集めたいろはかるたも広く親しまれています。

❹ ❶「一石二鳥」は、「一つのことをして、二つの利益《えき》をえること」という意味です。読書をすることで、「物語のおもしろさを味わうことができる」ことと、「言葉の力が身に付く」という二つの利益をえています。

❷「後の祭り」は、「間に合わなくて、どうしようもないこと」という意味です。学校に来てから宿題をやっていないことに気づいても、もう手おくれだということです。❸「灯《とう》台もと暗し」は「身近なことは、かえって気づきにくい」という意味です。この灯台は、船をみちびく灯台ではなく、昔の照《しょう》明器具の灯台のことです。火をともす台の真下は暗いことからきています。

❻「故《こ》事成語」は、昔あったことがもとになってできた言葉で、特に中国の古い話からできたものが多くあります。日本では、昔から中国のれきしや文学の本がよく読まれ、広く知られていたのです。

❼「五十歩百歩《ごじっぽひゃっぽ》」は、昔の中国で、せんそう中に、てきから五十歩にげた人が、百歩にげた人のことを弱虫だと笑ったという話がもとになっています。五十歩でも百歩でもにげたことには変わりないので、どちらも同じようなものだということを表しています。

❽ 故事成語のもとになった話は、次のとおりです。

❶ 矛盾《むじゅん》…「矛」は「ほこ」といって、やりのような武器《ぶ》、「盾」は「たて」のことです。昔の中国で、「わたしの矛《ほこ》はするどくて、どんなものでもつき通す」「わたしの盾《たて》はがんじょうでどんな矛も通さない」と言って矛と盾を売っている人がいました。「あなたの矛であなたの盾をついたらどうなるのですか」と言われて、その人は何も答えられませんでした。

❷ 背《はい》水の陣《じん》…昔の中国で、漢《かん》という国の軍《ぐん》隊《たい》が川をせ中にして一歩もひかないというかくごで戦ったことから生まれた言葉です。

❸ 蛇足《だそく》…「蛇足」は「へびの足」のことです。昔の中国で、へびの絵をかくきょうそうをしたときに、いちばんにかき上げた人が、調子にのってへびの足までかいたところ、へびに足はないので、負けになりました。

❹ 漁夫の利…昔の中国で、海べで鳥が貝を食べようとすると、貝がていこうして鳥のくちばしをはさみました。そこに漁夫(りょうし)が通りかかって、どちらもつかまえてしまいました。

クラスで話し合って決めよう
漢字を使おう5／文の組み立てと修飾《しゅうしょく》語

52・53ページ きほんのワーク

❶ ❶いがい ❷ぎだい ❸ぐんしゅう ❹ぐんぶ ❺かん ❻かんがっき ❼にゅうよく ❽がいとう ❾せんきょ ❿とうひょう ⓫かもつせん ⓬おき

❷ ❶目標 ❷富 ❸徒歩 ❹卒業

❸ ❶波 ❷本州 ❸汽笛 ❹決

❹ ❶ウ ❷エ ❸ア ❹イ

❺ ❶ア・オ ❷エ・カ ❸イ・ウ

❻ ❶子ねこは ❷かわいい ❸くれた

てびき

❹ 話し合いの役わりには、司会、提《てい》案者、参加者、書記などがあります。それぞれがどんな役わりをするのか、しっかりおさえましょう。

❺ ❶司会は、話し合いの中で、意見や質問などの発言をうながしたり、出された発言をまとめたりします。また、議題から話がそれたときには、元にもどすようにします。❷提案者は、考えてきた提案を、理由とともに説明し、質《しつ》問されたときには、答えます。❸参加者は、自分の考えを持ちながら参加します。また、出てきた意見をくらべて、同じ部分やちがう部分を見つけたり、よりよい意見を考えたりします。

❻ 修飾《しゅうしょく》語は、ほかの言葉をくわしく説明する働きをする言葉です。修飾語は、ふつうそれよりも後の言葉をくわしく説明します。❶は、「どんな」に当たる「白い」が、「子ねこは」をくわしく説明しています。❷は、「どのくらい」に当たる「とても」が、「かわいい」をくわしく説明しています。❸は、「何を」に当たる「本を」が、「くれた」をくわしく説明しています。

54・55ページ まとめのテスト

1

1 ウ

2 例クラスの旗にかく絵（はどんなものがよいかについて）。

3 ア

4 石川さんの提案内容…好きな絵
石川さんの提案理由…協力することの大切さ
高木さんの提案内容…さくらの木
高木さんの提案理由…クラスにぴったり

5 質問

6 イ

2

❶雨が、しとしと ふる。
❷ぼくは、魚を つった。
❸弟が、のんびり アイスを 食べる。

3

❶わたしは、友達の えんぴつを かりた。
❷真っ赤な 夕日が ゆっくりと しずむ。
❸子どもたちが とても 元気に 遊ぶ。
❹青い 花が 道ばたに たくさん さく。

てびき

1

1 司会の森さんはまず、「これから、……について話し合います。」と、何について話し合うのかという議題をのべています。そして「話し合いは三十分間」「まず提《てい》案グループが……。次に、……。提案は全部で三つ」と、話し合いの進め方をたしかめています。

2 司会の森さんは最初に「これから、クラスの旗にかく絵について話し合います。」と議題をたしかめています。そのあとさらに「クラスの目標である『心を一つに』という言葉といっしょにかく絵は、どんなものがよいでしょうか。」とくわしく話しています。

3 提案者の石川さんと高木さんは、どちらも「……からです。」という理由を表す言い方で、提案内容《よう》となぜそう考えるのか、理由を言っています。意見をのべるときは、理由もあわせて説明すると、聞いている人に理解《かい》してもらえます。

5 司会は、話し合いのところどころで発言をうながします。発言をうながすときには、「……について、質《しつ》問はありませんか。」「ほかに意見はありませんか。」などの言い方があります。意見があまり出ないときには、「意見が出ないようなので、まわりの人と相談してください。」などと言うこともあります。

6 池田さんは、「例えばどんな絵ですか」と、提案の内容をくわしく聞いています。提案内容に分からないことがあれば、提案について考えることができません。

2

まず、文の述語《じゅつ》からさがします。述語はふつう文の最後にあり、「どうする」「どんなだ」「何だ」を表します。述語が見つかったら、主語をさがします。主語は「だれが（何が）」「だれは（何は）」に当たる言葉です。最後に修飾《しゅうしょく》語をさがし、どの言葉をくわしく説明しているかを考えます。❶は雨が「どのように」ふるかをくわしく表している「しとしと」が修飾語です。❷は「何を」つったかをくわしく表している「魚を」が修飾語です。❸は「どのように」食べたかをくわしく表している「のんびり」、「何を」食べたかをくわしく表している「アイスを」が両方とも修飾語です。

3

修飾語が修飾語にかかることもあります。❶は「何を」かりたかをくわしく表している「えんぴつを」は、「かりた」にかかる修飾語です。さらに、「だれの」えんぴつなのかをくわしく表している「友達の」は、「えんぴつを」にかかる修飾語です。❸も「どのように」遊ぶのかをくわしく表している「元気に」は、「遊ぶ」にかかる修飾語です。さらに「どのくらい」元気なのかをくわしく表している「とても」は、「元気に」にかかる修飾語です。❹の場合は「どこに」さくかをくわしく表している「道ばたに」は、「さく」にかかる修飾語、「どのように」さくかをくわしく表している「たくさん」も、「さく」にかかる修飾語です。

56・57ページ きほんのワーク

❶ ①せんそう ②はいきゅう ③はん ④な ⑤ぐんか ⑥へいたい ⑦いちりん ⑧けい ⑨あさ ⑩じどう

❷ ①包帯 ②一輪 ③底 ④散

❸ ①美 ②実 ③畑

❹ ①ウ ②イ ③ウ ④ウ ⑤ア ⑥ア

☆ 内容《よう》をつかもう！ (順に)(一)→4→3→5→2

58・59ページ 練習のワーク❶

1 一つだけ・よろこび
2 ア
3 お父さんが戦争に行く日。
4 (順序《じょ》なし) 包帯・(お)薬・配給のきっぷ・(だいじなお米で作った) おにぎり
5 おにぎりが入っていること。
6 イ

てびき

1 直後の、「この子は一生、……いったい大きくなって、どんな子に育つだろう。」というお父さんの言葉に注目しましょう。お父さんには、「一つだけ」としか言えない時代に生まれたゆみ子の人生に、「よろこび」があるようには思えなかったのです。

2 お父さんは、おなかをすかしているのに「一つだけちょうだい。」としか言わないゆみ子のことをかわいそうに思っていましたが、おなかいっぱいに食べさせてやることができないでいました。こんな時代に生まれたゆみ子のことを心配し、できるかぎりのことをしてゆみ子をよろこばせようと、めちゃくちゃに「高い高い」をしています。

3 ゆみ子のお父さんはあまりじょうぶではありませんでしたが、とうとう戦争に行かなければならなくなりました。戦争に行くお父さんを見送るために、ゆみ子とお母さんは駅に行ったのです。

5 ゆみ子は、お母さんのかばんにおにぎりが入っていることを知っていたので、「おじぎり一つだけちょうだい。」とねだったのです。

6 直後に、「お母さんは、戦争に行くお父さんに、ゆみ子の泣き顔を見せたくなかったのでしょうか。」と理由が書かれています。戦争に行ったら、お父さんは生きて帰れないかもしれません。お父さんとの最後の別れになるかもしれないので、お母さんはゆみ子を泣かせたくなかったのです。

60・61ページ 練習のワーク❷

1 いよいよ汽車が入ってくるというとき。
2 ウ
3 イ
4 コスモス
5 例 (一つだけの花を) だいじにするように。
6 ばたつかせて・ゆみ子
7 例ゆみ子に幸せになってほしい(という願い)。

てびき

2 最後にゆみ子をよろこばせてあげたいというお父さんの願いがこめられている言葉です。

3 この言葉は、お母さんの本当の気持ちが表れたものではありません。ゆみ子を心配しながらも戦争に行かなければならないお父さんに、ゆみ子の泣き顔を見せて、悲しい思いをさせたくなかったのです。お父さんはすすんで戦争に行くのではなく、お母さんも戦争に行くことをよかったとは思っていないので、ア「本当によかった」はまちがいです。ウの内容《よう》は文章中に書かれていません。

4 「帰ってきたお父さんの手には、一輪のコスモスの花がありました」に注目しましょう。ゆみ子はおにぎりが食べられなくて泣きだしますが、もうおにぎりはのこっていません。そこで、お父さんはゆみ子をよろこばせるために、コスモスの花をつんできて、ゆみ子にわたしたのです。

5 お父さんは、ゆみ子に「一つだけのお花、だいじにするんだよう……。」と言って、コスモスの花をわたしています。

6 「お父さんは、それを見て、にっこり笑うと」とあります。「それ」は、花をもらって足をばたつかせながらよろこぶゆみ子のすがたを指しています。泣いていたゆみ子がよろこんだのを見て、お父さんは安心してにっこり笑ったのです。

7 小さなゆみ子をのこして、お父さんは戦争に行くのです。そして、戦争に行ったならば、二度とゆみ子に会えないかもしれないのです。そんなお父さんの立場を考えながら、ゆみ子に対してどんな思いでいたかを考えましょう。ゆみ子の幸せを願う思いや、ゆみ子のぶじを願う思いが書けていれば正解《かい》です。

62・63ページ まとめのテスト

1 ごみすて場・わすれられた
2 イ
3 例帰ってこなかった
4 とんとんぶき・コスモス・いっぱい
5 ミシン・肉か魚か・平和な
6 例幸せそうにすごしている様子。

てびき

1 お父さんは、泣きだしたゆみ子のためにコスモスの花をつんできました。そのコスモスの花は、「プラットホームのはしっぽの、ごみすて場のようなところに、わすれられたようにさいていた」のです。

2 ゆみ子にわたしたコスモスの花には、お父さんの思いがこめられています。だいじにしなければならない「一つだけ」のものとは何でしょうか。命や平和を愛する心などかもしれません。ゆみ子の幸せを願うお父さんの気持ちを想像《ぞう》してみましょう。

3 お父さんが戦争に行ってから、十年がたっています。お父さんが戦争から帰ってこなかったので、ゆみ子はお父さんの顔を覚えていないのです。

4 「でも、今、ゆみ子のとんとんぶきの小さな家は、コスモスの花でいっぱいに包まれています。」とあります。おさないころにお父さんからもらったコスモスの花は一輪でしたが、今はコスモスの花で包まれた家にくらしているのです。

5 戦争から十年たった最後の場面では、「一つだけ」という言葉は一回も出てきません。また、ばくだんを落とす飛行機の音も聞こえてきません。その代わりにミシンの音や、「お肉とお魚と、どっちがいいの」というゆみ子の声が聞こえてきます。戦争をしていたころにはなかった平和なくらしをしていると考えることができます。

6 「スキップ」は、心がうきうきしてはずむような歩き方で、楽しい気持ちやうれしい気持ちのときにするものです。戦争が終わって平和な時代がおとずれ、幸せにくらすことができているゆみ子の様子が、歩き方から分かります。

きみに

64・65ページ きほんのワーク

1 四〈または4〉
2 ウ
3 （自分の書いた手紙を）読んでみた。
4 （順序《じょ》なし）青い空を吹いていた風。・しずかな波の音。・かすかな鳥の声。
5 イ
6 どきどき

てびき

2 第三連に「きみの新しい住所」とあるので、「きみ」は引っこしたのだと分かります。

4 第二連に注目しましょう。手紙を読んだときに文字と文字のあいだに聞こえた気がしたものがえがかれています。

5 「紙のうえにのせるようにして」は、書くわけではないけれど、手紙にこめているということです。言葉では表せない町のふんいきをそのまま、遠くに行ってしまった「きみ」に伝えたいという思いがこめられています。

6 手紙を封筒《ふうとう》にいれて「どきどきしている」とあります。

くらしの中の和と洋
じょうほうのとびら　観点を立ててくらべる

66・67ページ　きほんのワーク

❶ ❶いしょくじゅう　❷べい　❸お　❹さ　❺ちょうせつ　❻たん

❷ ❶置　❷調節　❸単

❸ ❶移動料金　❷移動時間　❸すごし方

❹ ❶ウ　❷イ　❸ア　❹イ　❺ウ　❻イ　❼ア

☆内容《よう》をつかもう！
①和　②洋（①・②は順序《じょ》なし）　③住

てびき

❸ 物事をくらべるときは、いくつかの観点を立ててくらべることで、ちがいがはっきりとして、見のがしていたことに気づく場合もあります。ほかにも「ペットのあつかい」や「一日の本数」など、いろいろな観点でくらべることができます。物事をくらべるときは、表にして整理する以外に、強い⟷弱い、古い⟷新しいなど、相対する二つのじく（観点）によって、四つの空間に分けて、当てはまるものを配置してくらべる方法もあります。

68・69ページ　練習のワーク❶

1 すごすとき

2 和室…たたみ　洋室…いす

3 正ざ・あぐら・ねころぶ

4 親しい相手…近づいて
目上の人…少しはなれて

5 目的に合わせたしせい・形

6 （順序《じょ》なし）和室…ア・エ　洋室…イ・ウ

てびき

1 最初の一文で「それぞれの部屋の中ですごすときのことを考えてみましょう」と、話題をしめしています。

2 第二だん落に、和室と洋室のすわり方のちがいが説明されています。

3 「いろいろなしせい」については、すぐ後に四つの例が挙げられています。

4 第五だん落に、「相手が親しければ近づいて話し、目上の人の場合には少しはなれて話す」とあります。

5 いすのくふうについては第六だん落に書かれています。目的に合わせたしせいがとれるように形がくふうされているので、長時間すわっていてもつかれにくいのです。

6 和室のよさは第四・五だん落、洋室のよさは第六・七だん落に書かれています。

70・71ページ　練習のワーク❷

1 使い方

2 （そこに置いてある）家具

3 テーブルやいす…食事をする（ためのもの）。
勉強づくえ…勉強をする（ためのもの）。
ベッド…ねる（ためのもの）。

4 （順序《じょ》なし）
・ざぶとんをしいて話をすること。
・ざたくに料理をならべて食事をすること。
・（かたづけて）ふとんをしくこと。

5 和室…ウ　洋室…ア

6 例 和室と洋室の両方のよさを取り入れてくらしている。

てびき

1 最初の一文に、「部屋の使い方という点」とあります。

3 第二だん落に、「食事をする、勉強をする、ねる」という目的に対して、「テーブルやいす、勉強づくえ、ベッド」という家具の例が挙げられています。それぞれどの目的にどの家具を使うのかを読み取りましょう。

4 第三だん落の最後の一文に、和室でできることが書かれています。ざぶとんをしいて話をするのはリビング（居間《い》）の働きです。ざたくで食事をするのは食堂《どう》の働きです。ふとんをしけばしん室の働きをします。

5 洋室のよさは第二だん落に、和室のよさは第三だん落に書かれています。洋室は家具などが整い、それぞれの部屋の目的がはっきりしています。一方、和室は一つの部屋をいろいろな目的に使えるのです。イ「目的に関係なく、広々と使う」ということは、この文章には書かれていないので、当てはまりません。

6 最後のだん落に注目します。「両方のよさを取り入れてくらしている」とあります。今の日本の家には、和室も洋室もあり、それぞれのよさをうまく使っているということです。

72・73ページ まとめのテスト

1 部屋の使い方という点（から）。
2 何に使う部屋かということ。
3 その部屋をより使いやすくするため。
4 ❶ア ❷イ ❸ア ❹イ
5 一つの部屋をいろいろな目的に使うことができる。
6 ❶一部屋〈または 一つの部屋〉 ❷食事をする部屋 ❸とまってもらう部屋（❷・❸は順序《じょ》なし）
7 ウ

てびき

1 最初の一文に注目します。

2 第二だん落の最初の二文に注目します。家具は目的に合わせて置かれるので、家具を見れば、何をする部屋か大体見当がつくのです。

3 第二だん落に注目します。洋室の部屋の家具は、食事や勉強などの目的に合わせて「その部屋をより使いやすくするため」に置かれています。

4・5 洋室のことは第二だん落に、和室のことは第三だん落に書かれています。洋室は目的別にいくつもの部屋を使い分けますが、和室は一つの部屋をいろいろな目的に使うことができるという特ちょうがあるのです。

6 第三だん落では、お客さんが食事をしてとまっていくという例を挙げて、和室のよさを説明しています。洋室は食事やねるといった目的に合わせた部屋が必要になりますが、和室は一部屋あれば食事をすることもねることもできるのです。

7 最後のだん落に注目します。和室、洋室のどちらにもよさがあり、わたしたちは、その両方のよさを上手に取り入れてくらしているのだとまとめています。

「和と洋新聞」を作ろう 季節《き》の足音――秋

74・75ページ きほんのワーク

❶ ❶えいよう ❷しお ❸むけい・さん ❹すいさんしょう
❷ ❶栄養 ❷塩 ❸無形 ❹産 ❺水産省
❸ （順に）（一）→5→2→3→4
❹ 1 イ
2 例いちばん目立たせたい記事。〈または 読んでもらいたい記事。〉
❺ 3 ウ
1 鹿・ぺろん
2 ア

てびき

❸ 新聞を作るときは、まず、テーマや記事にしたいことを決めます。次にそれぞれの記事の分量や、だれがどう取材するかなどの分たんを決め、取材します。そして取材で集めた材料を、目的に合わせて整理し、記事を下書きします。そのときに、記事とともにのせる写真や図表もじゅんびします。最後に、新聞のわり付けを考え、記事を清書します。

❹ 1 見出しとは、記事の内容《よう》が分かるように短くまとめられた言葉です。「タイトル」とも言います。

2 新聞のいちばん上には、いちばん重要な記事を置きます。だれもが最初に見る、とても目立つところだからです。

❺ 1 見たままの様子をよんでいる短歌です。鹿《しか》が近づくのにも気づかず、きみとすごしていたのでしょう。鹿になめられ、だえきで光るかばんの様子をえがいています。

2 俳句《はいく》では、「狸《たぬき》」は冬の季語、「秋を惜《お》しみ（秋惜しむ）」は秋の季語になります。「戸を叩《たた》く狸」は、実際《さい》にたぬきが戸をたたいているというより、秋の風の音を表現《げん》しているという受け取り方が多く見られる俳句です。作者が、すぎさろうとしている秋を、おしむ気持ちをよんだ作品です。

つなぐ言葉／聞いてほしいな、こんな出来事 じゅく語の意味

76・77ページ きほんのワーク

❶ ❶しょうめい ❷しゅくじつ ❸のこ ❹ふあん ❺かんれい ❻こうてい ❼みち ❽りょうこう
❷ ❶試合 ❷着陸
❸ ❶それに ❷だから ❸しかし

4 ①ウ ②ア

5 ❶ウ ❷イ ❸エ ❹オ ❺エ ❻ア

6 ❶不足 ❷軽重 ❸新人 ❹読書

てびき

3 前の文と後の文のつながりを考えます。❶は前の文に付け加える意味の「それに」、❷は前の部分が理由を表す「だから」、❸は前の文と反対の意味を表す「しかし」が入ります。

4 聞く人に、出来事や自分の気持ちが伝わるようにするには、伝えたい気持ちに合った声で話したり、声の大小や話す速度、間の取り方を考えて話したりします。

5 ❶「最多」は「最も多い」となり、上の漢字が下の漢字の意味をくわしく説明している組み合わせです。❷「明暗」は「明るい」と「暗い」の組み合わせなので、意味が対《つい》になる漢字の組み合わせです。❸「消火」は「火を消す」、❺「投票」は「票を投じる」となり、上の漢字が動作や作用を、下の漢字が「～を」「～に」を表す組み合わせです。❹「無色」は「色が無い」となり、上の漢字が下の漢字の意味を打ち消している組み合わせです。❻「開始」は「開く・開ける」と「始まる・始める」の組み合わせなので、にた意味を表す漢字の組み合わせです。

6 ❶は上の漢字が下の漢字の意味を打ち消している組み合わせ、❷は意味が対になる漢字の組み合わせ、❸は上の漢字が下の漢字の意味をくわしく説明している組み合わせ、❹は上の漢字が動作や作用を、下の漢字が「～を」「～に」を表す組み合わせになっています。

ごんぎつね

78・79ページ きほんのワーク

1 ❶しろ ❷あた ❸なたね ❹や ❺いど ❻まつ ❼がわ ❽ふしぎ ❾ねん ❿なわ ⓫かた

2 ❶城 ❷辺 ❸菜種 ❹井戸 ❺側 ❻縄 ❼固

3 ❶ア ❷ウ ❸ウ ❹イ ❺ア ❻ア ❼ア

☆ 内容《よう》をつかもう！ (順に)(一)→5→4→6→3→2

80・81ページ 練習のワーク❶

1 川〈または水の中〉・魚〈またはうなぎやきす〉

2 ア

3 (順序《じょ》なし)(太い)うなぎ・(大きな)きす

4 (ごみといっしょに)びくの中へぶちこんだ。〈またはびくに入れた。〉

5 ウ

6 例(うなぎが)ぬるぬるとすべりぬけるので、手ではつかめず、じれったくなったから。

7 イ

8 例うなぎを首にまき付けたまま、横っ飛びに飛び出して、一生けん命にげていった。

てびき

1 ごんが「兵十《ひょうじゅう》だな。」と思ったとき、兵十は、川の水にこしのところまでつかって、魚をとっていたのです。

2 顔に葉っぱが付いているのに、それにも気づかないほど一生けん命なことが分かります。

3 兵十がはりきりあみを水の中から持ち上げたとき、ごみにまじって、「太いうなぎ」や「大きなきす」のはらが見えています。

4 「びく」は、とった魚などを入れておく、竹などでできたかごのことです。

5 この後のごんの行動に注目します。ごんはびくの中の魚を、川に投げこんでいます。兵十がせっかくとったえものを、次々とにがしてしまったのです。

6 すぐ前に、うなぎがぬるぬるとすべりぬけて、手ではつかめず、じれったくなったとあります。

7 ごんは、兵十のいないうちに魚をにがしてしまおうと思っていたのに、うなぎにてこずってしまい、間に合いませんでした。しかも、まわりに注意をはらっていなかったので、急に兵十にどなられてびっくりしたのです。

8 うなぎは「ごんの首にまき付いたままはなれません」とあるので、ごんはうなぎを首にまき付けたままにげたのだと分かります。

82・83ページ 練習のワーク❷

1 (1) 秋
(2) ひがん花がさいているから。
2 兵十のうちのだれが死んだのか
3 そう式の出る〈または そう式が出る〉
4 かみしも・位はい・（何だか）しおれて
5 (1) （兵十の）うなぎを取ってきてしまった。
(2) ア

てびき

1 「ひがん花が、……さき続いていました」とあります。ひがん花は、秋の彼岸《ひがん》のころ（九月二十三日前後）にさく花です。

2 ごんは、「兵十《ひょうじゅう》のうちのだれが死んだんだろう。」と思っています。だれが死んだのかをたしかめるために、村の墓地《ぼ》まで行って待っていたのです。

4 兵十が白いかみしもを着けているとあります。白いかみしもは、そう式をとり行う「も主《しゅ》」のしるしで、兵十の身近な人が死んだことが分かります。顔もしおれているので、兵十のおっかあが死んだと分かったのです。

5 ごんは、自分がいたずらでうなぎを取ってきてしまったから、兵十はおっかあにうなぎを食べさせられなかったのだろうと考えています。自分がいたずらをしなければ、兵十のおっかあも死ぬ前にうなぎが食べられたのに、悪いことをしてしまったと後かいしているのです。

84・85ページ 練習のワーク❸

1 イ
2 いわし売り〈または いわし屋〉
3 (1) 兵十・いわしを投げこんだ
(2) つぐない
(3) ウ
4 ぬす人〈または いわしをぬすんだ〉・ひどい目にあわされた〈または ぶんなぐられた〉
5 イ

てびき

1 「おれと同じ」から、ごんが兵十《ひょうじゅう》と自分を重ねていることが分かります。ごんは「ひとりぼっち」のさびしさを知っているから、兵十の気持ちが分かるのです。

2 「いわしの安売りだあい。……」と言っているので、いわし売りの声だと分かります。

3 (1) ごんは、いわし売りのかごからいわしを取って、兵十のうちへ投げこんでいます。
(2) ごんは自分の行動を「いいことをした」と思っています。うなぎのつぐないに、兵十のためを思ってしたことだったのです。
(3) 「まず一つ」とは、最初の一つという意味で、次があることを意味しています。ごんはこの後も兵十のために「いいこと」をしていこうと思っているのです。

4 兵十のひとり言に注目します。ごんが投げこんだいわしのせいで、兵十はいわし売りにぬす人と思われてしまい、ひどくなぐられたらしいということが分かります。

5 兵十をよろこばせようと思ってしたことが、かえってひどい目にあわせてしまったと知って、ごんは申しわけないと感じています。

86・87ページ まとめのテスト

1 くりをとどけるため。〈または くりを置いてくるため。〉
2 物置・縄
3 いたずら
4 ア
5 （火縄じゅうでドンと）ごんをうった。
6 見たもの…土間・くり　気がついたこと…例 いつもくりをくれたのはごんだったということ。
7 イ
8 例 たいへんなことをしてしまった。ごめんよ、ごん。
9 兵十は、火縄じゅうをばたりと、取り落としました。

てびき

1 「ごんは、くりを持って」とあるので、兵十《ひょうじゅう》にくりをとどけに来たのだと分かります。

2 「兵十のうちへ出かけました」の後に「物置で縄をなっていました」とあります。

3 兵十はごんを見つけて、「またいたずらをしに来たな」と思っています。うなぎをぬすまれたことしか知らないので、ごんがいたずらをしに来たとしか考えられなかったのです。

4 その後の兵十の行動に注目します。火縄じゅうに火薬をつめたのは、ごんをじゅうでやっつけようと思っているからです。仲直りをするつもりならじゅうを持つはずがないので、イはまちがいです。兵十はくりを持ってきているのがごんだとは知らないので、ウもまちがいです。

5 火薬をつめた火縄じゅうを持った兵十は、「足音をしのばせて」ごんに近より、「ドンと、うちました」とあります。

6 兵十は、土間にくりが固めて置いてあるのに気づいて「おや。」とびっくりしています。そして、くりを持ってきてくれていたのがごんだと初めて分かり、「ごん、おまえだったのか。いつも、くりをくれたのは。」と言ったのです。

7 ごんが、ぐったりしているのに兵十の言葉にうなずいて答えている様子から、アの兵十をにくむ気持ちは読み取れません。いたずらをしていたわけではないので、ウも合いません。最後に兵十に自分がしてきたことが分かってもらえて、ごんはうれしく感じていたのです。

8 兵十は、取り返しのつかないことをしてしまったことに気づき、ごんに対して申しわけない気持ちでいっぱいだったと考えられます。その気持ちを兵十の言葉で書けていれば正解《かい》です。

9 火縄じゅうを取り落としたところから、ごんをうってしまって、ぼうぜんとしている兵十の様子が読み取れます。

漢字を使おう7　言葉相談室　人物のせいかくと行動を表す言葉　ほか

88・89ページ　きほんのワーク

❶ ❶もうひつ　❷ねんが　❸とうあん　❹しょうじき　❺ふなたび　❻おうごん　❼せいてん　❽はごいた　❾けしき　❿しず　⓫まわ　⓬まご　⓭うめ

❷ ❶年賀　❷静　❸周　❹梅

❸ ❶幸福　❷軽

❹ ❶ウ　❷ア　❸イ

❺ ❶ウ　❷イ

❻ （順序《じょ》なし）温和・ほがらか

❼ ❶ア　❷ウ　❸イ　❹エ

❽ ❶イ　❷ア

てびき

❹ ❶「たのもしい」は「たくましい感じがして、いざというときにたよりになりそうな様子」という意味です。❷「陽気」は、「明るくて、元気よくふるまう様子」という意味です。❸「もの静か」は、「人に接《せっ》する態《たい》度や言葉つきが落ち着いていておだやかな様子」という意味です。

❺ ❶「せっかち」は、「先を急いで、落ち着かない様子」という意味なので、「すぐに行動にうつしたがる」という行動が当てはまります。❷「のん気」は、「のんびりしていて、あわてない様子」という意味なので、「ゆったりとかまえている」という行動が当てはまります。

❻ 「学校では、低学年の子に、いつもえがおで話しかけている」という行動から、「温和」や「ほがらか」が入ると考えられます。「温和」は「おだやかでやさしい様子」、「ほがらか」は「明るく楽しそうな様子」という意味です。

❼ 言葉の中には、もともとの意味とはちがう場面で使われるようになり、意味が広がったものがあります。「道」という漢字には「どこまでも長く続く一本道」という意味があり、使い方によって、そこからさまざまな意味が生まれました。

❽ ❶の「ゆめ」はしょう来したいことという意味です。❷の「手」は何かをするための方法という意味です。

百人一首に親しもう

90・91ページ　きほんのワーク

❶ ❶きせつ　❷えふだ　❸あんしょう

❷ ❶季節　❷絵札　❸暗唱

❸ 短歌・七・七・三十一・千年・季節

❹ ❶ア　❷イ

❺ ❶読み札・ア　❷取り札・イ

❻ ❶イ　❷エ　❸ア　❹ウ

❼ ア○　イ×　ウ○

てびき

❹ 短歌は、五・七・五・七・七の三十一音で、

五・七・五が上《かみ》の句《く》、七・七が下《しも》の句です。

❺ 「百人一首」は、読み手が絵札にかかれている短歌を声に出して読み、それを聞いて、ほかの人は下の句が書かれた字札を取るというかるたの形で、親しまれています。

❼ 百人一首を使ってかるた遊びをするときに、短歌を覚えておくと、早く字札を取ることができるようになります。上の句と下の句を組み合わせたり、短歌によまれた風景を想像《ぞう》したりしながら覚え、自分の得《とく》意な札を見つけましょう。

92・93ページ まとめのテスト

1 もみじの葉〈または もみぢ葉〉・錦の織物〈または錦〉

2 夏

3 真っ白な富士山の高いみねに、雪がさかんにふっている（景色）。

4 鹿の声〈または鹿の鳴き声〉

5 花（の色）・わが身

6 ア

7 例春の日はのどかなのに、さくらの花があわただしく散ってしまうのは残念だという気持ち。

8 人の心〈またはあなたの心〉・かおり

てびき

1 もみじの葉が川の水面にうかび流れていく様子を、美しい錦《にしき》の織物《おりもの》に見立ててよんだ短歌です。

2 「春がすぎて夏が来たらしい。」とあるので、季節は夏です。夏の初めの山は、あざやかな新緑の色が広がっています。そこに真っ白な服がほされているという様子です。緑と白の対比《ひ》で、夏のすがすがしさを表しています。

3 「真っ白な富士山《ふじさん》の高いみねに、雪がさかんにふっている」とあります。田子《たご》の浦《うら》に出てながめたときの、冬の富士山の様子をよんだ短歌です。

4 「もみじをふみ分けて鳴く鹿の声を聞くときこそ」とあるので、聞こえているのは「鹿の（鳴き）声」です。里からはなれた山の中で鹿の鳴き声を聞くときの、作者の気持ちをよんだ短歌です。

5 「さくらの花の色も、わたしの美しさも、すっかり色あせてしまった」とあります。「花の色」は「花」そのものの色と、「自分の美しさ」を指しているのです。なお、古典の世界で「花」といえば、ほぼさくらのことを表します。

6 「わが衣手《ころもで》に雪は降《ふ》りつつ」は、そでに雪がふっている様子をよんでいます。

7 さいたと思ったら、せわしなく散ってしまうさくらの花をおしむ気持ちがよまれています。上《かみ》の句《く》ののどかな春の様子と、下《しも》の句のせわしなく散ってしまうさくらの花とを対比させてよんだ短歌です。

8 いつも同じかおりでさく梅の花とくらべて、人の心は変わることがあるとよんでいます。

ブックトークをしよう／漢字を使おう8／季節の足音――冬

94・95ページ きほんのワーク

❶ ❶おかやまけん ❷ゆきがっせん ❸とどうふけん ❹いちおくにん ❺にちょうえん ❻きせい ❼しょうれい

❷ ❶岡山 ❷府 ❸億 ❹兆

❸ ❶鉄道 ❷高速 ❸去 ❹方向 ❺列車 ❻荷物

❹ テーマ・みりょく

❺ ❶エ ❷ウ ❸ア ❹イ

❻ 1 釧路〈またはくし路〉・海 2 月・氷・千鳥

❼ ウ

てびき

❺ ブックトークをするときには、いくつかのことに注意する必要があります。ア「初めの言葉」では、まず、どんなテーマにそって、何さつの本をしょうかいするかを話すと、聞く人は見通しをもって聞くことができます。イ「本のしょうかい」では、本のあらすじやどんな本かを説明し、自分が読んだ感想を交じえながら話すと、本のみりょくがより伝わりやすくなります。エ「次の本につなぐ言葉」では、一つの本のしょうかいが終わったあと、次にどんな本をしょうかいするのか、本の種類や特ちょうにつながる言葉を入れる

と、聞く人の期待や興《きょう》味を高めることができます。ウ「まとめの言葉」では、「ぜひ、読んでみてください」と聞き手によびかける表現《げん》を入れるなど、話し方をくふうすると、気持ちが伝わりやすくなります。

❻「しらしらと」は、とても白い様子を表す言葉です。月に照らされて、釧路《くしろ》の海にうかぶ氷が、とても白くかがやき、はまべでは集まってきた千鳥《ちどり》が鳴いている様子をよんでいます。

❼「沈没《ちんぼつ》」は、水などの中にしずむことをいいます。「犬沈没し」は、「犬が沈没して」という意味です。犬が深く積もった雪にうもれてしまった様子をおおげさに表しています。

数え方を生み出そう
漢字を使おう9

96・97ページ きほんのワーク

❶ ❶あゆ ❷たてもの ❸あら ❹きぼう ❺なし ❻がんやく ❼しゅげい ❽いばら ❾けつじょう

❷ ❶建物 ❷希望 ❸梨 ❹手芸 ❺茨 ❻欠場

❸ ❶助 ❷悲 ❸医者 ❹鼻血 ❺心配 ❻苦

❹ ❶ウ ❷ア ❸イ ❹ア ❺ウ ❻イ ❼イ

✪内容《よう》をつかもう！ 数え方・発想・じゅうなんさ

98・99ページ 練習のワーク

1 どんな物・どうとらえているのか

2 細長さ

3 ア

4 イ

5 ❶(ニンジンは)オレンジ色をしているから。 ❷ニンジンが好きだから。

6 細長い・好きかきらいか・自分たちで数え方を生み出していた

てびき

1 日本語では物を数えるとき、数の後ろに「本」や「台」などの言葉を付けて表します。筆者は、このような数え方をすることで、「それがどんな物であるのか、話し手はそれをどうとらえているのかということを、相手に伝えることができます」とのべています。

2 第二だん落に「でも、なぜあなたはニンジンを見たとき、まずその細長さに注目したのでしょう。」とあります。数の後ろに付ける「本」は、細長い物を数える言葉です。

3 前の行に「これはあたりまえのように感じるかもしれません。」とあります。この「これ」の指ししめす内容《よう》が、「大きなおどろき」に当たります。前のだん落の、「日本語を使って生活しているわたしたちは、そういった細長さ以外の特ちょうや好ききらいには注目することなく、ニンジンを『一本』と数えている」ということが、日本語を外国語として勉強している人たちにとってはあたりまえのことではなく、「大きなおどろき」なのです。

4 日本語におけるニンジンの正しい数え方は「一本」なので、筆者はアメリカの小学生も同じように答えてくれるだろうと期待していたのです。

5・6 筆者がアメリカの子どもたちにニンジンの数え方を聞くと、「一本」ではなく、「一ガリ、二ガリ」、「一オレンジ、二オレンジ」、「一好き、二好き」という数え方が出てきました。これは、ニンジンの細長さに注目した数え方ではありません。「一ガリ、二ガリ」はニンジンのかたさ、「一オレンジ、二オレンジ」はニンジンの色、「一好き、二好き」は、自分の好ききらいをふまえた数え方です。このように、アメリカの小学生は、自分たちでニンジンの数え方を生み出していたのです。

100・101ページ まとめのテスト

1 ❶イ ❷イ ❸ア ❹ア ❺ウ

2 わたしたちが数える物をどう見ているかを決める役わり。

3 (「)本(」)・細長い・ものの見方

4 もっと便利で表情ゆたかになるかもしれない。

5 (1) 例 数え方を新しく生み出すこと。
(2) 大きな動物・(「)一頭(」)

6 ウ

てびき

1　日本語の数え方の多くは、「物の形に注目したり、生物と無生物で別の言い方をしたり、乗り物や道具などを表すときに用いたりする言葉」であるとのべられています。えん筆の「一本」という数え方は、えん筆の細長い形、紙や板の「一枚《まい》」という数え方は、紙や板の平べったい形に注目した数え方です。ネコの「一匹《ぴき》」や石の「一個《こ》」という数え方は、生物と無生物を区別した数え方です。自動車の「一台」という数え方は、乗り物などを表すときに用いる数え方を表しています。

2　日本語の数え方は約五百種類もあり、数える物によって数え方を使い分けています。筆者は、物の数え方の使い分けは、「わたしたちが数える物をどう見ているかを決める役わりを果たしています」とのべています。

3　筆者は、正しい数え方を身につけることは大切だと考える一方で、「それはわたしたちのものの見方をせばめてしまうこともあります」と考えをのべています。

4　日本語には、「色やにおい、かたさや手ざわり、温度、味、古さ、好ききらいなど」を表す数え方がほとんどありません。筆者は、「こういった特ちょうを表す数え方が生まれたら、日本語はもっと便利で表情《じょう》ゆたかになるかもしれません」とのべています。

5　(1)「そんなこと」が指す部分に注目します。筆者は、「数え方は、今あるものを正しく覚えて使うだけでなく、新しく生み出すことだってできる」としたうえで、日本語の歩みの中ではめずらしいことではないとのべています。

(2)　最後のだん落に具体的な内容《よう》が書かれています。大きな動物を数えるときに使っている「一頭」という数え方は、明治《めいじ》時代に新しく生まれた数え方なのです。

6　文章中で筆者は、正しい数え方を身につけることは大切だが、それはものの見方をせばめてしまうこともある、とのべています。また、色やにおいなどを表す新しい数え方を生み出すことで、日本語はもっと便利で表情ゆたかになると考えています。アのように、「日本語を正しく使うために、新しい数え方を生み出さなければいけない」という考え方ではありません。また、日本語の数え方全てを正しく身につける必要があるかどうかは文章中には書かれていないので、イもまちがいです。

きほんのワーク　102・103ページ

じょうほうのとびら　理由をぎんみする　自分なら、どちらを選ぶか

❶　ア×　イ△　ウ○　エ△　オ×

❷　1　❶ウ　❷エ　❸イ　❹ア

2　林…ちらし①　大木…ちらし②

3　❶考え　❷理由

4　(1)　例 いちご祭りのちらしは①がよい

(2)　色づかいがやさしく、親しみやすい

(3)　例 いちご祭り（のこと）を知らない人（たち）。〈または 谷川町の町外に住む人（たち）。〉

てびき

❶　理由をぎんみするときは、客観的な事実にもとづいているか、考えとのつながりがはっきりしているかをたしかめます。アは、「市内の公民《みん》館」に「大きなビオトープ」があるというのは事実ですが、学校のおすすめスポットをしょうかいする理由にはつながりません。イは、静かな場所とありますが、自分の好ききらいではんだんしているので、理由があいまいです。ウは、メダカやホタルやトンボが見られるという事実をもとに、「自然を楽しめるから」と理由をのべているので、これが○です。エは、友達が楽しくすごしているという、あいまいな理由になっています。「みたい」という人に聞いたことを理由にしている点も客観的ではありません。オはよくない点を挙げているだけなので、理由にはなりません。

❷　1　二つのものをくらべるときは、観点ごとにくらべて表にまとめると、特ちょうが分かりやすくなります。

2　表にまとめたちらしの特ちょうと照らし合わせて考えましょう。【ちらし①】は、文字や手がきのイラストで、いちごを使ったデザートがあることが分かるようになっ

ています。【ちらし②】は、あざやかな写真とキャッチコピーによりおしゃれな感じがしているところが特ちょうです。

3　意見文は、始め・中・終わりという組み立てで、「始め」に自分の考え、「中」に理由やくわしい説明、「終わり」にまとめとして自分の考えを書くと、読み手になっとくしてもらいやすくなります。

4　(3)　森さんの文章では、①のちらしを選んだ理由を「いちご祭りのことを知らない人たちにとっては、親しみやすさはとても大切」だとのべています。

調べたことをほうこくしよう

104・105ページ　きほんのワーク

❶ ①なかま

❷ ①仲間

❸ (順に)3→1→4→2→(5)

❹ 男女・度合い・回答・その他・自由

❺ 1　ウ

2　(い)

3　好き・多い〈またはきらい・いない〉

4　イ

てびき

❸ 調べたことをほうこくするときは、まず、クラスやグループで何を調べてほうこくするのかを決めます。調べたいことについてアンケートを作って調べた後、アンケートの結果を整理し、組み立てを考えて話す練習をします。

❹ アンケートの結果を男女や年れいなどのグループで分けてくらべたいときは、当てはまるグループをたずねるようにします。あらかじめ予想される回答をしめして、その中から選んでもらったり、自由に書いてもらったりと、アンケートにはさまざまな作り方があります。アンケートをとる目的に合わせて、質《しつ》問する内容《よう》や答え方を考えて作ります。

❺ 1　最初に、調べたことについて「三つのまとまりに分けてほうこくします」と言っています。

2　[1]のグラフは、「スポーツは好きですか。」という質問に対しての結果を表したものなので、(い)の部分で見せるのが正解《かい》です。(う)では[3]のグラフを見せます。

3　[1]のグラフからスポーツが好きと答えた人は十九人いることが分かります。[3]のグラフを見ると、そのうちの十五人が学校の体育以外でスポーツをしており、していない人にくらべて多いことが分かります。反対に、スポーツがきらいと答えた人は、六人全員が学校の体育以外でスポーツをしていないことが分かります。

4　アンケートを作るときは、どんな回答が出てくるかを予想して作ります。調べて分かったことを発表するときは、アンケートの結果が予想と合っていたかちがっていたかを言いましょう。予想と合っていたときには、「予想していたとおり、……」、予想とちがっていたときには、「予想とちがって、……」などの言い方があります。

漢字を使おう10　同じ読み方の漢字

106・107ページ　きほんのワーク

❶ ①じんとく　②こうけい　③ぼうえんきょう　④かくち　⑤しめい　⑥くろう　⑦なんきょく　⑧きかい

❷ ①牧場　②副大臣

❸ ①放送局　②研究

❹ (右から順に)　①意・以　②家・火　③明・開　④泣・鳴　⑤直・治

❺ (右から順に)　①協力・強力　②暑い・熱い　③早い・速い　④期間・機関　⑤量る・計る

てびき

❹ ①「意外」は「思っていたこととちがう」、「以外」は「それをのぞいたほかのもの」という意味です。②「家事」は「食事のじゅんびやそうじ、せんたくなど、家の中の仕事」、「火事」は「建物などに火がついてもえること」という意味です。③ある時期が終わって新しくなるときは「明ける」、とじているものを開くときは「開ける」を使います。④

「泣く」はなみだを流すとき、「鳴く」は鳥や虫などが声を出すときに使います。❺「直る」はこわれたりしていたものがよいじょうたいになるとき、「治る」はけがや病気がよくなるときに使います。

❺ ❶「協力」は「力を合わせる」、「強力」は「力が強い」という意味です。❷「暑い」は「気温が高い」、「熱い」は「そのものの温度が高い」という意味です。❸「早い」は「時間的にはやい」、「速い」は「スピードがはやい」という意味です。❹「期間」は「ある時からある時までの決められた時間」、「機関」は「ある活動をする仕組み」という意味です。❺「量る」は「重さなどをはかる」、「計る」は「時間などをはかる」という意味です。

世界一美しいぼくの村

108・109ページ きほんのワーク

❶ ❶くだもの ❷かお ❸みんぞく ❹ゆうき ❺しん

❷ ❶香 ❷民族 ❸勇気 ❹信

❸ ❶きっと ❷ずっと ❸そっと

❹ ❶ア ❷イ ❸ア ❹ウ ❺ウ ❻ア ❼ウ

☆ 内容《よう》をつかもう！

❶ウ ❷エ ❸ア ❹イ

てびき

❸ ❶「帰ってくるだろう」という推量《すい》の意味を強める「きっと」が入ります。❷「一日中」とあるので、長く続く様子を表す「ずっと」が入ります。❸「気づかれないように」とあるので、「こっそり」という意味の「そっと」が入ります。

110・111ページ 練習のワーク❶

1 父さん…すもも　ヤモ…さくらんぼ

2 イ

3 ❶例がっかりした。 ❷例うれしくなった。 ❸例びっくりした。

4 ウ

5 イ

てびき

1 父さんの最初の言葉に注目すると、父さんは広場ですももを売り、ヤモは町の中を回ってさくらんぼを売るようにしたことが分かります。

2 ヤモの言葉に注目します。「ぼく、一人で？」と聞き返しています。初めての市場で、いきなり一人でさくらんぼを売りにいくことを不安に思っていることが分かります。

3 それぞれ、文章中の気持ちを表す言葉に注目しましょう。

❶「ヤモは、がっかりして、道ばたにすわりこみました。」 ❷「ヤモはうれしくなって、うんとおまけをしてやりました。」 ❸「ヤモは、びっくりしてたずねました。」

4 どきっとしたとき、ヤモはハルーン兄さんのことを思い出しています。おじさんが戦争で足をなくしたという話を聞き、戦争に行っている兄さんのことが急に心配になったのです。

5 なつかしいパグマンのさくらんぼをほめ、パグマンのすばらしさを表現《げん》している言葉から、パグマンの村を愛するおじさんの気持ちが伝わってきます。

112・113ページ 練習のワーク❷

1 (1) まだ半分以上も売れ残っていた。
(2) チャイハナ（食堂）に（おそい昼）ご飯を食べに行った。

2 世界一

3 イ

4 戦争

5 例春には元気に帰ってくること。

6 心配

7 イ

てびき

1 (1)「売れ残った」は、まだ売れていないことを表します。父さんのすももは、あまり売れなかったことが分かります。

2 ヤモが父さんにバザールでのことを話して

いる言葉に注目します。「パグマンのさくらんぼは、世界一」と言われたことを父さんに伝えています。

3 ヤモは、世界一と言われたおいしいさくらんぼを父さんと食べようと思って取っておいたのです。ヤモの心のやさしさが感じられます。アの「よくばりで食いしんぼう」というのは、ヤモの行動に合いません。また、さくらんぼを取っておくように言いつけられたわけではないので、ウも合いません。

4 ハルーン兄さんについては、父さんの「何しろ、上のむすこが戦争に行ってましてね。」という言葉から分かります。「上のむすこ」とは、「ハルーン兄さん」のことです。

5 ヤモの心の中の言葉に注目します。「ハルーン兄さんならだいじょうぶ、きっと春には元気に帰ってくる」とヤモは信じたいのです。

6 直前に「でも」とあるので、「兄さんならだいじょうぶ」とは反対の内容《よう》です。兄さんのことが心配になってきたのです。

7 「そんなヤモを見て」とあります。ハルーン兄さんのことを心配しているヤモを見て、父さんはヤモを元気づけようと思ったのです。

114・115ページ まとめのテスト

1 例むねがいっぱいになってきたところ。
2 びっくりすること
3 (1) 羊の市場
(2) 〈もうけたお金を全部使って、〉真っ白な子羊を一頭買った。
4 ア
5 ウ
6 世界一美しい
7 例兄さんの帰ってくる春が、待ち遠しい。〈または早く春になって、兄さんが無事に帰ってきてほしい。〉
8 イ

てびき

1 ハルーン兄さんは春には元気に帰ってくると「ヤモは信じています。でも」とつながる部分です。兄さんはだいじょうぶだと信じたい気持ちと、戦争なのでどうなるのか分からないという不安で心がゆれていることが分かります。

2 「ずっと父さんの言ったことを考えていました」とあります。「びっくりすること」とは何かを考えていたのです。

3 すももを売り終わってから、二人がどこに行って、何をしたのかをとらえましょう。

4 ヤモの言葉に注目します。「羊を見たら、きっとみんなおどろくよ。」と言っています。すてきな羊が手に入ったので、早くみんなに見せたいと思っているのです。

6 村に帰ってきたときのヤモの言葉に注目します。「パグマンはいいな。世界一美しいぼくの村。」とつぶやいています。

7 ヤモの「ハルーン兄さん、早く帰っておいでよ。」という言葉から、兄さんが帰ってくる春を心待ちにしていることが分かります。早く春になって、新しい家族の羊を兄さんに見せたい、という気持ちから、羊に「春」という名前をつけようと思ったのです。「〜という気持ち。」という書き方でも正解《かい》です。

8 ヤモの大切な美しい村は戦争ではかいされ、村人たちは住む所を失ってしまいました。兄さんの帰ってくる所もなくなってしまいました。大切なものをうばってしまう戦争の悲しさが、最後のだん落にこめられています。村がはかいされた後の人々の生き方については書かれていないので、アは読み取れません。てきについて書かれていないので、ウも読み取れません。

漢字を使おう11 都道府県の漢字

116・117ページ きほんのワーク

❶
①みやぎ ②にいがた ③とやま ④ぎふ
⑤いばらき ⑥とちぎ ⑦ぐんま
⑧さいたま ⑨ちば ⑩かながわ ⑪しが
⑫おおさか ⑬なら ⑭とっとり ⑮えひめ
⑯さが ⑰ながさき ⑱くまもと
⑲おおいた ⑳かごしま

❷
①宮城 ②新潟 ③富山 ④岐阜 ⑤茨城
⑥栃木 ⑦群馬 ⑧埼玉 ⑨千葉 ⑩神奈川
⑪滋賀 ⑫大阪 ⑬奈良 ⑭鳥取 ⑮愛媛
⑯佐賀 ⑰長崎 ⑱熊本 ⑲大分 ⑳鹿児島

世界一美しい村へ帰る

118〜120ページ まとめのテスト

1

1 ヤモへのおみやげ

2 （心が）うきうきする気持ち。〈[または]（心が）うきうきした。〉

3 バス・歩いた〈[または]歩き続けた〉

4 イ

5 牛の世話をしている女の子…しぼりたてのミルク
羊かいの少年…自分のつえ

6 ほっと安心して、急に力がぬけた。

7 自分の村

8 ウ

2

1 (1) なつかしいにおい・知っている人
(2) ❶町の通りで笛をふいた。
❷（笛の音に引きつけられて、）集まってきた。

2 ヤモ

3 [例]ヤモやミラドーたちが村に帰って、作物の種をまいて育てるから。

てびき

1

2 ミラドーが列車に乗りこんだ場面に、ミラドーはヤモに会うときのことを思って、「心がうきうきしました」とあります。パグマンの村に帰ることにしたミラドーは、ふるさとに帰ってなつかしい人に会えることを楽しみにしているのです。

3 第二だん落に注目します。列車からバスに乗りついで終点まで行き、そこから先は歩くしかないのです。ふるさとに帰るといっても、そうかんたんには帰れないということが分かります。

4 ミラドーの様子に注目します。森をぬけ、おかをこえ、長い長い道のりを、雨や風の中、一人で歩き続《つづ》けています。

6 ミラドーの様子に注目します。「ほっと安心して、急に力がぬけました」とあります。

7 「おじさんたちはどこへ行くの。」というミラドーの質《しつ》問に、男の人は「自分の村へ帰るんだよ」と答えています。この男の人と女の人も、ミラドーと同じように、戦争《せんそう》が終わったので、自分の村に帰るところだったのです。

8 ミラドーは、長くきびしい道のりを一人で歩き続けています。パグマンに帰りたいという強い思いが、ミラドーをささえています。そのすがたを見て、いろいろな人がミラドーにやさしくしてくれたのです。

2

1 (1) 第一だん落に注目します。町は人でいっぱいで、あちこちからなつかしいにおいがしたにもかかわらず、ミラドーの知っている人はだれもいなかったのです。

(2) 「ミラドーは、町の通りで笛をふき始めました。」とあります。笛をふけば、だれか知っている人に会えるかもしれないと思ったのかもしれません。

2 ミラドーがなつかしい歌声がした方を見ると、ヤモが立っていました。ミラドーは、やっとヤモと再《さい》会できたのです。

3 二人が「作物の種の入った荷物」をかついで村に帰ったことに注目します。村に帰った二人は、その種をさっそくまいて大切に育てるはずです。作物が育てば、あれはてた村も緑でいっぱいになります。

実力判定《はんてい》テスト　答えとてびき

夏休みのテスト①

1 白い水玉もよう・ヒトデ
2 ウ
3 楽くんの顔
4 ウ
5 後ろになびいて
6 例楽くんへのラブレター

てびき

1 ともかちゃんが選んだレターセットは、便せんの「下のすみにヤドカリとヒトデの絵がかいてある」ものです。「ヤドカリの貝は白い水玉もよう」でした。

2 ともかちゃんは、ヤドカリのレターセットを、「かわいいよね」と言って、むねにかかえています。「すごくうれしそうなえがお」をしているのは、気に入ったレターセットが見つかって満《まん》足しているからです。

3 ともかちゃんにきかれて、愛美《まなみ》には「楽《らく》くんの顔」がうかびました。それは、「朝の光の中で、笑ってた顔」です。

4 愛美はともかちゃんに「わたしと仲良《なかよ》しレターしてみる？」ときかれました。頭を横にふるのはことわる気持ちを表すしぐさです。愛美はともかちゃんと仲良しレターをしたくないというよりは、「楽くんにだけ（手紙を）書いてみたい」のです。

5 馬の絵の「たてがみが後ろになびいて」いたので、愛美は「この馬、全力で走ってるんだ」と分かりました。

6 最後の文に、「この便せんで、楽くんにラブレターを書きたい。」とあります。愛美が楽くんに書きたい手紙はラブレターなので、「楽くんへの手紙」では十分な答えではありません。「楽くんにあてたラブレター。」などと答えても正解《かい》です。

夏休みのテスト②

1 ❶しぜん ❷つつ ❸ねっとう ❹あくてんこう ❺あい・なお ❻べんり・か ❼がっき・はたら

2 ❶上達 ❷倉庫 ❸焼 ❹筆順 ❺最・結果 ❻健康・種類 ❼失敗・成功

3 音訓・イ〈またはい〉・ニ〈または2〉・亻〈またはにんべん〉
七〈または7〉

4 くやしくて・うれしくて

5 ❶kôen ❷sanmyaku ❸rakko ❹happyô ❺gen'in

6 ❶わたしのしゅみは、ピアノをひくことです。
❷なぜなら、わたしは音楽が大好きだからです。

てびき

3 「位」の音読みは「イ」で、部首は「亻（にんべん）」です。

4 人物の行動と気持ちは、深いつながりがあります。「さか上がりができず」「毎日練習を続けた」行動には、思うとおりにならずにざんねんで、なんとか目的を果たしたいという気持ちを表す「くやしくて」が当てはまります。

5 ❶の「公園」は、「こ（ko）」の音をのばすので、「kô」と書きます。❷の「山脈《みゃく》」の「みゃ」のように、小さい「ゃ」は「y」を入れて「mya」と書きます。❸の「らっこ」のようにつまる音は、次の音「こ（ko）」の最初の文字「k」を二つ重ねて「kko」とします。❹の「発表」は「ぴょ（pyo）」の「p」を二つ重ねて「ppyo」とします。また、「ぴょ」の音をのばすので、「ppyô」と書きます。❺の「原因《いん》」は、はねる音「ん（n）」の次に「i」が来るので、「n」と次の文字の「i」との間に「'」を入れて書きます。

6 ❶は主語の「しゅみは」に合わせて、述語《じゅつ》に「こと」を入れます。❷は「なぜなら」という理由を表す言葉があるので、「から」を入れます。

冬休みのテスト①

1 イ
2 ウ
3 ❶ヒゲクジラ　❷ハクジラ
4 四メートル前後より小さな
5 ア・ウ
6 五分から十分くらい。

てびき

1 最初の文に注目します。クジラの生物の分類について、「魚類ではなく、ほ乳《にゅう》類です」とあります。海にすみ、外見は魚ににていますが、魚類ではないのです。

2 第一だん落に「ほ乳類」について「肺《はい》で呼吸《こきゅう》をし、赤ちゃんを乳《ちち》で育て、体温がいつも一定の生き物」と説明されています。クジラも人間もこのじょうけんを満たしているので、どちらも同じほ乳類なのです。

3 第三だん落に、クジラは『ヒゲクジラ』と『ハクジラ』に分かれます」とあり、『ヒゲクジラ』は……大型《がた》のクジラ」『ハクジラ』は、小さめのクジラ」と説明されています。「シロナガスクジラ」は「ヒゲクジラ」の例の一つで、分類ではありません。

4 イルカとクジラのちがいは大きさです。「体長が四メートル前後以上のものをクジラ、それより小さなものをイルカとよんでいます」とあります。

5 「これが、クジラの潮吹《しおふ》きの正体です。」とあるので、「これ」が指す前の二文が潮吹きの正体です。「息をはくとき、鼻孔《びこう》にたまっている海水がふき上がること」(=ア)、「湿《しっ》気の多いあたたかい息がいきおいよくふき出したとき、周囲《しゅうい》の空気に冷やされて水滴《てき》になること」(=ウ)とあります。

6 最後のだん落に「ふつうは五分から十分くらい」とあります。

冬休みのテスト②

1 ❶ねん　❷あんしょう　❸けい　❹かもつ　❺ちゃくりく・しょうめい　❻まわ・がいとう　❼しろ・ぐんしゅう
2 ❶積　❷老木　❸泣　❹改行　❺不満・残　❻孫・戦争　❼良好・徒歩
3 ❶石・三　❷水魚〈または金石〉・交
4 ❶読む　❷赤ちゃんを　❸犬が　❹かがやく
5 ❶だから　❷しかし　❸それに
6 ❶イ　❷ア　❸ウ　❹オ　❺エ

てびき

3 ❶冷たい石も三年すわり続ければあたたかくなる、ということからできたことわざです。❷水と魚が切りはなせないように、とても親しい交友を表す故《こ》事成語です。にた意味の言葉に「金石《きんせき》の交わり」(金ぞくや石がわれないように固く結ばれた友情《じょう》)があります。

4 修飾《しゅうしょく》語は、多くはそれより後の言葉をくわしく説明します。❶は「部屋で」が「読む」を、❷は「元気な」が「赤ちゃんを」を、❸は「黒い」が「犬が」を、❹は「ちかちかと」が「かがやく」をそれぞれくわしく説明しています。

5 ❷は、前の文と後の文の内容《よう》が反対になっています。

6 ❶「寒冷」は、「寒い」と「冷たい」となり、にた意味を表す漢字を組み合わせた言葉です。❷「苦楽」は、「苦しい」と「楽しい」となり、意味が対《つい》になる漢字を組み合わせた言葉です。❸「右折」は「右に折れる」となり、上の漢字が下の漢字の意味をくわしく説明している言葉です。❹「着席」は「席に着く」となり、上の漢字に対して、下の漢字が「～を」「～に」に当たる言葉です。同じ組み合わせは「通学」で、「学校に通う」となります。❺「未完」は「まだ完成しない」となり、上の漢字が下の漢字の意味を打ち消している言葉です。同じ組み合わせは「無力」で、「力がない」となります。

実力判定《はんてい》テスト　答えとてびき

学年末のテスト①

1 公園のそば・水がおちる

2 例水道から水がたれる音。

3 よしみちゃん…耳をすます
ミカ…しんけい

4 もっと高くてすんだ・小さなガラスのかけら

5 例その音をきいていると、からだがぽかぽかあたたかくなってきたから。

6 ウ

てびき

1 よしみちゃんは、春の足音について、「公園のそばを歩いていたら、きこえたの。」「ピーンピーンピーンて、水がおちるような音。」と言っています。

2 ミカは、1のよしみちゃんの言葉の後で、「水道から水がたれてたのよ」と言っています。

3 二人が公園で、春の足音を聞いているときの様子を読み取ります。よしみちゃんについては、「足をとめて、空をあおぎ、耳をすますしぐさをしました」とあります。ミカについては、「耳にしんけいをあつめます」とあります。

4 「かすかな音」の二つの特ちょうを読み取ります。「水道からおちる水てきより、もっと高くてすんだ音」、「まるで、空から小さなガラスのかけらがおちてくるようなかんじ」とあります。

5 すぐ前に、「その音をきいていると、からだがぽかぽかあたたかくなってきました。」と、理由が書かれています。

6 すぐ前のミカの言葉に注目します。「うん、きっとそうだよ。そうか、春って、こんな足音がするんだ。」とあり、ミカは、春の足音を聞くことができたと感じて、うれしかったのです。

学年末のテスト②

1 ❶とちぎ　❷しゅげい　❸ふくだいじん　❹しめい　❺きかい・たてもの　❻みんぞく・しん　❼ゆうき・なかま

2 ❶放課後　❷昨夜　❸希望　❹欠場　❺梨・香　❻南極・茨　❼牧場・望遠鏡

3 ❶ウ　❷イ　❸ア

4 ❶医院　❷委員　❸感心　❹関心　❺覚　❻冷

5 ❶各駅　❷客　❸絵札　❹礼　❺記録　❻緑色　❼失業　❽弓矢

6 ❶ウ　❷イ

てびき

3 ❶は、前から予想される内容《よう》が後に続くときに使う「だから」が入ります。同じ働きをする言葉には「それで」などがあります。❷は、「～(だ)から」という文末に注目して、理由を表すときに使う「なぜなら」を入れましょう。❸の「ケーキやプリン」は「あまいもの」の例なので、例を挙げるときに使う「例えば」が入ります。

4 ❸・❹「感心」は心を動かされるほど行動などがりっぱだという意味で、「関心」は興味《きょう》を持つという意味です。「かんしんを持つ」という言い方の場合は「関心」を使います。❺「目がさめる」という意味のときは「覚」、❻「熱いものの温度が低くなる」という意味のときは「冷」を使います。

5 ❸「札」の部首は「木(きへん)」、❹「礼」の部首は「礻(しめすへん)」です。❺「録」の部首は「釒(かねへん)」、❻「緑」の部首は「糹(いとへん)」です。❼「失」と❽「矢」は、四画目がつき出すか・つき出さないかに注意しましょう。

6 ❶は「浅」「漁」「清」です。「氵(さんずい)」は水のじょうたいやせいしつに関係する意味を表します。❷は「徳」「径」「待」です。「彳(ぎょうにんべん)」は道や「行く」という意味を表します。

実力判定《はんてい》テスト　答えとてびき

漢字リレー①

1 梅
2 以
3 察
4 栃
5 完治
6 散る
7 梨
8 欠席
9 英
10 氏
11 愛媛
12 菜種
13 司
14 鹿
15 阪
16 特別
17 児
18 億
19 飯
20 塩

21 参観
22 貨
23 飛ぶ
24 課
25 松
26 必ず
27 順位
28 芽
29 成功
30 覚える
31 票
32 副
33 兵隊
34 借りる
35 標
36 各
37 改札
38 周り
39 街
40 潟

41 府
42 試験
43 滋賀
44 祝う
45 富
46 最低
47 管
48 臣
49 笑う
50 辺り
51 器官
52 末
53 関
54 付録
55 変わる
56 信
57 清い
58 協
59 議
60 旗

61 衣類
62 照る
63 辞典
64 焼く
65 勇ましい
66 伝達
67 季節
68 令
69 熊
70 求める
71 浴びる
72 茨城
73 説く
74 井
75 例
76 陸
77 泣く
78 省く
79 鏡
80 共

漢字リレー②

81 初孫
82 折る
83 冷たい
84 岐阜
85 戦い
86 軍
87 輪
88 包帯
89 浅い
90 老いる
91 訓
92 然
93 巣
94 群れる
95 倉
96 佐
97 失敗
98 結果
99 郡
100 博

101 漁夫〈または漁父〉
102 約束
103 径
104 側
105 景
106 卒
107 積極
108 建てる
109 単
110 沖縄
111 固い
112 置く
113 埼
114 材
115 徒
116 念願
117 差
118 兆
119 仲
120 候

121 静岡
122 的
123 崎
124 民芸
125 唱える
126 昨
127 灯
128 奈良
129 刷る
130 印
131 徳
132 労働
133 未満
134 栄える
135 養う
136 牧
137 底
138 加える
139 給
140 料

141 努める
142 希望
143 健康
144 法案
145 不要
146 量産
147 選ぶ
148 挙
149 香り
150 残る
151 好き
152 競争
153 機械
154 無い
155 熱
156 便利
157 害
158 連続

3 2 1 0 9 8 7 6 5 4
＊ ＊ D C B A